ENTERPRISE INTERNAL CONTROL SPECIFICATION

财经类经典作品

企业内部控制规范

第二版

李敏 编著

上海财经大学出版社

图书在版编目(CIP)数据

企业内部控制规范/李敏编著. —2 版. —上海：上海财经大学出版社，2016.1

(财经类经典作品)

ISBN 978-7-5642-2303-8/F·2303

Ⅰ.①企… Ⅱ.①李… Ⅲ.①企业-内部-管理-规范 Ⅳ.①F270-65

中国版本图书馆 CIP 数据核字(2015)第 310173 号

□ 责任编辑 李嘉毅
□ 封面设计 钱宇辰

QIYE NEIBU KONGZHI GUIFAN
企 业 内 部 控 制 规 范
(第二版)
李 敏 编著

上海财经大学出版社出版发行
(上海市中山北一路 369 号 邮编 200083)
网 址：http://www.sufep.com
电子邮箱：webmaster@sufep.com
全国新华书店经销
上海华教印务有限公司印刷装订
2016 年 1 月第 2 版 2021 年 8 月第 5 次印刷

710mm×960mm 1/16 18 印张 342 千字
印数：23 301—25 900 定价：42.00 元

前言

在市场经济条件下,企业管理永恒的主题应当是:加强控制、防范风险、健康安全、持续发展。在大量管理失控导致失败的案例面前,特别是历经了金融风暴和次贷危机之后,人们更加深刻地领悟到企业健康安全的重要性。经济越发展,管理越重要,加强企业内部控制更加重要!

为了加强和规范企业内部控制,提高企业经营管理水平和风险防范能力,促进企业可持续发展,维护社会主义市场经济秩序和社会公众利益,财政部、证监会、审计署、银监会、保监会联合发布了《企业内部控制基本规范》和一系列配套指引,以法规条文的形式创建了第一套完整的具有中国特色的企业内部控制规范体系,给企业内部控制理论与实践带来了新的管理理念,提出了新的控制要求,是指导我国各类企业加强企业内部控制的纲领性文件和行为指南。

本书宗旨在于全面阐述企业内部控制基本理论、基础知识与基本规范,用以指导企业内部控制实施,规范企业内部控制行为,加强企业内部控制的评价与审计。本书可供教学、培训与自学使用,尤其适合董事、监事、经营者、管理者、财务人员以及其他相关人员阅读。本书配有教学用 PPT,可登录上海财经大学出版社网站本书页面下载。

本书具有以下鲜明的特点:

一是以企业内部控制规范体系为指导,全面阐述了内部控制的基本理论与基本方法,包括内部环境、风险评估、控制活动、信息与沟通、内部监督五大控制要素,不相容职务分离控制、授权审批控制、会计系统控制、财产保护控制、预算控制、运营分析控制、绩效考评控制七大控制措施,及其在企业内部控制实践中的具体运用。

二是以解析《企业内部控制基本规范》《企业内部控制应用指引》《企业内部控制评价指引》和《企业内部控制审计指引》为对象,注重阐述企业内部控制规范的新思维、新内容与新变化。编著的内容既突出企业日常管理中主要的控制业务，又凸显重点、阐明要点、解析难点，有较强的应用价值与操作指导性。

三是以大量经典案例评析为特色，注重理论教学联系案例分析，规范要求指导应用操作，尤其是大量的实证分析、专题讨论等，可读性和思辨性都很强。

本书由资深注册会计师、主任会计师、高级会计师李敏编著。李敏具有丰富的内部控制管理咨询经验与从教经历，是多所著名大学的客座教授、财务会计咨询专家和司法会计鉴定专家。从2003年编著第一本《内部会计控制规范与监控技术》开始，李敏先后编著或主编出版了《内部会计控制规范》《企业内部控制》《企业内部控制简明教程》和《会计控制与风险管理》等。本书修订后再版，更是凝聚了李敏十多年管理咨询的探索、辛劳笔耕的心得和日积月累的成果。在写作过程中，对于李健男、陈惠珠、徐成芳、李英、徐铭、丁东方、沈玉姝、李嘉毅给予的帮助特此鸣谢。

尽管作者在编著过程中付出了不懈的努力，但由于企业内部控制体系建设及其规范要求还在不断完善之中，又限于作者的水平，对于书中疏漏差错之处，敬请读者提出宝贵意见，以便日后修改补正。

编 者
2016年2月

目录

前言/1

第1章　总论/1
　1.1　内部控制基本理论/1
　1.2　内部控制认识辨析/4
　1.3　内部控制的国际视野/10
　1.4　内部控制的发展趋势/20
　　经典案例评析/24

第2章　企业内部控制规范/26
　2.1　企业内部控制的中国特色/26
　2.2　企业内部控制基本规范/30
　2.3　企业内部控制配套指引/36
　2.4　企业内部控制的重大作用/53
　　经典案例评析/55

第3章　企业内部控制要素/57
　3.1　内部环境构成因素分析/57
　3.2　风险评估构成因素分析/67
　3.3　控制活动构成因素分析/77
　3.4　信息沟通构成因素分析/83
　3.5　内部监督构成因素分析/86
　　经典案例评析/89

第4章　企业内部控制措施/91
　4.1　不相容职务分离控制/91

4.2　授权审批控制/94
4.3　会计系统控制/97
4.4　财产保护控制/99
4.5　预算控制/103
4.6　运营分析控制/108
4.7　绩效考评控制/109
经典案例评析/110

第5章　资金控制/112
5.1　资金控制概述/112
5.2　职责分工与授权批准/114
5.3　现金与银行存款控制要点/119
5.4　资金控制的监督检查/126
经典案例评析/129

第6章　采购控制/132
6.1　采购控制概述/132
6.2　职责分工与授权批准/134
6.3　请购与审批控制要点/136
6.4　采购与验收控制要点/139
6.5　付款控制要点/140
6.6　采购控制的监督检查/143
经典案例评析/145

第7章　存货控制/147
7.1　存货控制概述/147
7.2　职责分工与授权批准/149
7.3　请购与采购控制要点/149
7.4　验收与保管控制要点/150
7.5　领用与发出控制要点/151
7.6　盘点与处置控制要点/152
7.7　存货控制的监督检查/155
经典案例评析/157

第 8 章　固定资产控制/159
8.1　固定资产控制概述/159
8.2　职责分工与授权批准/162
8.3　取得与验收控制要点/163
8.4　使用与维护控制要点/169
8.5　处置与转移控制要点/171
8.6　固定资产控制的监督检查/173
经典案例评析/174

第 9 章　销售控制/176
9.1　销售控制概述/176
9.2　职责分工与授权批准/178
9.3　销售与发货控制要点/182
9.4　收款控制要点/188
9.5　应收账款控制要点/190
9.6　销售控制的监督检查/193
经典案例评析/194

第 10 章　成本费用控制/197
10.1　成本费用控制概述/197
10.2　职责分工与授权批准/201
10.3　成本费用前馈控制要点/202
10.4　成本费用实施控制要点/203
10.5　成本费用反馈控制要点/207
10.6　成本费用控制的监督检查/209
经典案例评析/211

第 11 章　筹资控制/212
11.1　筹资控制概述/212
11.2　职责分工与授权批准/214
11.3　筹资决策控制要点/215
11.4　筹资执行控制要点/217
11.5　筹资偿付控制要点/218
11.6　筹资控制的监督检查/222

经典案例评析/223

第12章　投资控制/225
12.1　投资控制概述/225
12.2　职责分工与授权批准/228
12.3　投资决策程序控制要点/229
12.4　投资执行控制要点/231
12.5　投资处置控制要点/233
12.6　投资控制的监督检查/234
经典案例评析/236

第13章　财务报告控制/238
13.1　财务报告控制概述/238
13.2　职责分工与授权批准/241
13.3　控制流程与控制要点/242
13.4　财务报告的监督检查/245
经典案例评析/246

第14章　企业内部控制评价/249
14.1　企业内部控制评价概述/249
14.2　评价原则与评价方法/252
14.3　评价内容与评价指标/253
14.4　企业内部控制评价报告/259
经典案例评析/263

第15章　企业内部控制审计/266
15.1　企业内部控制审计概述/266
15.2　企业内部控制审计方法/269
15.3　企业内部控制审计报告/271
经典案例评析/275

第1章　总　论

内部控制源远流长。经济越发展，内部控制越重要。全面理解内部控制对于规范控制行为具有重要意义。

1.1　内部控制基本理论

1.1.1　内部控制自古有之

没有规矩，不成方圆。目前，有史可查的内部控制制度可追溯到中国的西周时期。据《司礼》记载，西周设置"司会"作为会计系统的主管部门，其下分设司书、职内、职岁和职币四个部门。司书负责会计核算，职内（纳）掌管赋税收入，职岁掌管财赋支出，职币掌管余则。司会对四个部门的资料交互考核，用以提高会计核算的质量，相互牵制，严密周到。"凡税敛，掌事者受法焉。及事成，则人要贰焉。""凡受财者，受其贰令而书之。及会，以逆职岁与官府财用之出。"凡各部门领取财物，须将支出命令的副本送达职内处。属于贡赋收入的凭证，由掌管仓库的官员制作，一式二简，一简送职内，作为处理收入事项的依据，另一简留存；属于财物支出的凭证，由职岁统一颁发，每次亦一式二简，一简留存，另一简给财用者凭以到仓库领用财物。通过以上严格的凭证制度可控制财物的出入。"人、出、余三条线，其控制的严密，较诸现代的出纳，似无逊色。"①我国古代内部牵制的思想与实践还受到美国会计史学家迈克尔·查特菲尔德的赞誉，其在《会计思想史》中认为："在内部控制、预算和审计程序等方面，周代在古代世界是无与伦比的。"②

在古罗马时代，随着会计账簿的设置，出现了"双人记账制"，宫廷库房规定，一笔业务发生后，必须由两名记账员在各自的账簿中同时反映，然后定期将双方的账

① 李孝林.从云梦秦简看秦国的会计管理[J].江汉考古，1984(3).

② [美]迈克尔·查特菲尔德.会计思想史[M].北京：中国商业出版社，1989.

簿记录加以对比考核，以审查有无差错或舞弊，从而达到控制财物收支的目的。

1.1.2 管理的关键是控制

被称为管理理论之父的亨利·法约尔的重要贡献就在于从经营职能中独立出管理活动，并提出管理的十四项原则和五大职能（计划、组织、指挥、协调、控制）。法约尔认为：在一家企业中，控制就是要验证各项工作是否都与原定计划相吻合，是否与指标及原则相吻合。控制的目的在于指出工作中的缺点和错误，以便纠正并避免重犯。对物、对人、对行动都可以进行控制。控制涉及企业的方方面面，包括商业方面、技术方面、财政方面、安全方面和会计方面。当控制工作太多、太复杂，涉及面太大时，就应作为一项独立的工作，设立专门的检查员或监督员。在控制中，要避免的危险是对各部门的领导和工作进行过多干预。这种越权行为会造成可怕的"双重领导"：一方面是不负责任的控制人员，他们有时在很大范围内造成有害影响；另一方面是被控制的业务部门，他们没有权利采取自卫措施来反对这种控制。一切控制活动都应是公正的。控制这一要素在执行时需要有持久的专心工作精神和较高的艺术水平，最好做到不管对什么工作都能够回答以下问题："怎样进行呢？"

哈罗德·孔茨是美国管理学家，管理过程学派的主要代表人物之一，它将管理职能分为计划、组织、人事、领导和控制五项，并认为控制是管理最终的落脚点。控制的职能就是按照计划的标准衡量计划完成的情况，并纠正计划执行中的偏差，以保证计划目标的实现。他提出了内部控制的十三项原则：①保证实现计划目标；②控制要针对未来；③控制的职责要明确；④控制要讲究经济效率；⑤应尽可能地采用直接控制；⑥控制必须反映计划的要求；⑦控制必须有适当的组织来保证；⑧控制必须采用适合具体人员的技术和信息；⑨控制必须有客观的、精确的和合适的标准；⑩控制必须抓住关键点；⑪控制必须集中于例外情况；⑫控制必须灵活；⑬发现偏差后必须及时采取行动，予以纠正。

管理的概念涵盖控制，而控制是管理的关键，并渗透于管理的全过程，因为管理本身就是一个行为目标的控制系统，所以，控制通常被定义为管理主体为了达到一定的组织目标，运用一定的控制机制和控制手段，对管理客体施加影响的过程。控制与预测、决策、预算、核算、分析评价构成一个互相联系、环环紧扣、周而复始的管理循环过程（如图 1.1 所示）。其中，预测是决策和预算的基础；预算是将预测与决策的结果目标化和标准化，以文字和数字的形式体现出来，成为企业管理者奋斗的目标、协调的工具、控制的标准和考核的依据；控制是保证各项管理活动符合法规、制度和预算的既定目标，以取得最佳经济效益的关键环节；核算重在反映与监督；分析以预算和控制的结果为依据进行研究，评价财务状况与经营业绩等。

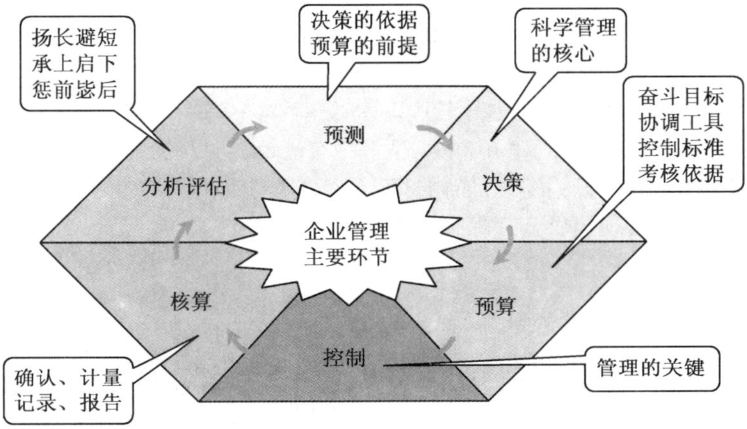

图 1.1 管理环节与控制的关键作用

一家企业能够开展预测与决策活动，也会编制一套"漂亮"的预算，但由于缺乏必要与有效的控制，预测、决策、预算这些行为过程都可能因为形而上学或形同虚设而作用不大，更可能会导致会计核算失真、考核失误。所以，只有抓好控制，预测、决策、预算的结果才能得到落实，才会成效显著，分析评价才有可靠的依据。现代管理越复杂，控制的关键作用越重要。

1.1.3 我国内部控制的权威解释

我国企业内部控制标准委员会以法规形式发布的《企业内部控制基本规范》认为："内部控制是由企业董事会、监事会、经理层和全体员工共同实施的，旨在实现控制目标的过程。"该定义不仅具有权威性，而且具有先进性和综合性，简洁明了。

1.1.4 内部控制的内涵分析

"控制"一词最初常见于工程学科，意思是"掌握住对象不使其任意活动或超出范围"；后来拓展应用于管理学科，表示"判定组织是否正朝着既定的目标健康地向前发展，并在必要时采取矫正措施"。

控制是一个行为动词，是指控制主体按照给定的条件和目标，对控制客体施加影响的过程和行为。《辞海》对"控制"的解释是：①掌握住使其不越出范围。②控制论的基本概念，是指对系统进行调节以克服系统的不确定性，使之达到所需状态的活动和过程。控制是人类改造自然、利用自然的重要内容和进步的标志。

在经济生活与管理活动中，人们会发现，两个或两个以上的人同时做一件事比一个人独自做一件事出错和作弊的可能性大大减少。也就是说，实现有效的内部控制，应当尽量确保各项管理行为和业务活动相互制约、权力制衡。只有正确认识和恰当掌握好这一基本假定，才能真正理解内部控制的内涵，才会明白为什么在经济生活和管理活动中会一再突出强调“职责分离”“岗位授权”等内部控制措施的重要性。内部控制强调自律、重在自觉，是一种有规范、有目的、有约束的管理行为。

内部控制主体假设为组织的“内部”与“外部”划定了边界，表明内部控制主要是为主体目标的实现提供合理保证，而不是为主体中的某个部门或个别人，更不是为外部服务的。

1.1.5 内部控制的外延解释

我国企业内部控制应当包括内部环境、风险评估、控制活动、信息与沟通、内部监督五大要素，是由企业董事会、监事会、经理层和全体员工四个层面共同实施的、旨在实现控制目标的动态过程，其范围覆盖具有全面性，人员参与具有全员性，流程控制具有全过程性。

内部控制是社会经济发展到一定阶段的产物，其真正得到发展和完善则是在20世纪40年代以后(详见本章1.3)。现代内部控制在“一毫财赋之出入，数人耳目之通焉”古训的基础上，已经大量导入了风险评估、信息沟通、内部监督与互联网＋等理念。从创建企业内部控制学科的要求分析，内部控制是一门包含管理学、行为学、心理学、犯罪学等多门学科知识的边缘学科。

有人认为内部控制就是企业“内部”的事，不涉及外部相关方，这种理解具有片面性。内部控制中的“内部”，主要是指企业内部，但不单指企业内部的独立流程，还包括企业与投资者(股东)、债权人、供应商、客户、政府监管部门等外部利益相关者之间发生的内外衔接流程。也就是说，有效的内部控制不仅帮助企业解决自身问题，还有助于改善企业与外部相关方的关系。现代内部控制已经发展成为一个全面、动态、复合、开放的概念，其外延十分广泛，且还在不断充实与完善的过程中。

认识缺陷是指缺乏对内部控制的正确认识，或者对实施内部控制不重视，或者对内部控制认识不全面、不清楚、不适当，从而造成控制行为的偏差。理解内部控制需要形成共识，而各种片面认识将有碍控制文化的培育。

1.2 内部控制认识辨析

1.2.1 制定制度不等于内部控制

有人以为内部控制就是内部控制制度，制定制度就是内部控制，就是为了应付有关检查。一些企业认为完成了有关制度的制定工作就是实施了企业内部控制。对内部控制只注重制度建设而不重视制度执行,缺乏对内部控制实际执行效果的考核与评价等现象,具有一定的普遍性。

事实上,内部控制贯穿于整个企业管理,其内涵不仅仅是规章制度,其范围至少包括内部环境、风险评估、控制活动、信息与沟通、内部监督五个方面。就拿内部环境而言,作为构建和运行内部控制的基础,内部环境包括治理结构、管理层的管理哲学与经营理念、员工正直的品行和胜任能力以及企业文化等。安然作为美国最大的能源公司,于 2001 年 12 月破产倒闭,问题就主要出在内部环境上。在安然,公司文化重视短期业绩,公司管理层不重视内部控制制度的有效实施,董事会及审计委员会对管理层采取不干预政策,缺乏对管理层的有效监督等,所有这些导致了安然的财务造假,最终带来了灭顶之灾。又如,成立于 1993 年的中国航油(新加坡)股份有限公司,在总裁陈久霖的带领下扭亏为盈,成为中国首家利用海外自有资产在国外上市的中资企业。然而,就在 2004 年,该公司因擅自从事石油衍生产品的期权交易,总计亏损 5.5 亿美元,不得不申请破产。原来,陈久霖在位期间,股东会、董事会、监事会、经理层四种身份竟然由他"一肩挑",缺乏相应的制衡与监管,其个人意志可以"一统天下"。正是由于公司法人治理结构方面的严重缺陷、内部控制环境恶劣,虽然该公司有不少规章制度,但置若罔闻,致使内部控制制度形同虚设,最终导致出现巨额亏损。

内部控制不只是一系列静态的文本,而是一个及时识别、系统分析经营活动中与实现内部控制目标相关的风险,合理确定风险应对策略的动态过程,应当与时俱进。内部控制的精髓在于对风险的识别和控制。虽然内部控制需要一定的规章制度作为载体,但它不能等同于制度建设,更不能认为建立了规章制度就完成了内部控制。

控制必须有标准,如法规制度、预算计划等。即使进行了制度控制,也不等于就是内部控制。制度控制的优点是可以规定只能做什么,不能做什么。与预算控制相比较,制度控制更具有规范性、自律性和防护性的特征,带有更多的强制性;而预算控制可能更具有目标性、约束性和激励性等特征,可以涉及企业管理的方方面面,更具有综合性。所以,制度控制和预算控制各有所长,相得益彰。

1.2.2 对下属控制不等于内部控制

相当多的企业将内部控制传统地理解为:管理当局与其下属之间控制与被控制的关系,是面向次级管理人员和员工的控制,其主要控制程序限定在总经理之下,其控制点也主要集中于会计核算系统和业务执行系统。总经理(经营层)控制下的内部控制也许能按经营层意志有效地运行——防止和及时发现底层员工和特殊岗位员工的舞弊等，但对企业决策系统（董事会、总经理）的影响力有限。

控制必须明确对象。现代企业内部控制不再只是高层（上层）对下属的控制，而是对全员全过程的控制。一个组织的内部控制要“控”的，既有基层，更有高层。它就像一张无形的“网”，布在组织的“面”上，越往高层，内部控制越重要！

内部控制要充分发挥其作用就需要企业所有员工的参与，任何人都不能例外，包括制定内部控制制度的领导层。事实上，内部控制制度是否有效，与企业领导是否重视、是否带头执行有极大关系。

一些企业之所以内部管理混乱，往往是因为有些领导破坏职责分离、授权批准等控制措施造成的，越往高层越难以控制，或控制不力，或控制形同虚设。原因是这些企业内部控制制度往往只针对各职能部门和员工，对单位的最高权力机构和决策人员却显得无能为力，导致个别领导的个人权力膨胀和主观臆断失败，甚至出现徇私舞弊和经济犯罪等现象。以四川长虹应收账款案为例，正是因为公司高层管理者的地位较为特殊，他们在美国消费电子公司 APEX 拖欠国内多家公司巨额货款的情况下，还与其签订了巨额赊销合同，最后导致 APEX 累积拖欠 4.67 亿美元货款，给四川长虹造成了巨大损失。

许多案例表明，企业高层的舞弊活动大大限制了内部控制作用的发挥。这说明企业管理的控制域目前存在着盲控区或弱控区，即无法从源头上杜绝虚假会计信息和经济舞弊行为的发生。要实现内部控制基本目标，仅靠内部控制制度还不够，必须完善公司治理结构，营造和优化内部控制环境，将内部控制制度的构建与公司法人治理结构进行有效对接，健全内部控制评审监督机制，才能保证设计良好的内部控制制度得以有效实施，为企业提供真实、可靠的信息，及时防范、规避财务与经营风险，实现企业目标，保证企业的稳定发展。

所以，内部控制不仅仅针对基层岗位和一般员工，它同样适用于企业领导。领导既是内部控制的制定者，也是重要的执行者和被控制对象。

要真正发挥内部控制的作用，首先要从完善公司治理结构着手。一方面是因为董事会、监事会、经理层是企业经营理念、管理哲学、价值观的创造者和行为表率，也是经营目标、组织架构、制度规范的制定者与执行者，是企业所有责任的最终承担者；另一方面在内部控制环境诸要素中，公司治理实际上发挥着最主要、最关键的作用。有效公司治理的中心目标是：既要保证经营者有充分的自主权，在市场上展示出经营管理能力以实现股东财富最大化，又要保证经营者以股东利益为准绳，合理运用受托于股东的自主权，并在权利可能被滥用时，得到及时的监督、约束与控制。这是一种在委托与受托之间形成的不偏不倚的权力、责任与利益的制衡机制，它在客观上要求所有者既不能对经营者做过多的直接干预，也不能完全放任，必须对经营者的行为进行行之有效的激励与约束。只有在企业中明确而合理地配置公司股东、董事会、经理人员和其他利益相关者之间的权力、责任和利益，从而形成有效的制衡关系，建立科学、高效的组织结构，才能最大限度地保持公司股东、董事会、经理层的价值取向一致，才能充分展现公司管理当局的操守、价值观、管理哲学和经营风格，进而影响企业员工，从而形成积极的企业文化，保证科学的人力资源政策的制定和实施，从而充分开发和利用企业中"人"这一最为重要的因素，进而为企业内部控制的建立和实施打下坚实的基础。

1.2.3 会计控制不等于内部控制

最初认为的内部控制方法和程序与财产安全和财物记录的可靠性有直接的联系，包括授权与批准制度、从事财务记录和审核与从事经营或财产保管职务分离的控制、财产的实物控制和内部审计等。

目前，我国的内部会计控制是指企业为了提高会计信息质量，保护资产的安全、完整，确保有关法律法规和规章制度的贯彻执行等而制定和实施的一系列控制方法、措施和程序。也就是说，会计控制的目标是为了保护财产物资的安全、会计信息的真实和完整以及财务活动的合法所实施的有关控制活动。内部会计控制在内部控制体系中占有十分重要的地位。

事实上，控制的边界是不断变换的。现代内部控制的内容已经超出会计控制的范畴，涉及组织的方方面面，被称为全面内部控制，简称"全面内控"。

从内部控制的概念分析，内部控制要求董事会、监事会、经理层和全体员工全面、全员、全过程参与，其中：

董事会对股东(大)会负责，依法行使企业的经营决策权，属于出资者控制的范畴，旨在为实现其资本保全和资本增值目标而对经营者的财务收支活动进行控制，如对全面预算、投资活动的控制等。

监事会对股东(大)会负责，监督董事、经理和其他高级管理人员依法履行职责等。

经理层负责组织和实施股东(大)会、董事会决议事项，主持企业的生产经营管理工作。经理层控制属于经营者控制范畴，是为了实现财务预算目标而对企业及各责任中心的财务收支活动进行的控制，是通过经营者制定财务决策目标，并促使这些目标被贯彻执行而实施的。例如，控制财务收入活动，旨在达到收入预算的目标；控制财务支出活动，旨在降低成本、减少支出，从而实现利润最大化；等等。

会计控制是在经理层领导下的职能部门控制。财务会计部门为了有效地组织现金流动，通过编制和执行现金预算，对企业日常财务活动和各责任中心的现金流入和现金流出活动进行控制，如对各项货币资金用途的审查等。由于企业财务会计采取权责发生制，导致利润不等于现金净流入，因此，对现金有必要单独控制；并且，日常财务活动主要是组织现金流动的过程，现金控制就显得十分重要。应通过对现金的会计控制，力求实现现金流入与流出的基本平衡，既要防止因现金短缺而造成的支付危机，也要减少因现金沉淀而增加的机会成本等。

管理是一种有目的的控制活动，凡是围绕控制目标与控制要求实施的管理行为都可以称作控制。有关企业内部控制的分类有很多方法，如按照控制的对象可分为会计控制和管理控制，按照控制的时序可分为事前控制、事中控制和事后控制，按照控制的主体可分为出资者控制、经营者控制和财务会计部门控制，按照控制的依据可分为预算控制和制度控制，按照控制的手段可分为定额控制（绝对控制）和定率控制（相对控制），按照控制的内容可分为一般控制和应用控制，按照控制的意图或功能可分为预防性控制、侦查性控制、纠正性控制、指导性控制和补偿性控制等。在实施具体控制活动的过程中，各种控制方法是综合运用、交叉使用的。

1.2.4　事后监督检查不等于内部控制

内部控制不仅仅是事后监督检查，它可以分为事前控制、事中控制与事后控制，三者之间既有联系又有区别，作用不同，可以互为补充，应当三管齐下。

事前控制是指企业为防止各种资源在质和量上发生偏差而在行为发生之前实施的控制，即前馈控制，如财务收支活动发生之前的内部牵制制度、授权审批制度、费用报销规定等。事前控制表现为一种积极的防护性控制，具有防范风险的作用。作为控制者事先理应深入实际，调查研究，预测出发生差错的问题与概率，并设想出预防措施、关键控制点与保护性措施。

事中控制是指在各项收支活动发生过程中进行的控制，即过程（或现场）控制，如按财务预算的要求监督预算的执行过程、对各项收入的去向和支出的用途进行监督、对产品生产过程中发生的成本进行限额约束等。事中控制表现为一种有效的过程性控制，具有防错纠偏的作用。在采取行动执行有关控制目标或标准的过程中跟踪获取一线信息，帮助控制者及时发现问题，采取措施，解决问题。

事后控制是指对各种管理活动的结果进行的考核及相应的奖罚，即反馈控制，如按财务预算的要求对各责任中心的财务收支结果进行评价并依此实施奖罚、在产品成本形成之后进行综合分析与考核以确定各责任中心和企业的成本责任等。事后监督检查只是事后控制的一种表现形式，而非全部。事后控制表现为一种有效的信息反馈控制，具有亡羊补牢的作用。在实际行为发生之后，总结、分析与比较实际业绩与控制目标或标准之间的差异，然后采取相应的措施防错纠偏，并给予造成差错者适当的处罚或给予优秀者适当的奖励。

历史上关于扁鹊医术的故事很有启迪。魏文王问名医扁鹊：“你们家兄弟三人,都精于医术,哪一位最好呢?"扁鹊答:"长兄最好,中兄次之,我最差。"文王再问:"为什么你最出名呢?"扁鹊答:"我长兄治病,是治病于病情发作之前。由于一般人不知道他事先能铲除病因,因此他的名气无法传出去,只有我们家的人才知道。我中兄治病,是治病于病情初起之时。一般人以为他只能治轻微的小病,所以他的名气只及于本乡里。而我扁鹊治病,是治病于病情严重之时。一般人都看到我在经脉上穿针管来放血、在皮肤上敷药等大手术,所以以为我的医术高明,名气因此响遍全国。"

这个故事令人感悟:事后控制可能不如事中控制,事中控制可能不如事前控制。可惜不少人未能体会到这一点,等到错误的决策造成了重大损失才寻求弥补,有时是亡羊补牢、为时已晚。所以,为了充分发挥企业内部控制的作用,应当强调事前、事中、事后控制的多方配合和协调运作。

理想的内部控制应更注重事前和事中的控制,在采取行动之前或当时就能起到引导匡正、防错纠偏的作用。因此,内部控制作用的大小与企业的预算、目标、制度的制定和落实,与事先设想、规划、控制点的分布和安排有着密切的关系。落实企业内部控制工作宜早不宜迟,谁落实谁受益,先落实先受益。在执行中还要清楚地认识到,内部控制是一个动态的过程,不可能一劳永逸。

1.2.5 内部审计不等于内部控制

内部审计有助于内部控制,但不等同于内部控制。内部审计是在企业内部建立的一种独立的评价活动,是对经营活动进行审查和评价的一种服务,目的是服务于企业管理,最大限度地提高经济效益。

国际内部审计师协会认为"内部审计是用来增加组织价值和改善组织运营的独立、客观的保证和咨询活动。它以系统的、专业的方法对风险管理、控制及治理过程的有效性进行评价和改善,帮助组织实现其目标"。这一定义将内部审计的范围延伸到风险管理和公司治理,认为内部审计是针对风险管理、控制及治理过程的有效性进行评价和改善所必需的。

与外部审计相比,内部审计在健全公司治理机制特别是强化内部管理和控制方面具有得天独厚的优势。与时俱进的内部审计应该围绕公司治理机制的健全、完善,以风险控制为导向,以监督检查内部控制活动的有效性为主线,以提高风险控制能力为目标,坚持哪里有风险,内部审计就跟到哪里,才能在公司治理中发挥更大的作用。

1.2.6 内部控制不等于风险管理

企业为了实现控制目标,通过制定制度、实施措施和执行程序,对经济活动的风险进行防范和管控的活动，就是内部控制。风险管理与内部控制之间存在着目的与手段的内在联系。

内部控制重在解决流程问题，包括业务流程、管理流程中的风险控制，重在要求"正确地做事"，更加重视实施，嵌入企业各业务流程的具体业务活动中，融合在企业的各项规章制度中，使企业在正常运营过程中自发地防止错误，确保合规和真实，从而合理保证目标的实现。

风险管理不仅要解决流程问题，更要解决战略决策问题、应急处理问题；不仅要解决当前的问题，更要预测和应对将来可能发生的问题；不仅要解决"正确地做事"，更要解决"做正确的事"。因而风险管理更偏向于前端，对影响目标实现的因素的分析、评估与应对，防止重大决策失误，防止出现重大危机等。有人认为，决策层应当更关注"做正确的事"，而执行层应当更关注"正确地做事"。

有效的内部控制过程可以与风险管理相结合。在这个过程中，内部控制的各个要素分别处于不同阶段。风险评估、信息沟通处于认识阶段，控制措施、内部监督处于实践阶段，而内部环境则构成制度基础。其中，风险评估的功能是识别、分析、评价风险，控制措施的功能是处理、防范、化解风险，而内部监督则是对整个过程进行监控。"巧妇难为无米之炊"，要想识别、处理风险，就必须收集、传递、沟通、应用信息，为风险管理提供事实依据。上述要素密切相关，体现为风险的识别、处理和反馈等。

1.3 内部控制的国际视野

1.3.1 内部控制初始阶段——内部牵制法

现代企业内部控制的发展历程与演变轨迹可以从 20 世纪初说起。

早期的内部控制思想源于保护私有财产不可侵犯的内在需求。20 世纪 40 年代以前，人们出于对财产行为进行控制的需要，形成了对内部牵制的认识。鉴于当时生产力相对落后、商品规模化生产尚不发达的特点，内部控制主要表现为对会计账目和会计工作实施岗位分离和相互牵制，使任何单一部门或个人不能独立地控制会计账目，并且使两个或两个以上的部门和人员能够对会计账目实现交叉检查或交叉控制。内部牵制的理论与方法成为以后内部控制发展的重要基础。

职责分工、会计记账和人员轮换构成了早期内部牵制的三大要素，其执行程序及牵制重点大致可以分为以下四个方面：①实物牵制。例如，把重要保险柜的钥匙交给两个以上的工作人员持有，若不同时使用这两把以上的钥匙，保险柜就无法打开。②机械牵制。例如，保险柜的大门若不按正确程序操作，就无法打开。③体制牵制。例如,把每项业务都分别交由不同的人或部门处理,以预防错误和舞弊的发生;采用双重控制措施,以预防错误和舞弊的发生。④簿记牵制。例如,采用复式记账,要求借贷平衡,进行平行记账,定期将明细账与总账进行核对等。

早期内部牵制的主要内容如图1.2所示。

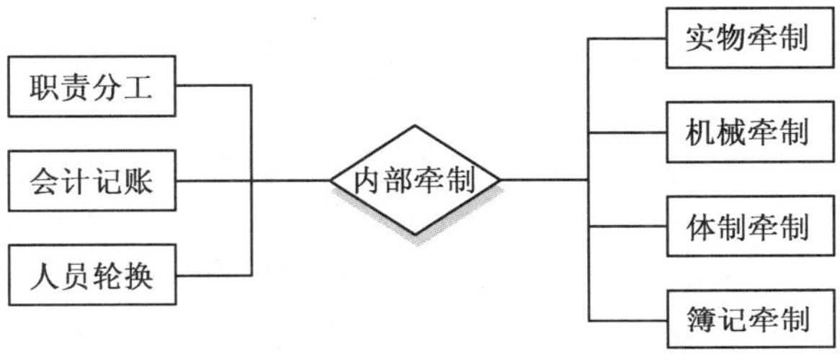

图1.2 内部牵制的三大要素与四个重点

早期内部牵制主要是出于两点假设:一是两个或两个以上的人或部门无意识地犯同样错误的机会很小;二是两个或两个以上的人或部门有意识地合伙舞弊的可能性大大低于单独一个人或部门舞弊的可能性。其中,第一个假设能限制人的有限性,即通过制度设定一系列规则以减少环境的不确定性,提高人们认识环境的能力,如会计人员定期将明细账与总账进行核对;第二个假设可以限制人的机会主义行为,加强人的集体行为倾向。内部牵制作用正是通过限制人的有限理性和机会主义行为而得到发挥的。例如,企业要买一台电脑,会计人员未必一定要看到电脑,但只有报销单据及手续齐全、符合规定,才可以办理付款。在这里,会计人员必须看到单据上授权人、执行人的签名齐全。授权人已签名,说明购买事项是经过批准的,隐含着购买事项符合企业利益的判断;而两个以上的人签名,说明购买事项发生舞弊的可能性很小,则会计核算可据以入账。这一经济事项的发生就符合内部牵制中的授权、执行和记录相分离的原则。

早期的内部控制重在事务分管、明确分工、加强责任,把一笔经济业务分割成几个部分由几个人分别去做,各负其责,互相监督,以防舞弊。这一阶段内部控制的目的主要是保证财产物资的安全和会计记录的真实。实践证明,这些设想是合理的,内部牵制机制确实有效地减少了错误和舞弊行为。虽然随着经济社会的发展,内部控制日益超越内部牵制的范畴,但内部牵制的基本理念在内部控制中仍然发挥着重要的作用,成为有关组织机构控制、职务分离控制的坚实基础之一。

1.3.2 内部控制建设阶段——制度二分法

20世纪40～80年代,随着经济的不断发展和企业规模的不断扩大,对内部控制理论与方法的研究开始受到重视。内部控制的含义开始扩大与延伸。内部控制不应当局限于内部牵制，而应当包括组织的组成结构，以及该组织为保护其财产安全、检查其会计资料的准确性和可靠性、提高经营效率、保证既定的管理政策得以实施而采取的所有方法和措施。

为适应商品经济快速发展、所有权与经营权进一步分离的特点，在注册会计师行业的推动下，内部控制由早期比较单一的内部牵制逐渐演变为涉及组织结构、岗位职责、人员素质、业务处理程序和内部审计等比较严密的内部控制制度体系。1934 年，美国《证券交易法》首先使用了"内部会计控制"作为根除经济危机中虚假会计信息泛滥的根本措施之一。内部会计控制作为企业内部控制的核心内容，引起了管理当局的高度关注。1949 年，美国注册会计师协会将内部控制界定为一个企业为保护资产完整、保证会计数据的正确和可靠、提高经营效率、贯彻管理部门的既定决策所制定的政策、程序、方法和措施。内部控制开始突破财务会计的范围，将成本、预算等内容也包括其中。

在这一阶段，建立健全内部控制制度开始上升为法律要求。1958 年，美国注册会计师协会审计程序委员会发布的《审计程序公告第 29 号》将内部控制划分为内部会计控制和内部管理控制。

内部会计控制的方法和程序与财产安全和财物记录的可靠性有直接的联系。这些控制包括授权与批准制度、从事财务记录和审核与从事经营或财产保管职务分离的控制、财产的实物控制和内部审计。内部会计控制主要是针对会计记录系统和相关的资产保护所实施的控制。

内部管理控制的方法和程序主要与经营效率和贯彻管理方针有关，通常只与财务记录有间接关系。这些控制一般包括统计分析、时动研究（即工作节奏研究）、业绩报告、员工培训计划和质量控制。内部管理控制主要是针对经济决策、交易授权、组织规划等所实施的控制。

1.3.3 内部控制发展阶段——结构三分法

20 世纪 80 年代之后至 90 年代，内部控制由偏重研究具体的控制程序和方法发展成为对内部控制系统的全方位研究，其突出的变化和重要成果是日益重视对控制环境的研究。会计界与审计界对内部控制的研究也逐步从一般含义向具体内容深化，即"内部控制结构"代替"内部控制"。

1986 年，第十二届国际审计会议《总声明》将内部控制解释为"作为完整的财务和其他控制体系，包括组织结构、方法程序和内部审计。它是由管理者根据总体目标而建立的，目的在于帮助企业的经营活动合理化，具有经济性、效率性和效果性，保证管理决策的贯彻，维护资产和资源的安全，保证会计记录的准确和完整，并提供及时、可靠的财务和管理信息”。

1988年,美国注册会计师协会发布《审计准则公告第55号》,将内部控制界定为“合理保证企业特定目标的实现而建立的各种政策和程序”,在结构上由控制环境、会计制度和控制程序组成。

控制环境反映董事会、管理者、业主和其他人员对控制的态度和行为,具体包括:管理哲学和经营作风、组织结构、董事会及审计委员会的职能、人事政策和程序、确定职权和责任的方法、管理者控制和检查工作时所用的控制方法,如经营计划、预算、预测、利润计划、责任会计和内部审计等。

会计制度规定各项经济业务的确认、归集、分类、分析、登记和编报方法。一个有效的会计制度包括以下内容:鉴定和登记一切合法的经济业务;对各项经济业务进行适当分类,作为编制报表的依据;计量经济业务的价值,以使其货币价值能在财务报告中记录;确定经济业务发生的时间,以确保它被记录在适当的会计期间;在财务报告中恰当地表述经济业务及有关的揭示内容。

控制程序是指管理当局所制定的政策和程序,用以保证达到一定的目的,具体包括:经济业务和活动的批准权;明确各员工的职责分工;充分的凭证、账单设置和记录;资产和记录的接触控制;业务的独立审核;等等。

上述关于内部控制结构内容的表述正式将控制环境纳入内部控制范畴。随着管理实践的发展,人们不再将控制环境作为内部控制的外部因素来看待,而是将其视为内部控制的一个组成部分。控制环境是由企业全体职工,主要是企业的管理者所造就的,是充分、有效的内部控制体系得以建立和运行的基础与保证,理应在企业的控制范围内。该表述还突出了会计制度控制,规定了各项经济业务的确认、归集、分类、分析、登记和编报的方法等。

1.3.4 内部控制整体框架阶段——要素五分法

进入20世纪90年代后,世界经济变得越来越复杂和动荡不安,重大舞弊案件开始不断出现并引起世人关注,反舞弊的呼声开始高涨并引起共鸣,对于内部控制的研究也因此进入了一个新阶段。1992年,由美国会计学会(AAA)、美国注册会计师协会(AICPA)、国际内部审计协会(IIA)、财务经理协会(FEI)和管理会计学会(IMA)等组织参与的发起组织成立了科索委员会(COSO),并提交了一份举世瞩目的研究报告——《内部控制——整体框架》(又称《内部控制框架》)。该报告在1994年进行了增补。该框架的相关内容如图1.3所示。

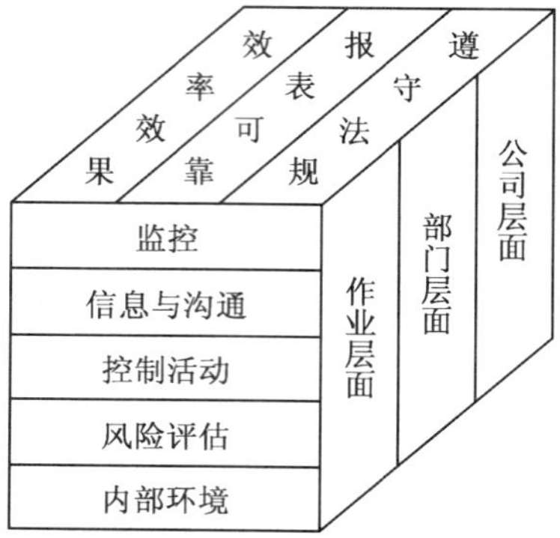

图 1.3　内部控制整体框架

COSO 对内部控制的定义是："公司的董事会、管理层及其他人士为实现以下目标提供合理保证而实施的程序：运营的效益和效率，财务报告的可靠性和遵守适用的法律法规。"COSO 认为：①控制是一个程序，而非结构；内部控制是控制主体不间断的一系列活动。②内部控制的目标不仅是为了保证财务报告的可靠性与合规性，而且有助于提高企业运营的效益和效率，因此，内部控制与业绩目标的实现有关。内部控制是实现目标的程序及方法，而其本身并非目标。③企业内部控制受企业董事会、管理当局和其他员工的影响，应由控制环境、风险评估、控制活动、信息与沟通、监督五个方面的内容构成。

《内部控制——整体框架》中五要素的内涵及其构成如表 1.1 所示。

表 1.1　五要素的内涵及其构成

要素	内　涵	构　成
内部环境	影响、制约企业内部控制建立与执行的内部因素的总称，是实施内部控制的基础	治理结构、组织机构设置与权责分配、企业文化、人力资源政策、内部审计机制、反舞弊机制
风险评估	及时识别、分析和评价影响企业内部控制目标实现的各种不确定因素并采取应对策略的过程，是实施内部控制的重要环节	目标设定、风险识别、风险分析和风险应对
控制活动	根据风险评估结果，结合风险应对策略所采取的确保企业内部控制目标实现的方法和手段，是实施内部控制的具体方式	职责分工控制、授权控制、审核批准控制、预算控制、财产保护控制、会计系统控制、内部报告控制、经济活动分析控制、绩效考评控制、信息技术控制

续表

要素	内 涵	构 成
信息与沟通	及时、准确、完整地收集与企业经营管理相关的各种信息,并使这些信息以适当的方式在企业有关层级之间及时传递、有效沟通和正确应用的过程,是实施内部控制的重要条件	信息的收集机制及企业内部与企业外部有关方面的沟通机制
监控	对内部控制的健全性、合理性和有效性进行监督、检查与评估,形成书面报告并做出处理的过程,是实施内部控制的重要保证	对建立并执行内部控制制度的整体情况进行持续性监督检查,对内部控制的某一方面或者某些方面进行专项监督检查,提交相应的检查报告,提出有针对性的改进措施

这一阶段内部控制研究的重大突破主要表现在以下三个方面:一是强调风险评估在内部控制中的重要作用;二是强调信息与沟通是强化内部控制的重要途径;三是强调对内部控制系统本身的监控是内部控制发挥作用的关键环节。

《内部控制——整体框架》发表后得到了美国会计总署和证券交易委员会等的认可,其在美国乃至其他许多国家都产生了广泛的影响。1996 年,美国注册会计师协会发布《审计准则公告第 78 号》,全面接受 COSO 报告的内容。

1.3.5 内部控制与风险管理阶段——要素八分法

企业在市场经济中所面临的环境是不确定的,收益与风险形影相随。

不确定性意味着机会与风险并存。如果说机会代表盈利的可能,那么风险就代表亏损的可能。有的风险可以保险,有的是不可保险的。在这种情况下,要想"保证"盈利,就必须管理风险。无论是从控制目标还是从控制要素来看,企业内部控制都应当与风险管理相融合。

市场经济越发展,防范风险越重要,这一共识的形成是由大量失控案例与风险教训所导致的。

1994 年,德国 MGRM 集团在美国高息筹资投资石油期货损失 13 亿美元。美国加州橘郡财务长以政府名义筹资,投资票据亏损 18 亿美元,导致橘郡政府破产。

1995 年,里森无视内部控制,投资日经期货指数损失 14 亿美元,直接导致英国巴林银行破产。

1996 年,日本住友商事有色金属业务部长滨中泰男被查违反公司规定,从事铜的非法交易长达 10 年,造成了 18 亿美元的亏损。

2001 年,美国安然公司因虚假经营、虚构利润、隐瞒亏损而导致破产,从而引发作为世界“五大”之一的安达信会计师事务所的终结。

2002年，世界通信公司被揭露涉嫌虚报巨额利润，仅2001年至2002年第一季度就凭空捏造出38.52亿美元利润。

2008年，法国兴业银行由于风险管理失控曝出巨额欺诈案，其交易员凯维埃尔在未经授权的情况下违规操作，给银行造成了近50亿欧元的损失……

上述案例中的里森、凯维埃尔之流是如何绕开内部控制“雷达”的？难道内部控制具有的“防范”“发现”和“纠正”功能落空了吗？从里森到凯维埃尔等一系列案件发人深思：还会不会出现更多的“里森”，更多的“凯维埃尔”？！股市暴涨暴跌，经济周期不可逆转，亚洲金融风暴还记忆犹新，美国的次贷危机又席卷全球……还会不会有更大的风暴、更大的危机发生？！

自20世纪90年代末以来，对于内部控制与风险管理研究的标志性成果，是COSO于2004年9月29日发布的研究报告——《企业风险管理——整合框架》（又称《企业风险管理综合框架》）。该研究报告将内部控制上升至全面风险管理的高度，描述了适用于各类规模组织的企业风险管理的重要构成要素、原则与概念。该框架集中关注风险管理，为董事会与管理层识别风险、规避陷阱、把握机遇、增加股东价值提供了清晰的指南。基于这一认识，COSO提出了八要素控制理论，即内部环境、目标设定、事项识别、风险评估、风险应对、控制活动、信息与沟通、监控，其与内部控制的目标、控制层面之间的关系如图1.4所示。

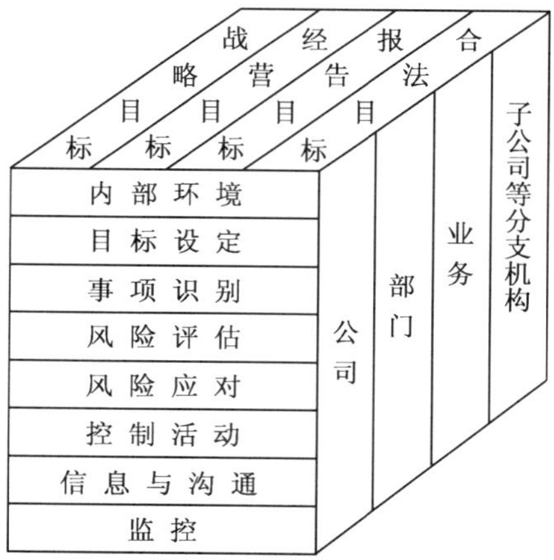

图1.4　企业风险管理与内部控制

在此之前，《萨班斯法案》的颁布对这一阶段的内部控制产生了广泛而深刻的影响。《萨班斯法案》对内部控制的规定主要集中在第三百零二条和第四百零四条。根据第三百零二条的规定，上市公司的首席执行官和首席财务官要在对外披露的财务报告（一般为年报和季报）中声明对建立和维护本公司的内部控制负责；首席执行官和首席财务官要对本公司内部控制的有效性进行评估，并向外部审计师说明其存在的重大缺陷。根据第四百零四条的规定，上市公司应在年度报告中增加对内部控制的报告内容；该报告应当声明公司管理层对建立和维护财务报告内部控制的责任，以及管理层对公司内部控制有效性的评估意见；公司的外部审计师应当依据上市公司会计监管委员会制定的审计准则，对管理层提交的内部控制评估意见进行再评价，并出具评价报告。

在经济全球化背景下，越来越多的国家意识到，强化企业内部控制将有助于防范和管理风险、提高运营效率和效果、确保财务报告的可靠性、提高企业实现战略目标的能力并维护投资者的合法权益。2002 年 7 月，美国国会通过的《萨班斯法案》是目前国际上对各国企业内部控制建设产生积极影响的重要法案。随着资本大众化和经济全球化的不断推进，内部控制已越来越为人们所重视。反虚假财务报告已在全球范围形成共识，反舞弊的呼声也越来越高。虽然有效的内部控制能够防止舞弊行为的发生，但在美国等一些发达国家中频繁发生的公司会计丑闻，反映出内部控制严重缺失在很大程度上破坏了原有财务报告呈报体系的可靠性。《萨班斯法案》要求上市公司外部审计师就管理层对财务报告相关内部控制的声明提供鉴证。相应地，美国审计准则委员会于 2003 年 3 月颁布了《审计准则——在财务报告审计过程中对与财务呈报相关的企业内部控制的审计》和《鉴证业务准则公告——对与财务呈报相关的企业内部控制的报告》，为该业务提供指导。

企业风险管理是一个过程，受董事会、管理层及其他员工的影响，应用于战略制定与企业整体，旨在识别可能影响企业的潜在事项，在其风险偏好范围内管理风险，并为企业目标的实现提供合理保证。

企业风险管理包含八个相互关联的构成要素（如表 1.2 所示），这些要素源自管理层经营企业的方式，并与管理进程融为一体，是一个多向的、相互作用的管理过程。与“五要素”相比，其最明显的特征是将风险评估细化为目标设定、事项识别、风险评估与风险应对，将内部控制上升至全面风险管理的高度来认识，并与之融合。

表 1.2　　八要素的内涵及其内容要点

要　素	内容要点
内部环境	对企业财务控制的建立和实施有重大影响的各种环境因素的统称，包括企业风险管理观念与文化、诚信与价值观、员工的胜任能力、董事会或审计委员会的组成、管理哲学和经营方式、企业组织结构、企业授予权力和责任的方式以及人力资源政策和实务等

续表

要　素	内容要点
目标设定	每个企业都会面临各种风险，进行有效的事项识别、风险评估及风险应对的一个前提是确定与不同水平的内部环境保持一致的目标。所设定的目标主要能实现合理配置和使用财务资源，提高财务资源的使用效率，实现企业价值最大化；保护资产的安全与完整；保证财务信息的可靠性；遵循有关财务会计法律规定和企业已制定的财务会计政策
事项识别	事项是指可以影响企业财务战略执行或目标实现的事项，如银行信贷、利率、汇率等政策的调整，新的竞争对手的出现，市场价格水平的变化，企业组织结构和高层管理人员的变化等。事项可能形成积极的影响或消极的影响，或者同时具有两种影响
风险评估	管理层分析、评价和估计对企业目标有影响的内部或外部风险的过程。管理者应当从可能性和影响程度两个角度，采用定性与定量相结合的方法评估事项，并对整个企业中的事项以个别或分类的形式进行分析，指出潜在事项的有利影响和不利影响。对潜在不利事项，以固有风险和剩余风险的形式进行评估。固有风险是指在管理者没有采取任何措施改变风险发生的可能性的情况下给企业带来的风险。剩余风险是指在管理者对风险做出反应后仍残存的风险
风险应对	包括规避风险、减少风险、转移风险和接受风险。在考虑如何进行风险应对的过程中，管理者要考虑成本和效益，并在期望的风险容忍度内选择风险应对方案
控制活动	确保管理阶层的指令得以执行的政策及程序，如核准、授权、验证、调节、复核营业绩效、保障资产安全及职务分工等
信息与沟通	信息主要是指会计系统所提供的内部与外部信息。信息与沟通是企业汇总、分析、分类、记录、报告业务处理的各种方法，包括文件预先编号、业务复核、定期调节等
监控	由适当的人员在适当的时机评估控制的设计和运作情况的过程，具体包括持续的监督活动、个别评估、报告缺陷等

COSO的这份研究报告使内部控制的目标、要素与组织层级之间形成了一个紧密相连、相互作用的有机体系；同时，对原“五要素”中的风险评估要素进一步细分和充实为目标设定、事项识别、风险评估和风险应对，使内部控制与风险管理日益融合，拓展了内部控制的内涵和外延，凸显出风险控制的现实重要性。

专题讨论1.1　为什么一定要进行风险控制？

首先，进行风险控制是企业安全的内在需要。

美国著名的行为科学家马斯洛认为，人的需要是由低级向高级发展的，其顺序是：①生理需要；②安全需要；③社会需要；④尊重需要；⑤自我满足需要。安全需要处于低级层次，必须首先得到满足，否则就不能激励人，更高层次的需要也不会提出来。对安全的需要是人类与生俱来的。企业是人类社会发展到一定阶段的产物，是由人组织起来的系统。通过管理、预防、减少或消除各种威胁安全的风险，满足人们最基本的需要，才能激励职工努力工作。只有健康和安全，才能生存和发展。"安全第一"是十分明智的。但威胁安全的风险防不胜防。只有针对风险的特性与大小，利用科学方法加以管理，才能真正满足"健康企业"的"安全"需要。

其次，进行风险控制是企业自主经营的能动需求。

企业是自主经营、自负盈亏的商品生产者，要实行独立经济核算，以自己的收入弥补支出，取得盈利。在核算中，应高度重视因风险而造成的经济成本即风险成本。风险成本的高低将直接影响企业的盈利水平。风险成本有两种类型：一为实际发生的损失成本；二为可能发生的损失成本。对纯粹风险来说，由于没有可能的利得和收益去补偿，这些成本特别困扰着企业。投机风险也涉及这两类成本，但有可能为企业带来较大的利益。

实际发生的损失成本包括直接损失成本和间接损失成本，是一种有形的实际成本。可能发生的损失成本是由于人们对损失发生的主观不确定性而产生的无形成本。

再次，进行风险控制是企业生存环境的迫切要求。

自然环境要求加强风险控制。由于人们受认识自然、驾驭自然的能力的限制，面临着不可抗拒的天灾和人祸等。除此之外，生产过程中发生的人身伤害事故以及职业危害也不能完全杜绝。应该指出的是，这些自然破坏力的发生常常呈现出不规则性和不确定性，常常在人们的"意料之外"发生。

经济环境要求加强风险管理。价值规律是一只"看不见的手"，给企业的生产和经营造成一定的风险。国家法规、经济政策同样使企业面临着风险。这主要表现在国家的调控政策与客观经济规律之间、主观与客观之间有时可能不一致。因此，计划不一定正确反映客观经济规律，主观不一定正确反映客观，这种因不确定性而形成的风险必然会转移给企业。又由于国家调控政策的变化和实施与企业行为的发生常常存在着时间差，这就是说，即使计划是正确的，但在这段时间差内，企业行为仍有风险；再加上国家调控政策是通过税收、信贷、价格等杠杆进行间接控制，对企业会产生约束力等。

国际环境变化更要求加强风险控制。与国内环境相比，国际环境中的风险因素更多，风险也更大。在世界市场上，必须沉着应付各种突发的、自然的、经济的和政治的风险，否则就会造成巨大损失。

1.4 内部控制的发展趋势

1.4.1 内部控制是一个不断发展的动态过程

综观内部控制发展演变的历史，企业内部控制的思想认识与相应的管理行为，随着市场经济的发展不断得到深化，随着企业内部管理的加强而日益完善。从最初的内部牵制演变为会计控制与管理控制相结合，发展为内部控制整体框架，演进为与风险管理相结合，都充分说明了市场经济越发展，内部控制越重要的道理。COSO 于 2013 年 5 月 14 日发布了《2013 年内部控制——整体框架》及其配套指南，旨在使企业内部控制更实、更活、更稳，有助于采用更为严密的内部控制措施以提升内部控制的质量。也就是说，内部控制永远在路上，没有止境，需要精益求精、不断完善、与时俱进。

实证研究表明，企业在采购、生产、销售、财务等环节出现问题，几乎都与内部控制失控有关。一家致力于持续稳定发展的企业，必然重视不断完善内部控制(如图 1.5 所示)。

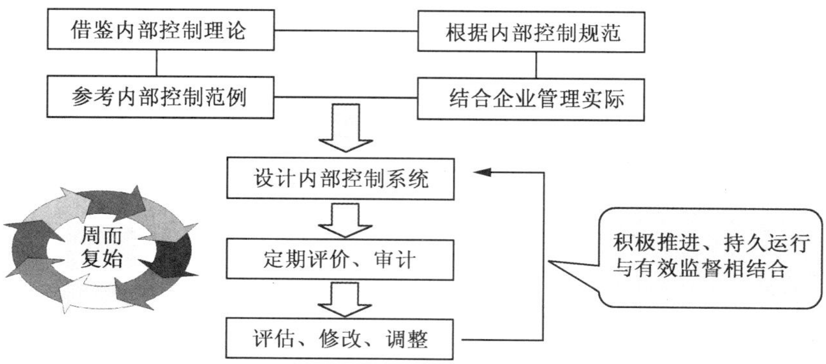

图 1.5 不断完善内部控制系统

事实雄辩地证明，只有源于人们的自觉性和内在动力的内部控制才会更有效，并显得越来越重要；通过强化内部控制来提升管理水平和执行力，从而提升竞争能力和经济效益将逐渐成为共识。

1.4.2 反舞弊成为加强内部控制的内在需求

舞弊是故意的、有目的的、有预谋的、有针对性的造假和欺诈行为。失控已经成为管理失败的万恶之源，舞弊已经成为失控最主要的表现。管理舞弊与管理失控是共生现象，已经成为失控的重灾区和世界性的难题，也是风险管理的难点或关注点。如果失控严重，舞弊将愈演愈烈。

舞弊与反舞弊是一对矛盾，反舞弊一定是因为舞弊严重而更显重要。为了遏制财务舞弊等行为，各国政府都在着手研究和制定相关法律法规，强化对本国企业经营行为的监管，促进企业建立完善的内部控制体系，以防范财务舞弊行为的发生。对内部控制的认知程度正随着反舞弊与防风险要求的不断加强而不断提升。

在我国，从虚构利润5.4亿元、虚增资本公积6.57亿元的"琼民源"证券欺诈案到曾被捧为"中国第一蓝筹股"的"银广夏"虚构巨额利润7.45亿元的欺诈事件，从通过非法手段编造虚假财务数据的"黎明服装"案到欺诈上市、上市半年即亏损而被检查机关起诉的"PT红光"事件，以及中航油公司缺乏严格的风险管理机制，陈久霖违规操作导致5.5亿美元巨亏等案例，已经向政府和企业敲响了警钟。随着企业的规模化、资本的大众化、经济的全球化、市场经济的深入化和经营管理的现代化，内部控制与风险防范越来越为人们所重视。反虚假财务报告已形成共识，"不做假账"的呼声越来越高。

如何才能给权力涂上"防腐剂"、戴上"紧箍咒"，把权力关进制度的"笼子"？如何有效形成不敢腐的惩戒机制，不能腐的防范机制，不易腐的保障机制？加强内部控制成为现实的、紧迫的需求。

1.4.3 风险管理将与内部控制不断融合

风险在市场经济中不但不可避免，而且会不期而遇。人们试图规避风险，但往往又深陷风险的漩涡之中。追求高收益必然伴随高风险，而高风险并不一定带来高收益。风险管理不能以牺牲收益为代价，而应善于平衡收益与风险的关系。

假设企业存在的目的是为其股东创造价值，那么管理层的挑战就是确定在其为股东创造价值的过程中须在多大程度上接受不确定性。企业风险管理能使管理层有效地处理不确定性及与之相关的风险和机遇，增进创造价值的能力。

专题讨论1.2　为什么一定要融合好内部控制与风险管理？

内部控制与风险管理的融合是内部控制发展的必然趋势。控制主要关注的就是风险，两者融合好，可以和谐共赢。因为有风险，所以需要控制，这是一个事件的两个方面。

强调风险管理与内部控制的融合并不是风险管理要代替内部控制，实际上两者是并存的。企业需要通过内部控制来应对各种风险；否则，被控制所遏制的风险将可能发生。实施企业风险管理的一般目的就是风险控制，即按照一定的方法和程序对面临的风险进行监测和管理，从而降低风险、减少损失。

积极的风险管理不仅要解决流程问题，更要解决战略决策问题、应急处理问题；不仅要解决当前的问题，更要预测和应对将来可能发生的问题；不仅要解决“正确地做事”，关键还要解决“做正确的事”。消极的风险管理就是通过放弃某些经营活动和资产、负债，以绕开风险等。

加强风险管理，一是有助于风险偏好与企业战略的协调，即管理层在评价战略方案、制定相关目标及开发相关风险管理机制的过程中应考虑主体的风险偏好；二是有助于改进风险反应决策，增进识别风险与风险反应（在风险规避、风险降低、风险共享和风险接受等方案中进行选择）的精确性；三是有助于识别并管理多元化风险与企业内部交叉风险。企业面临无数风险，影响组织的不同部门，企业风险管理促进对相互关联的影响做出有效反应，对多元化风险做出综合反应；四是有助于获得健全的风险信息，促使管理层有效评估总的资本需求，改进资本配置。

如何有效发挥风险管理与内部控制融合的积极作用，各国都在探索之中。

COSO 与 IIA 合作共同完成的三道防线模型，通过厘清角色和职责来强化对风险的管理和控制。第一道防线由运营管理对风险和控制负责并管理，第二道防线由管理层落实风险、控制和合规等职能，第三道防线由董事会和高级管理层负责风险和控制的有效性，进行独立审计并报告。明确和分配与内部控制相关的职责定位，确实可以帮助组织强化其整体治理结构，充分发挥内部控制的积极作用。

国家电网公司借鉴国内外企业内部控制的成功经验，立足于电网实际和管控需要，建立了以风险管控为导向、标准流程为载体、授权管理为约束、规章制度为保障、内控评价为手段的五位一体内部控制体系（如图 1.6 所示）。

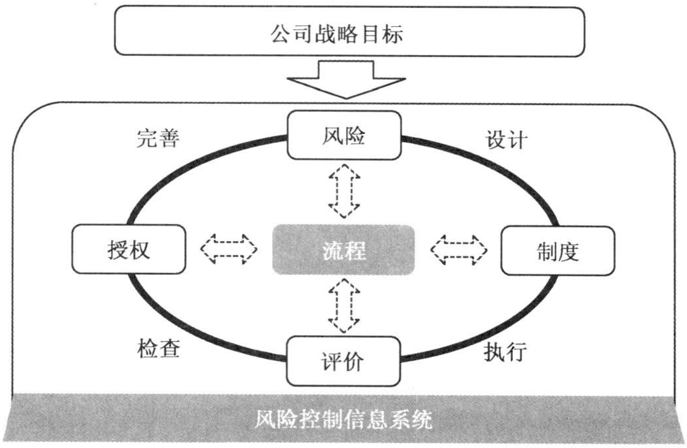

图 1.6　五位一体的内部控制体系

1.4.4 加强风险管理是防范经营失败的重中之重

一方面，管理失控猛于虎，是导致失败最大的风险。经验表明，风险控制已经成为企业防范经营失败的重中之重，追求企业健康是可持续发展的根基。

另一方面，经济危机与经济周期有着一定的内在联系。自1825年英国出现第一次周期性的生产过剩危机以来，每隔一定期间全球就会发生一次危机。第二次世界大战后，各主要资本主义国家发生过数次程度不等的经济危机，令人防不胜防。被动型的风险应对必须向主动型的风险管理转变。

经济全球化已经大大增加了风险的来源，放大了风险的影响和潜在后果：一是相互依存的增强扩大了风险后果承担者的数量；二是发达的现代通信技术使更多的人意识到风险的潜在后果，也容易因为信息的不完整而导致过度恐慌。无论是东亚金融危机还是美国次贷危机，其对全球的影响都是典型的连锁反应，心理的恐慌放大了风险的破坏力。

从“风险”到“风险经济”再发展为“风险社会”，人们在追求收益和忍受痛苦中对“风险”的认识不断拓展、不断深化。在市场经济中搏击的人们已经生活在一个“除了冒险别无选择的社会”。风险已经成为我们生产和生活的组成部分，其无处不在、无时不在。风险不仅来自我们生活于其中的自然环境和制度环境，也来自我们作为集体或个人做出的每个决定、每种选择和每次行动。回想一下吧：艾滋病和SARS的席卷促使世人清醒地认识到信息透明和复合治理的重要性，印度洋海啸和四川大地震等自然灾害提醒人们要不断提高治理能力、完善治理技术，金融风暴和美国次贷危机一次又一次地考验着作为核心主体的国家的综合治理能力，应当减少和避免“有组织的不负责任”……

“风险社会”作为一个概念，并不是历史分期意义上的，也不是某个具体社会和国家发展的历史阶段，而是对目前人类所处时代特征的形象描绘。在风险社会中，风险具有以下几个日益显现的特点：

从根源上看，风险是内生的，伴随着人类的决策与行为，是各种社会制度，尤其是工业制度、法律制度和应用科学等正常运行的共同结果，而“人化”程度的提高使得风险的内生特点更加明显。

从影响和后果上看，风险是延展性的，其空间影响是全球性的，超越了地理边界和社会文化边界的限制；其时间影响是持续性的，可以影响后代。

从应对方法上看，现有的风险计算方法、经济补偿方法都难以从根本上解决问题，要通过提高现代性的反思能力来构建应对风险的新机制。

目前，我国正在借鉴国际先进理念，极力推行企业内部控制的理论与方法，加强企业内部控制的法规与制度建设。尽管目前我国一些企业的内部控制水平还停留在内部牵制或粗放式的管理阶段，有的企业甚至连内部牵制工作都没有做好，在内部控制方面还有不少漏洞，但同时也应该看到，不少企业已经开始研究最新的内部控制理论与方法并付诸实施，广大投资者、经营者、管理者已经开始具有内部控制意识，并积极开展对内部控制的宣传、教育、培训与研究。

经典案例评析

1995年2月27日，国际金融界的一条消息震惊了世界：创建于1793年、有着232年灿烂历史的英国巴林银行倒闭，其主要原因是内部管理失控导致过度炒卖金融衍生品。

里森于1989年7月10日正式到巴林银行工作，1992年前往新加坡巴林银行期货公司，开始进行金融期货交易，身兼前台首席交易和后台结算主管。

自1992年7月起，里森利用职务之便连续隐瞒员工的失误。他开立了误差账户“×××”，该账户在开户表格上注明只能用于冲销错账，未经授权不能进行交易。但他却用这个账户进行越权交易，通过假账调整，使实际亏损隐藏在该误差账户中，成为赔钱的“隐蔽所”。经查，里森当时所做的许多交易受到了市场走势牵制而并非出于其对市场的预期。哪一种方向的市场变动会使他反败为胜，补足“×××”账户中的亏损，他便试着往那个方向变动。1994年，“×××”账户的损失由2 000万英镑上升到5 000万英镑。截至1995年3月2日，巴林银行的亏损额为9.16亿英镑，约合14亿美元。1995年3月5日，国际荷兰集团接管巴林银行。

从表面上看，问题似乎仅仅是里森个人的违规操作，但是谁给了他大到足以毁掉一家世界著名银行的权限呢？

新加坡在1995年10月17日公布有关巴林银行破产的报告，结论中有一段话：“巴林集团如果在1995年2月之前能够及时采取行动，那么他们还有可能避免崩溃。截至1995年1月底，即使已发生重大损失，这些损失毕竟也只是最终损失的1/4。如果说巴林的管理阶层直到破产之前仍然对‘×××’账户的事一无所知，我们只能说他们一直在逃避事实。”由于巴林银行没有对不相容职务进行分离与控制，里森在新加坡独立操作，一人身兼交易与清算二职。而在长达几年的时间里，巴林银行的内部审计部门始终未能及时发现里森利用误差账户进行越权违规交易和发生严重亏损的问题，也没有对其行为进行有效的监督。

里森曾说：“对于没有人来制止我这件事，我觉得不可思议。伦敦的人应该知道我的数字都是假的，这些人都应该知道我每天向伦敦总部要求的现金是不对的，但他们仍旧支付这些钱。”

里森违规交易导致亏损14亿美元，而巴林银行的破产却是根源于其新加坡期货公司内部控制存在着以下严重问题：

一是不相容职务没有分离。交易和结算属于不相容职务，由一人兼任容易发生错弊并增加错弊得以掩盖的机会，里森身兼前台交易和后台结算主管，两个重要岗位没有予以分离，导致重大亏损得以转移到误差账户进行隐藏并长期没有被发现。如果里森当时只负责清算部门，就没有机会为其他交易员的失误瞒天过海，最后造成不可收拾的局面。

二是放松对员工的素质要求与法制教育。作为业务主管，应当具备良好的职业道德，掌握金融等相关专业知识。而巴林银行知道里森有隐瞒法院不利判决的品行问题，也清楚他缺乏进行衍生金融产品交易的适当经验，但仍然对他委以重任，缺乏风险管理意识。

三是缺乏授权审批控制。巴林银行应当建立投资业务授权审批制度，防止未经授权的部门或人员办理对外投资业务。但巴林银行放松了对账户的授权控制，使里森得以利用误差账户越权违规交易，不断掩盖巨额亏损。

四是信息沟通与监督检查失效。有效的监督检查应当可以及时发现新加坡巴林公司在岗位设置、人员配备、授权审批控制等方面存在的问题，但巴林银行始终未能发现问题。缺乏监管致使问题越来越严重。

令人惊讶的是，"里森"还会层出不穷?！担任世界最大衍生交易市场领导角色的法国兴业银行于2008年1月24日爆出历史上最大违规操作丑闻，一位出道不久的"低级别交易员"凯维埃尔，在未经授权的情况下，利用自己高超的计算机技术，突破公司层层控制的防火墙，"偷取"500亿欧元，大量购买欧洲股指期货，瞒天过海，"赌掉"银行49亿欧元，损失金额达到巴林银行当时损失的4倍之多！令人啼笑皆非的是：法国兴业银行是具有150年历史的老牌欧洲银行，曾于2007年相继被世界权威风险管理杂志《风险》和《银行家》评为"证券衍生产品年度最佳银行"和"资产负债管理年度金融机构"！

还会不会有更多的"里森"？还会不会有更倒霉的"巴林银行"？大量失控案例告诫人们：严格的控制与监管是必要的，规范交易行为永远是重要的，防范风险应时时有足够的准备。

第2章　企业内部控制规范

企业内部控制是由基本规范和配套指引组成的，企业、注册会计师和监管部门三位一体的，内部控制自我评价与外部审计评价相互配合的规范体系。

2.1　企业内部控制的中国特色

2.1.1　我国企业内部控制制度建设的重点

我国企业内部控制规范的建设经历着循序渐进、逐步完善的发展过程，其中，政府、证券监管部门和行业监管机构等制定的文件长期以来一直成为内部控制建设与监管的重点而彰显特色。

根据制定部门以及适用范围，我国原有的内部控制制度大体可以划分为以下四个层次：

(1)基础性控制规范

适用于所有企业的基础性规范很多，如中国注册会计师协会于1996年发布的《独立审计具体准则第9号——内部控制与审计风险》，要求注册会计师审查企业的内部控制，并对内部控制的定义、内容(包括控制环境、会计系统和控制程序)等做出了规定。财政部于2001～2004年先后发布了《内部会计控制规范——基本规范》和一系列具体会计控制的规范性文件，适用于国家机关、社会团体、公司、企业、事业单位和其他经济组织。2003年4月中国内部审计协会发布的《内部审计具体准则第5号——内部控制审计》认为，内部控制是指组织内部为实现经营目标、保护资产完整、保证对国家法律法规的遵循、提高组织运营的效率及效果而采取的各种政策和程序，包括控制环境、风险管理、控制活动、信息与沟通、监督五个要素。2004年2月审计署发布实施的《审计机关内部控制测评准则》也认为，内部控制由控制环境、风险评估、控制活动、信息与沟通、监督五个要素组成。2005年中国内部审计协会发布的《内部审计具体准则第16号——风险管理审计》指出，风险管理是组织内部控制的基本组成部分，内部审计人员对风险管理的审查和评价是内部控制审计的基本内容之一。2006年2月财政部发布的《中国注册会计师审计准则第1211号——了解被审计单位及其环境并评估重大错报风险》第四章重点规范了有关内部控制及其审计。

(2)上市公司控制规范

上市公司控制规范主要由上市公司监管机构发布，如中国证监会分别于2001年和2002年发布《证券公司内部控制指引》和《证券投资基金管理公司内部控制指导意见》。在2006年发布的《首次公开发行股票并上市管理办法》中规定：首次公开发行股票的发行人的内部控制在所有重大方面必须是有效的，并须由注册会计师出具无保留意见的内部控制鉴证报告。深圳证券交易所和上海证券交易所随即分别出台了《深圳证券交易所上市公司内部控制指引（征求意见稿）》和《上海证券交易所上市公司内部控制指引》。2006年7月，中国证监会发布了《证券公司融资融券业务试点内部控制指引》。2007年12月26日深圳证券交易所发布的《中小企业板上市公司内部审计工作指引》要求建立自查机制，由内部审计负责审查和评价内部控制的有效性、提出建议，审计委员会对内部控制的建立和实施情况出具年度内部控制自我评价报告。

(3)行业性控制规范

各行业监管机构发布的内部控制规范文件是多方面的，如1997年5月，中国人民银行颁布的《加强金融机构内部控制的指导原则》，是我国第一个关于内部控制的行政规定。1999年8月，中国保监会制定了《保险公司内部控制制度建设指导原则》，要求企业建立组织机构系统、决策系统、执行系统、监督系统、支持保障系统等控制系统，内部控制要素包括组织机构控制、授权经营控制、财务会计控制、资金运用控制、业务流程控制、单证和印鉴管理控制、人事和劳动管理控制、计算机系统控制、稽核监督控制、信息反馈等。2000年4月，中国证监会发布《关于加强期货经纪公司内部控制的指导原则》，指出内部控制的内容包括内部机构控制、授权分责控制、岗位责任控制、风险监控、资金管理控制、会计系统控制、结算控制、计算机系统风险控制、内部稽核控制等。2001年1月，中国证监会发布《证券公司内部控制指引》，内容包括环境控制、业务控制、资金管理控制、会计系统控制、电子信息系统控制、内部稽核控制等。中国人民银行于2002年颁布的《商业银行内部控制指引》较为完整地借鉴了COSO的内部控制框架，并充分吸收了1998年巴赛尔银行监管委员会发布的《银行金融机构内部控制系统的框架》中的核心内容。2005年1月，中国银监会制定《商业银行内部控制评价试行办法》，要求商业银行对其内部控制体系进行评价。2005年2月，中国保监会制定了《保险中介机构内部控制指引（试行）》，要求保险中介机构建立全面的风险管理系统等。2006年1月，中国保监会制定《寿险公司内部控制评价办法(试行)》,通过建立统一、规范的内部控制评价标准,对寿险公司内部控制体系的建设、实施和运行结果进行调查、测试、分析和评估,实施分类监管。

(4)中央企业内部控制规范

2006 年 6 月 6 日,国资委出台《中央企业全面风险管理指引》,要求企业围绕总体经营目标,通过在企业管理的各个环节和经营过程中执行风险管理的基本流程,培育良好的风险管理文化,建立健全全面风险管理体系,包括风险管理策略、风险理财措施、风险管理的组织职能体系、风险管理信息系统和内部控制系统,从而为实现风险管理的总体目标提供合理保证。2007 年 12 月 6 日,国资委发出《关于印发〈中央企业财务内部控制评价工作指引(2007 年度试行)〉的通知》(评价函〔2007〕293 号),要求通过独立的调查、测试分析企业在一定经营期间所采取的各项财务内部控制政策、程序、措施,评价企业财务内部控制体系的建设、实施情况以及运行的有效程度,目的在于促进企业内部建立健全运作规范化、管理科学化、监控制度化的财务内部控制体系;2009 年起还印发了中央企业全面风险管理报告(模本);如此等等。

2.1.2 我国第一套企业内部控制规范体系的特色

2006 年 7 月 15 日,财政部发起成立了企业内部控制标准委员会,由财政部、国务院国有资产监督管理委员会、中国证券监督管理委员会、审计署、中国银行业监督管理委员会、中国保险监督管理委员会联合组成。

2008 年 5 月 22 日发布了《企业内部控制基本规范》(财会〔2008〕7 号),这是指导企业内部控制的纲领性文件。

2010 年 4 月 26 日发布了《企业内部控制配套指引》(财会〔2010〕11 号),包括《企业内部控制应用指引》《企业内部控制评价指引》和《企业内部控制审计指引》,与《企业内部控制基本规范》一起,共同构建了中国企业内部控制规范体系,标志着"以防范风险和控制舞弊为中心、以控制标准和评价标准为主体"的企业内部控制建设与应用体系已经建成。至此,我国建立起第一套具有中国特色的、完整的企业内部控制规范体系,该体系的结构框架如图 2.1 所示。

上述企业内部控制基本规范、应用指引、评价指引和审计指引是一个庞大的体系。应用指引建立在基本规范的基础之上,评价指引围绕基本规范和应用指引展开,审计指引从企业层面和业务层面进行外部评价,仍然要以基本规范为基石。而基本规范中,最核心的内容是内部控制"五要素",即内部环境、风险评估、控制活动、信息与沟通、内部监督。抓住了内部控制"五要素"就是牵住了内部控制的"牛鼻子"。

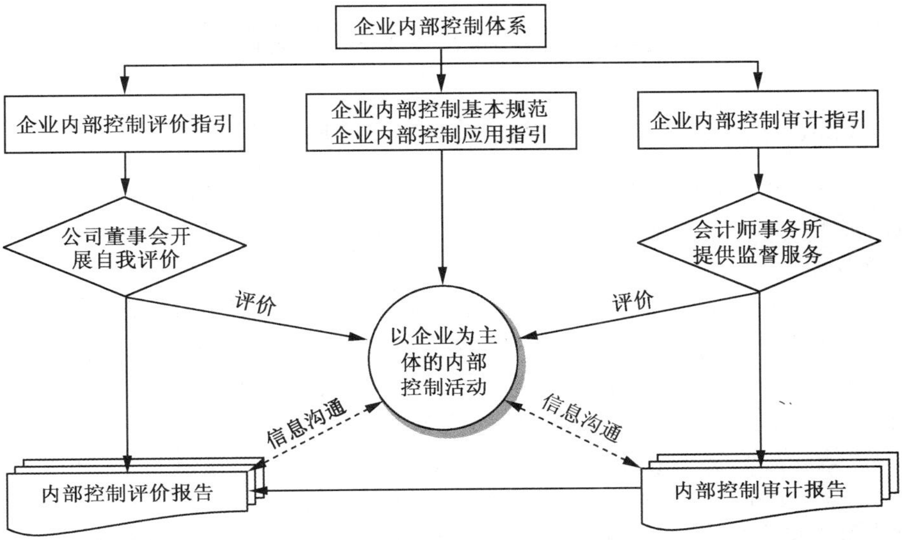

图 2.1 具有中国特色的企业内部控制体系框架结构

执行企业内部控制规范体系的企业，应当对企业内部控制的有效性进行自我评价，披露年度自我评价报告；同时，聘请会计师事务所对其内部控制的有效性进行审计，出具审计报告。政府监管部门将对相关企业执行内部控制规范体系的情况进行监督检查。从总体上看，我国着力构建起企业、注册会计师和有关监管部门三位一体的、有效的内外部监督评价体系，确保企业内部控制规范体系顺利实施。在三位一体中，企业是内部控制规范体系建设的主体，而内部控制自我评价和外部审计评价是我国企业内部控制规范体系建设的两大制度层面。

如果说人需要体检是为了防范疾病与自我保健，那么，企业进行“体检”是为了防范风险与可持续发展。如果把企业内部控制基本规范和应用指引比喻为企业“体检”标准的话，那么，进行企业内部控制评价是在“自我体检”，应当具有自觉性和持续性；实施企业内部控制审计则属于“外部体检”，更具有专业性和公正性。

综上所述，在我国，企业内部控制不仅是一项重要的管理活动，而且是一项重要的属于法规层面的制度安排，必须贯彻执行。虽然各行各业的经营管理情况千差万别，内外部因素复杂多变，但都必须根据基本规范和相关配套指引的要求，结合企业的经营特点和管理实际，建立健全符合本企业实际的操作规范，将企业内部控制规范真正落到实处。

2.2 企业内部控制基本规范

2.2.1 企业内部控制的立法宗旨与适用范围

《企业内部控制基本规范》(以下简称《基本规范》)自 2009 年 7 月 1 日起实施，是我国第一部全面规范企业内部控制的规章制度，开创了我国企业内部控制体系的新局面。

《基本规范》的立法宗旨是:“为了加强和规范企业内部控制，提高企业经营管理水平和风险防范能力，促进企业可持续发展，维护社会主义市场经济秩序和社会公众利益，依据《中华人民共和国公司法》《中华人民共和国证券法》《中华人民共和国会计法》和其他有关法律法规，制定本规范。”

《基本规范》属于纲领性文件，确立了我国企业建立和实施内部控制的基础框架，在内部控制规范体系中处于最高层次，起着统驭的作用。该规范适用于中华人民共和国境内设立的大中型企业。小企业和其他单位可以参照本规范建立与实施内部控制。

2.2.2 企业内部控制的责任主体

控制需要有主体，即由谁来控制。人是管理活动中最能动的因素，领导人更是企业内部控制的关键。事实上，内部控制既要控制人的行为，也要通过人去控制人、财、物与供、产、销等活动。

对一家企业来说，控制主体有内外之分。由企业自身控制所形成的自律机制，被称为内部控制;由外部单位对本企业所实施的他律机制，被称为外部控制。

有观点认为，内部控制由公司总经理(经营层)负责，实务工作中有些企业也是这么做的。还有一种笼统的提法，如“单位负责人对本单位内部控制的建立健全及有效实施负责”，该“单位负责人”可能被理解为公司总经理。

按照内部控制主体假设理论的要求，内部控制构建与实施是“由企业董事会、监事会、经理层和全体员工实施的，旨在实现控制目标的过程”，这一新理念强化了企业的社会责任感和风险防范意识，实现了由内部牵制、单一会计控制向全面、全员、全程风险控制观念的转变。

内部控制要求企业自觉自律，不仅要求全员参与，而且要求高管带头，其实施主体一是董事会、二是监事会、三是经理层、四是全体员工，应当“四管齐下”，才能全面奏效，即内部控制的责任主体向上扩展到治理层(董事会)，向下扩展到所有员工，但第一责任人是董事会。

专题讨论 2.1 | 内部控制的责任主体如何分工?

第一,董事会负责内部控制的建立健全和有效实施,是加强企业内部控制的第一责任人。其中,审计委员会在董事会的领导下负责审查企业内部控制,监督内部控制的有效实施和内部控制自我评价情况,协调内部控制审计及其他相关事宜等。事实上,只有投资者管理企业的职能不"缺位",企业内部控制的职责才能真正落实到位。

第二,监事会对董事会建立与实施内部控制进行监督,负有对董事、经理执行公司职务时违反法律法规或者公司章程的行为进行监督的权利;在监督投资者决策行为的同时,还应当切实履行监督投资者对经营者监管职能的落实情况。

第三,经理层负责组织、领导企业内部控制的日常运行,直接对企业的经营管理活动负责,尤其是企业总经理(首席执行官)承担着重要责任。当然,企业应当成立内部控制专门机构或者指定适当的机构具体负责组织、协调内部控制的建立、实施及日常工作。

第四,全体员工都应在实现内部控制的过程中承担相应职责并发挥积极作用。管理层应当重视员工的作用,并为员工反映诉求提供信息和通道。

以上四个方面的责任主体在内部控制中承担着不同的职责。董事会既是内部控制制度的制定者和推行者,也是被监事会监督的对象;经理层需要发动员工具体执行相关的内部控制制度。谁也不能游离于内部控制之外,不能居于内部控制之上而不受约束。如果普通员工认为内部控制与自己无关,就可能在涉及内部控制的很多方面没有主动性,如不会提出改进内部控制的合理化建议,不会举报企业有关人员的不当行为,甚至认为内部控制会约束和惩罚自己,从而产生抵触情绪或"对着干"的错误想法。在企业中,即使一个门卫或仓库保管员,也是企业保护资产安全、控制风险的重要环节。全体员工都要变被动执行为主动推进,积极投身于内部控制体系的运行、维护和改善工作。

一家现代公司制企业,应当建立起上能至顶、下能到底、左右到边的全空间、全过程的控制体系,如通过不断完善的公司治理结构解决对董事会、总经理的控制、监督和激励问题,通过委托代理合约实现公司控制权与管理权的转移,通过合理的薪酬激励制度实现对经营层和管理层的激励,通过股东大会、监事会和审计实现对董事会和总经理的监督与控制,通过公司内部的岗位设置、人员配备、工作程序和行为手册的制定解决业务执行系统中存在的机会主义行为等。

2.2.3 企业内部控制的目标

目标是指一个主体力图实现什么。内部控制是控制目标的实施过程,是动态的，而不是静态的，更不是写在纸上就完事的。

认识内部控制的目标也是动态发展的，前后主要有以下三种观点：一是内部控制目标“三要素”论，代表观点是《内部控制——整体框架》中提出的效率性、可靠性和合法性；二是内部控制目标“四要素”论，代表观点是《企业风险管理——整合框架》中提出的效率性、可靠性、合法性和战略性；三是内部控制目标“五要素”论，包括效率性、可靠性、合法性、资产保全性和战略性。

《基本规范》明确指出：“内部控制的目标是合理保证企业经营管理合法合规、资产安全、财务报告及相关信息真实完整，提高经营效率和效果，促进企业实现发展战略。”这条规定体现了“五要素”目标论对我国企业控制目标的具体要求，其中，合理保证企业经营管理合法合规为合法性要求，资产安全为资产保全性要求，财务报告及相关信息真实完整为可靠性要求，提高经营效率和效果为效率性要求，促进企业实现发展战略为战略性要求。内部控制为实现多个重要目标服务。

“五要素”目标的全面实现涉及企业的方方面面，其中，合法性是控制的底线，资产保全性、可靠性、效率性是分别对资产、信息、经营控制提出的要求，而战略性目标是指企业在对现实状况和未来形势进行综合分析和科学预测的基础上制定并实施的具有长期性和根本性的发展目标与战略规划。

实施企业内部控制的具体作用应当充分体现在能够让人们在理智的权衡中放弃不理智的行为。“法律法规，使之不敢；职业道德，使之不愿；内部控制，使之不能。”从而有助于防止和减少管理风险，提高运营的效率和效果，确保实现内部控制的目标。

内部控制可控风险假设，是指内部控制的构建与实施是可以控制风险的，从而为主体构建与实施内部控制提供一种逻辑上的支持。如果内部控制不能控制风险或没有必要控制风险，那么构建与实施内部控制就没有必要了。虽然风险无处不在、无时不在，但在一定条件下，风险是可管理或可控制的。内部控制不是万能的，考虑成本等因素，完全消除风险也是没有必要的。把可控风险作为内部控制的一个基本假设，确定了内部控制构建与实施的前提条件。

内部控制只是对实现控制目标提供合理保证，而不能提供绝对的保证。由于人们对经济活动认知的局限性，对事物的认识存在一个不断深化的过程，不可能设计出完美无缺的内部控制制度；又由于成本的约束，企业在建立内部控制时也不可能事无巨细，覆盖企业的各种业务和事项；由于环境的不断变化，内部控制也具有时效性，今天有效的内部控制，明天不一定有效；再加上内部控制本身的固有缺陷难以避免，因此，内部控制不能解决企业的所有操作风险和安全隐患，不是包治“百病”的“灵丹妙药”。事实证明，在我国经济快速增长的背景下，内部控制尽管不是万能的，但没有内部控制是万万不能的。只有建立和实施科学的内部控制体系，才能提升风险防范能力，实现企业的可持续发展战略。

2.2.4 企业内部控制的原则

（1）全面性原则

内部控制应当贯穿决策、执行和监督全过程，在层次上应当涵盖企业董事会、管理层和全体员工，在对象上应当覆盖企业各项业务和管理活动，在流程上应当渗透到决策、执行、监督、反馈等各个环节，实现全面的、不脱节的链式控制，避免内部控制出现真空或漏洞。尤其是大型企业，其内部控制规范体系不仅仅要在集团层面执行，还要落实到二级公司、三级公司；不仅仅要实现纵向涵盖，还要横向地涵盖企业财务、生产经营等各部门、各环节，防止出现盲区。“千里之堤，溃于蚁穴”可以从反面衬托出全面性控制的重要意义。

（2）重要性原则

内部控制应当关注重要业务、重大事项和高风险领域，善于抓住关键的风险控制点，并采取更为严格的控制措施，确保不存在重大缺陷。

重要业务：一般以资产、收入、利润等作为判定标准。凡资产占用、营业收入、利润比例较高的业务，相对比较重要。

重大事项：一般是指重大投资决策项目，如兼并重组、资产调整、产权转让项目，期权、期货等金融衍生业务，融资、担保项目，重大的生产经营安排，重要设备和技术引进，采购大宗物资和购买服务，重大工程建设项目，年度预算内大额度资金调动和使用，以及其他大额度资金运作事项等。

高风险业务：一般是指经过风险评估后确定为较高或高风险的业务，也包括特殊行业及特殊业务，国家法律、法规有特殊管制或监管要求的业务等。一般具有如下特征的岗位属于高风险岗位：①能够接触到大额资金、资产和票据的岗位；②有重要决策权的岗位；③能够接触到企业重要信息，包括管理信息、客户信息、业务信息的岗位；④能够以权谋私的岗位；等等。

凡是涉及上述“二重一高”关键岗位的，都要加以有效管控。

（3）制衡性原则

内部控制应当在机构设置、权责分配和业务流程等方面形成相互制约和相互监督，同时兼顾运营效率。制衡机制是一种权利的制约和平衡的制度，包括公司制衡机制、社会制衡机制、权力制衡机制、利益制衡机制等。制衡的核心目标是警惕并抵制绝对权力的产生。

（4）适应性原则

首先，内部控制体系要与管理现状相匹配，要与现有人员的能力和素质相适应，要与现有业务的复杂程度相一致，不能超越管理现状进行内部控制流程的设计；其次，内部控制体系要与企业的发展阶段相匹配，内部控制不是一个静态的管理状态，而是一个动态的管理过程，需要定期进行内部控制现状的评价，及时发现风险的变化，从而进行管理的优化。

（5）成本效益原则

内部控制应当权衡实施成本与预期效益，以适当的成本实现有效控制，即内部控制并非越严格越好，而是越有效越好。

控制的关键是要适合企业的自身情况，能提高企业经营效率，实现企业目标。对事关企业生死存亡的重要环节（如资金收付、投融资活动、对外担保等）应遵循重要性原则，尽量从严。

通常情况下，控制环节越多，控制措施越严，控制效果可能越好，但控制成本也越大。因为控制环节较多，设置的岗位也必然增加，就需配备较多的人员，对内部控制制度的评价力量也需要增加，最终会使控制成本随之加大。如果内部控制的成本超过了风险或错误可能造成的损失，那么，控制措施将失去意义。所以，要防止控制过度从而伤害工作积极性的情况出现。

内部控制有效假设是指内部控制构建与实施是有效的，控制收益是大于控制成本的。但事实上，内部控制能够在多大程度上起作用存在着不确定性，控制收益与控制成本孰高孰低确实很难量化。人们对构建与实施内部控制的有效性是建立在有内部控制比没有内部控制好的假设基础上的。内部控制有效假设不仅对于内部控制的理论建设有意义，而且对于内部控制的管理实践也有很大作用。

从内部控制的局限性和成本效益的原则考虑，内部控制只能合理防止、发现并纠正舞弊，并不能消除所有的舞弊，如共谋性舞弊和管理层越权可能会使内部控制失效，对高管监督弱化和缺乏权威性控制措施也会导致内部控制无效等。所以，不能认为建立和实施了内部控制就可以消除企业经营活动中所有的舞弊问题，而应当在遵循内部控制基本原则的基础上，将企业内部的各个层级、各项业务和各个环节有机结合起来进行动态监控，不断完善，以满足实现内部控制目标的要求。

2.2.5 企业内部控制的要素

内部控制基本框架与会计要素一样，存在着国际趋同问题。《基本规范》在起草过程中就合理借鉴了以 COSO 报告为代表的国外内部控制框架，并根据我国国情进行了较大调整和改进，即在形式上借鉴了 COSO 报告的“五要素”框架，同时在内容上体现了风险管理“八要素”框架的实质。

内部控制基本要素是构建内部控制标准的结构框架，是内部控制体系的核心内容，由内部环境、风险评估、控制活动、信息与沟通、内部监督五个相互关联的要素构成。五个方面基本要素之间存在着科学的内在联系，即企业应当构建起以内部环境为重要基础、以风险评估为重要依据、以控制活动为重要手段、以信息与沟通为重要载体、以内部监督为重要保证，相互联系、互相促进的“五要素”结构框架（如图 2.2 所示）。

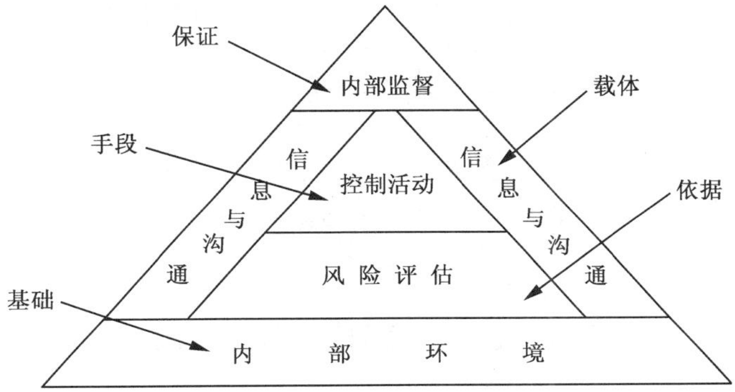

图 2.2　内部控制五要素及其相互关系

2.2.6　内部控制实施机制

《基本规范》开创性地建立了以企业为主体、以政府监管为促进、以中介机构审计为重要组成部分的内部控制实施机制，要求企业实行内部控制自我评价制度，并将各责任单位和全体员工实施内部控制的情况纳入绩效考评体系；国务院有关监管部门有权对企业建立并实施内部控制的情况进行监督检查；明确企业可以依法委托会计师事务所对本企业内部控制的有效性进行审计，出具审计报告。

内部控制标准的制定与实施如同一枚硬币的两面，相辅相成，形成整体。在制定内部控制标准的同时，应当着手认真研究内部控制标准的实施路径，明确内部控制与企业文化、管理制度和管理程序之间的关系，理清内部控制流程与企业实物流、资金流、信息流之间的关系和衔接点，建立起一套较完善的内部控制评价制度，确保在企业内部形成顺畅的内部控制实施机制。

实施新的企业内部控制体系，旨在巩固企业防范风险的“防火墙”，铸牢促进资本市场健康稳定发展的“安全网”，培育企业健康安全发展的“守护神”。一个完备的、环环相扣、相互关联的企业内部控制体系将为改革与发展创造良好的法制环境。《基本规范》所搭建起的结构框架以图 2.3 归纳示意。

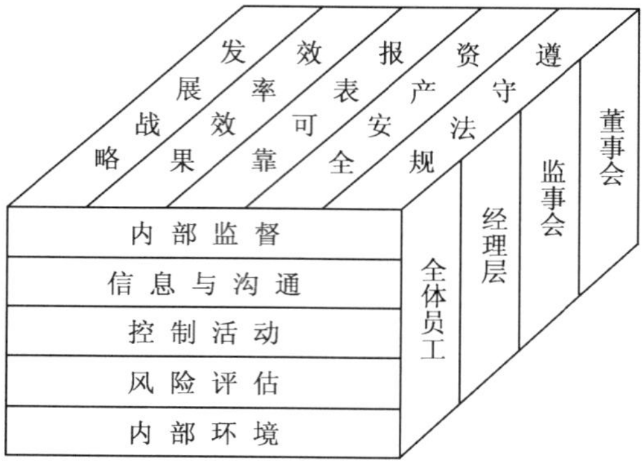

图 2.3 《基本规范》的结构框架

2.3 企业内部控制配套指引

《企业内部控制配套指引》由《企业内部控制应用指引》《企业内部控制评价指引》和《企业内部控制审计指引》组成。其中,《企业内部控制应用指引》主要是对企业如何按照内部控制原则、如何根据内部控制“五要素”建立健全企业内部控制所提供的具体指引,在配套指引乃至整个内部控制规范体系中占据主体地位;《企业内部控制评价指引》是为企业管理层对本企业内部控制的有效性进行自我评价而提供的指引;《企业内部控制审计指引》是为注册会计师和会计师事务所执行内部控制审计业务提供的执业准则。① 三者之间既相互独立,又相互联系,形成一个有机的整体。

《企业内部控制应用指引》(以下简称《应用指引》)还可以具体划分为以下三类,基本涵盖了企业资金流、实物流、人力流和信息流等各项业务和事项:

2.3.1 内部环境类应用指引

内部环境是企业实施内部控制的基础,支配着企业全体员工的内部控制意识,影响着全体员工实施控制活动和履行控制责任的态度、认识和行为。内部环境类应用指引有五项,包括《企业内部控制应用指引第 1 号——组织架构》《企业内部控制应用指引第 2 号——发展战略》《企业内部控制应用指引第 3 号——人力资源》《企业内部控制应用指引第 4 号——社会责任》和《企业内部控制应用指引第 5

① 关于评价指引和审计指引的具体内容,详见本书第 14 章和第 15 章的介绍。

号——企业文化》。

(1)组织架构应用指引

组织架构是企业按照国家有关法律法规、股东(大)会决议和企业章程,结合本企业实际,明确股东(大)会、董事会、监事会、经理层和企业内部各层级机构设置、职责权限、人员编制、工作程序和相关要求的制度安排。

任何企业,无论是处于新建、重组改制还是存续状态,要实施发展战略,必须要有科学的组织架构,主要包括治理结构和内部机构设置。如果企业治理结构形同虚设,缺乏科学决策、良性运行机制和执行力,就可能发生经营失败。如果内部机构设计不科学、权责分配不合理,也可能导致机构重叠、职能交叉或缺失,从而造成运行效率低下。

组织架构应用指引分为 3 章,共 11 条,着力解决企业应如何进行组织架构设计和运行,核心是如何加强组织架构方面的风险管控。组织架构应用指引的主要内容包括:制定指引的必要性和依据,组织架构的设计和运行过程中应关注的主要风险以及如何设计和运行组织架构等。为防范和化解组织架构设计和运行中存在的主要风险,组织架构应用指引明确提出以下控制要点:

第一,要求企业根据法律法规的规定,明确董事会、监事会和经理层的职责权限、任职条件、议事规则和工作程序,确保决策、执行和监督相互分离,形成制衡;同时强调,企业的重大决策、重大事项、重要人事任免及大额资金支付业务等(即通常所说的"三重一大"),应当按照规定的权限和程序实行集体决策审批或者联签制度,任何个人不得单独决策或者擅自改变集体决策意见。

第二,要求企业按照科学、精简、高效、透明、制衡的原则,综合考虑企业性质、发展战略、文化理念和管理要求等因素,合理设置内部职能机构,明确各机构的职责权限,避免职能交叉、缺失或权责过于集中,形成各司其职、各负其责、相互制约、相互协调的工作机制。

第三,要求企业根据组织架构的设计规范,对现有治理结构和内部机构的设置进行全面梳理,确保本企业治理结构、内部机构设置和运行机制等符合现代企业制度的要求。

第四,企业拥有子公司的,应当建立科学的投资管控制度,通过合法、有效的形式履行出资人职责、维护出资人权益,重点关注子公司特别是异地、境外子公司的发展战略、年度财务预决算、重大投融资、重大担保、大额资金使用、主要资产处置、重要人事任免、内部控制体系建设等重要事项。

(2)发展战略应用指引

发展战略是指企业在对现实状况和未来趋势进行综合分析和科学预测的基础上,制定并实施的长远发展目标与战略规划。

企业作为市场经济的主体，要求获得长期生存和持续发展，关键在于制定并有效实施适应外部环境变化和自身实际情况的发展战略。发展战略可以为企业找准市场定位，是企业执行层行动的指南，为内部控制设定了最高目标。

制定发展战略是企业实现健康、可持续发展的起点，而战略实施过程又是一个系统的有机整体，需要研发、生产、营销、财务、人力资源等各个职能部门间的密切配合。如果企业缺乏明确的发展战略或发展战略实施不到位，可能导致企业盲目发展，难以形成竞争优势，丧失发展机遇和动力。但如果发展战略过于激进，脱离企业的实际能力或偏离主业，则可能导致企业过度扩张，甚至经营失败；有些企业发展战略频繁变动，导致资源严重浪费，最后危及企业的生存和持续发展。战略的失败是最彻底的失败！

发展战略应用指引分为 3 章，共 11 条，阐述为什么要制定和实施发展战略、如何制定和实施发展战略等问题，并针对发展战略的重要风险提出了以下控制要点：

第一，要求企业健全组织机构，在董事会下设立战略委员会，或指定相关机构负责发展战略的管理工作。

第二，要求企业在充分调查研究、科学分析预测和广泛征求意见的基础上制定发展目标，而不是靠“拍脑袋”盲目制定发展战略。在制定目标的过程中，应综合考虑宏观经济政策、国内外市场需求变化、技术发展趋势、行业及竞争对手状况、可利用资源水平和自身优势与劣势等影响因素。

第三，战略规划应当根据发展目标制定，明确发展的阶段性和发展程度，确定每个发展阶段的具体目标、工作任务和实施路径。董事会要从全局性、长期性和可行性等方面严格审议战略委员会提交的发展战略方案，之后再报经股东(大)会批准实施。

第四，要求企业根据发展战略制订年度工作计划，编制全面预算，将年度目标分解、落实，确保发展战略的有效实施。

第五，要求企业建立发展战略评估制度，加强对战略制定与实施的事前、事中和事后评估。对发现明显偏离发展战略的情况，要求及时报告；对确需对发展战略做出调整的情形，要遵循规定的权限和程序调整发展战略。要根据监控情况持续优化发展战略。

(3)人力资源应用指引

人力资源是指企业组织生产经营活动而录(任)用的各种人员，包括董事、监事、高级管理人员和全体员工。现代企业竞争的关键在于人力资源的竞争。

人力资源已经成为促进经济社会发展的第一要素。良好的人力资源管理制度和机制是增强企业活力的源泉，是提升企业核心竞争力的重要基础，是实现发展战略的根本动力。如果人力资源缺乏或过剩、结构不合理、开发机制不健全，企业发展战略可能难以实现；如果人力资源的激励与约束制度不合理、关键岗位人员管理不完善，有可能导致人才流失、经营效率低下；如果人力资源退出机制不当，又可能导致法律诉讼或企业声誉受损。

人力资源应用指引分为 3 章，共 14 条，其核心是如何建立一套科学的人力资源制度和机制，不断优化人力资源结构，实现人力资源的合理配置和布局。应切实做到人尽其才，充分发挥人力资源的作用，强化激励机制，增强人才活力，合理引进和开发人才，用好和盘活现有人才，强化人力资源风险管理，全面提升管理团队、专业技术人才和全体员工的创造力，使每位员工都投身于企业的可持续发展之中。其具体控制要点如下：

第一，要求企业根据人力资源总体规划，结合生产经营的实际需要，制订年度人力资源需求计划。也就是说，人力资源要符合发展战略的需要，要符合生产经营对人力资源的需求，尽可能做到“不缺人手，不养闲人”。

第二，要求企业根据人力资源能力框架的要求，明确各岗位的职责权限、任职条件和工作要求，通过公开招聘、竞争上岗等多种方式选聘优秀人才。这项要求实际上意在强调企业要选合适的人，要按公开、严格的程序去选人，防止“人情招聘”、暗箱操作。

第三，企业确定选聘人员后，应当依法签订劳动合同，建立劳动用工关系；已选聘人员要进行试用和岗前培训，试用期满考核合格后，方可正式上岗。

第四，要求企业建立和完善人力资源的激励约束机制，设置科学的业绩考核指标体系，对各级管理人员和全体员工进行严格考核与评价，并制定与业绩考核挂钩的薪酬制度。

第五，要求企业建立健全员工退出（辞职、解除劳动合同、退休等）机制，明确退出的条件和程序，确保员工退出机制得到有效实施。只有退出机制健全，退出条件和程序清楚，才能防范和化解当前企业人力资源退出方面存在的诸多问题，使企业人力资源管理步入良性循环的轨道。在实施退出时，要注意与劳动部门做好沟通，并按《中华人民共和国劳动合同法》的规定，给予退出员工相应的补偿金。

（4）社会责任应用指引

社会责任是指企业在经营发展过程中应当履行的社会职责和义务，包括安全生产、产品质量（含服务，下同）、环境保护、资源节约、促进就业、员工权益保护等。

企业认真履行社会责任，对于实现其与社会、环境的全面协调可持续发展具有重要促进作用。以浪费资源为代价追求速度和效益，必然危及子孙后代。如果安全生产措施不到位、责任不落实，可能导致企业发生安全事故；如果产品质量低劣，侵害消费者利益，可能导致企业巨额赔偿、形象受损，甚至破产；如果环境保护投入不足，资源耗费大，造成环境污染或资源枯竭，可能导致企业巨额赔偿、缺乏发展后劲，甚至停业；如果促进就业和员工权益保护不够，可能导致员工积极性受挫，影响企业发展和社会稳定；等等。

社会责任应用指引分为 5 章，共 21 条，针对当前企业在履行社会责任方面存在的薄弱环节，提出如下控制要点：

第一，要求企业设立安全管理部门和安全监督机构，建立严格的安全生产管理体系、操作规范和应急预案，强化安全生产责任追究制度，切实做到安全生产。

第二，要求企业规范生产流程，建立严格的产品质量控制和检验制度，严把质量关，禁止缺乏质量保障、危害人的生命或健康的产品流向社会。

第三，要求企业提高员工的环境保护和资源节约意识，建立环境保护与资源节约制度，认真落实节能减排责任，积极开发和使用节能产品，发展循环经济，减少污染物排放，提高资源综合利用的效率。

第四，要求企业依法保护员工的合法权益，保障员工依法享有劳动权利和履行劳动义务，保持工作岗位相对稳定，积极促进充分就业。企业还应当按照产、学、研、用相结合的社会需求，积极创建实习基地，大力支持社会有关方面培养、锻炼社会需要的应用型人才；同时，应积极履行社会公益方面的责任和义务，关心、帮助社会弱势群体，支持慈善事业。

(5)企业文化应用指引

企业文化是指企业在生产经营实践中逐步形成的、为团队所认同并遵守的价值观、经营理念和企业精神，以及在此基础上形成的行为规范的总称。

企业文化建设可以为企业提供精神支柱，可以提升企业的核心竞争力，可以为内部控制的有效性提供有力保证。企业文化是企业的灵魂，渗透于企业的一切经营管理活动之中，是推动企业持续发展的不竭动力。国家富强在于经济，经济繁荣在于企业，企业兴旺在于管理，管理优劣在于文化。在现实中，有些企业之所以经营不成功，往往是在企业文化建设方面存在严重问题。如果企业缺乏积极向上的企业文化，员工就会丧失对企业的信心和认同感，企业就会缺乏凝聚力和竞争力；如果企业缺乏开拓创新、团队协作和风险意识，企业的发展目标就难以实现，影响企业的可持续发展；如果企业缺乏诚实守信的经营理念，舞弊事件就会发生，就会造成企业损失，影响企业信誉；等等。

企业文化应用指引分为 3 章，共 11 条，针对当前企业文化建设中存在的重要风险，提出以下控制要点：

第一，要求企业积极培育具有自身特色的企业文化、充分体现企业特色的发展愿景、积极向上的价值观、诚实守信的经营理念、履行社会责任和开拓创新的企业精神以及团队协作和风险防范意识，以此引导和规范员工行为，打造以主业为核心的企业品牌，形成团队的向心力，促进企业的长远发展。

第二，企业并购完成后，应当特别注重文化整合。要平等对待被并购方的员工，促进并购双方的文化融合。要以统一的企业精神、核心理念、价值观念和企业标识规范集团文化，保持集团内部文化的统一性，增强集团的凝聚力、向心力，树立集团的整体形象。

第三，要求董事、监事、经理和其他高级管理人员在企业文化建设中发挥主导和垂范作用，以自身的优秀品格和脚踏实地的工作作风，带动、影响团队，共同营造积极向上的企业文化环境。

第四，要求企业加强企业文化的宣传、贯彻，促进文化建设在内部各层级的有效沟通，并确保全体员工共同遵守；同时，要求企业文化建设融入生产经营全过程，切实做到文化建设与发展战略的有机结合，增强员工的责任感和使命感，规范员工的行为方式，使员工的自身价值在企业发展中得到充分体现。

2.3.2 控制活动类应用指引

控制活动类应用指引旨在对各项具体业务活动实施相应的控制，包括《企业内部控制应用指引第 6 号——资金活动》《企业内部控制应用指引第 7 号——采购业务》《企业内部控制应用指引第 8 号——资产管理》《企业内部控制应用指引第 9 号——销售业务》《企业内部控制应用指引第 10 号——研究与开发》《企业内部控制应用指引第 11 号——工程项目》《企业内部控制应用指引第 12 号——担保业务》《企业内部控制应用指引第 13 号——业务外包》和《企业内部控制应用指引第 14 号——财务报告》。

(1)资金活动应用指引

资金活动是企业筹资、投资和资金营运等活动的总称。

如果企业筹资决策不当，引发资本结构不合理或无效融资，可能导致企业筹资成本过高或债务危机；如果企业投资决策失误，引发盲目扩张或丧失发展机遇，可能导致资金链断裂或资金使用效益低下；如果企业资金调度不合理、营运不畅，可能导致企业陷入财务困境或资金冗余；如果企业资金活动管控不严，可能导致资金被挪用、侵占、抽逃或遭受欺诈。资金活动内部控制的失误往往会给企业带来致命的打击。中航油事件等众多事实表明，资金活动内部控制的失效，轻则带来巨额损失，重则将企业的百年基业毁于一旦。

资金活动应用指引分为 4 章，共 21 条，对企业开展资金筹集、投放和营运等活动的业务流程、主要风险类型和风险控制措施做出了具体规定。其具体控制要点如下：

第一，要求企业根据筹资目标和规划，结合年度全面预算，拟订筹资方案，并对筹资方案进行科学论证；重大筹资方案还应当形成可行性研究报告，全面反映风险评估情况。

第二，要求企业对筹资方案进行严格审批后，按照规定的权限和程序筹集资金。同时，严格按照筹资方案确定的用途使用资金，防止资金被挪用；确需改变资金用途的，应当履行相应的审批程序。

第三，要求企业加强债务偿还和股利支付环节的管理，对偿还本息和支付股利等做出适当安排，防止发生违约风险，导致诉讼损失。

第四，要求企业根据投资目标和规划，合理安排资金投放结构，科学确定投资项目，拟订投资方案，重点关注投资项目的收益和风险。选择投资项目应当突出主业，谨慎从事衍生金融产品等高风险投资。

第五，对于采用并购方式进行投资的企业，要求其严格控制并购风险，重点关注并购对象的隐性债务、承诺事项、可持续发展能力、员工状况及其与企业治理层和管理层的关联关系，合理确定支付对价，确保实现并购目标。

第六，要求企业加强对投资方案的可行性研究，并按照规定的权限和程序对投资项目进行决策审批；审批后，与被投资方签订投资合同或协议，明确出资时间、金额、方式、双方的权利义务和违约责任等内容。

第七，要求企业加强投资收回和处置环节的控制；对于到期无法收回的投资，应当建立责任追究制度。

第八，要求企业加强对资金营运全过程的管理，统筹协调内部各机构在生产经营过程中的资金需求，切实做好资金在采购、生产、销售等各环节的综合平衡，实现资金营运的良性循环，提升资金营运效率。

(2)采购业务应用指引

采购是指购买物资(或接受劳务)及支付款项等相关活动。

企业如果采购计划安排不合理，市场变化趋势预测不准确，就容易造成库存短缺或积压，导致企业生产停滞或资源浪费；如果供应商选择不当，采购方式不合理，招投标或定价机制不科学，授权审批不规范，就容易导致采购物资质次价高，出现舞弊或遭受欺诈；如果采购验收不规范，付款审核不严，就会造成采购物资、资金损失或信用受损；等等。

采购业务应用指引分为 3 章，共 16 条，具体控制要点如下：

第一，要求企业的采购业务尽量集中，避免多头采购或分散采购，以提高采购业务效率，降低采购成本，堵塞管理漏洞。

第二，要求企业建立采购申请制度，依据购买物资或接受劳务的类型，确定归口管理部门，明确相关部门或人员的职责权限及相应的请购和审批程序。

第三，要求企业建立科学的供应商评估和准入制度，根据市场情况和采购计划合理选择采购方式，建立科学的采购物资定价机制，并根据确定的供应商、采购方式、采购价格等签订采购合同，明确双方的权利、义务和违约责任。

第四，要求企业建立严格的采购验收制度，确定检验方式，由验收机构或验收人员进行验收；对于验收过程中发现的异常情况，应当查明原因并及时处理。

第五，要求企业加强采购付款的管理，明确付款审核人的责任和权利，严格审核采购预算、合同、相关单据和凭证、审批程序等内容，审核无误后按照合同规定及时办理付款。

第六，要求企业建立退货管理制度，对退货条件、退货手续、货物出库、退货货款回收等做出明确规定，并在采购合同中明确退货事宜，及时收回退货货款。

(3)资产管理应用指引

资产作为企业重要的经济资源，是企业从事生产经营活动并实现发展战略的物质基础。资产管理贯穿于企业生产经营的全过程。

为了保障资产安全、提升资产管理效能，企业应当全面梳理资产管理流程。在梳理过程中，既要注意从大类上区分存货、固定资产和无形资产，又要分别对存货、固定资产和无形资产等进行细化与梳理。通过全面梳理资产管理流程查找资产管理薄弱环节是企业强化资产管理的关键步骤。

企业如果存货积压或短缺，可能导致流动资金占用过量、存货价值贬损或生产中断；如果固定资产更新改造不够、使用效能低下、维护不当、产能过剩，可能导致企业缺乏竞争力、资产价值贬损、安全事故频发或资源浪费；如果无形资产缺乏核心技术、权属不清、技术落后、存在重大技术安全隐患，可能导致法律纠纷、缺乏可持续发展能力。个别企业由于"实物流"管控不严，导致重大风险的发生，往往不是没有制度，而是制度一大堆、手册到处有，但仅用于应付检查，实际执行是两回事。这种做法是自欺欺人，到头来是企业自身遭受损失。企业应当对发现的薄弱环节和问题进行归类整理，深入分析，查找原因，健全和落实相关措施，及时改进。

在现代企业制度下，资产业务内部控制已从如何防范资金被挪用、非法占用和实物资产被盗拓展到重点关注资产效能、充分发挥资产资源的物质基础作用。通过加强各项资产管理，保证资产的安全、完整，提高资产的使用效能，有利于维持企业的正常生产经营，促进企业发展战略的实现。

资产管理应用指引分为 4 章，共 22 条，具体控制要点如下：

第一，要求企业采用先进的存货管理技术和方法，规范存货管理流程，明确存货取得、验收入库、原料加工、仓储保管、领用发出、盘点处置等环节的管理要求，充分利用信息系统，强化会计、出入库等相关记录，确保存货管理全过程的风险得到有效控制。

第二，要求企业根据各种存货采购间隔期和当前库存，综合考虑生产经营计划、市场供求等因素，合理确定存货采购日期和数量，确保存货处于最佳库存状态。

第三，要求企业加强房屋建筑物、机器设备等各类固定资产的维护、清查、处置管理，重视固定资产的技术升级和更新改造，不断提升固定资产的使用效能，确保固定资产处于良好的运行状态。

第四，要求企业强化对生产线等关键设备运转的监控，严格操作流程，实行岗前培训和岗位许可制度，确保设备安全运转。

第五，要求企业严格执行固定资产投保政策，及时办理投保手续。

第六，要求企业规范固定资产抵押管理，确定固定资产抵押程序和审批权限等。

第七，要求企业加强对品牌、商标、专利、专有技术、土地使用权等无形资产的管理，促进无形资产的有效利用，充分发挥无形资产对提升企业核心竞争力的作用。

(4)销售业务应用指引

销售是指企业出售商品(或提供劳务)和收取款项等相关活动。

企业生存、发展、壮大的过程，在相当程度上就是不断加大销售力度、拓宽销售渠道、扩大市场占有率的过程。企业应当加强对销售、发货、收款等环节的管理，采取有效控制措施，规范销售行为，扩大市场份额，确保实现销售目标。

如果企业的销售政策和策略不当，市场预测不准确，销售渠道管理不当等，会导致销售不畅、库存积压、经营难以为继；如果客户信用管理不到位，结算方式选择不当，账款回收不力等，会造成销售款项不能收回或遭受欺诈；如果销售过程存在舞弊行为，可能导致企业利益受损等。企业应当强化销售业务管理，对现行销售业务流程进行全面梳理，查找管理漏洞，及时采取切实措施加以改正。

销售业务应用指引分为 3 章，共 12 条，具体控制要点如下：

第一，要求企业加强市场调查，合理确定定价机制和信用方式，根据市场变化及时调整销售策略，灵活运用多种营销方式，促进销售目标的实现，不断提高市场占有率。

第二，要求企业与客户进行业务洽谈或磋商，关注客户的信用状况、销售定价、结算方式等相关内容，并签署销售合同，明确双方的权利和义务。

第三，要求企业销售部门按照经批准的销售合同开具相关销售通知，发货和仓储部门严格按照销售通知所列项目组织发货，确保货物的安全发运。

第四，完善客户服务制度，加强客户服务和跟踪，提升客户满意度和忠诚度，不断改进产品质量和服务水平。

第五，完善应收款项管理制度，明确销售、财会等部门的职责，并严格考核，实行奖惩。

第六，要求企业加强对应收款项坏账的管理。应收款项全部或部分无法收回的，应当查明原因、明确责任。企业核销的坏账应当进行备查登记，做到账销案存。已核销的坏账又收回时应当及时入账，防止形成账外资金。

(5)研究与开发应用指引

研究与开发是指企业为获取新产品、新技术、新工艺等所开展的各种研发活动，是企业进行自主创新的重要手段，是企业核心竞争力的本源，是企业加快转变经济发展方式的强大推动力。研究与开发的基本流程主要涉及立项、研发过程管理、结题验收、研究成果的开发和保护等。

企业研究项目如果未经科学论证或论证不充分，可能导致创新不足或资源浪费；如果研发人员配备不合理或研发过程管理不善，可能导致研发成本过高、舞弊或研发失败；如果研发成果转化应用不足、保护措施不力，可能导致企业利益受损。企业应当着力梳理研究与开发业务流程，针对主要风险点和关键环节制定切实有效的控制措施，不断提升研发活动全过程的风险管控效能。

研究与开发应用指引分为3章，共13条，具体控制要点如下：

第一，要求企业结合研发计划，提出研究项目立项申请，开展可行性研究，编制可行性研究报告。

第二，研究项目应当按照规定的权限和程序进行审批，重大研究项目应当报经董事会或类似权力机构集体审议决策。

第三，要求企业加强对研究过程的管理，合理配备专业人员，严格落实岗位责任制，确保研究过程高效、可控。

第四，要求企业建立和完善研究成果验收制度，组织专业人员对研究成果进行独立评审和验收。

第五，要求企业明确界定核心研究人员的范围并建立名册或清单，签署保密协议，在劳动合同中约定研究成果归属、离职条件、离职移交程序、离职后保密义务、离职后竞业限制年限及违约责任等内容。研发骨干人员的管理应当引起研发型企业的高度重视。

第六，要求企业加强研究成果的开发与保护，形成科研、生产、市场一体化的自主创新机制，促进研究成果转化为实际生产力。

(6)工程项目应用指引

工程项目是企业自行或者委托其他单位进行的建造、安装活动。工程项目尤其是重大工程项目往往体现企业发展战略和中长期发展规划，对于提高企业再生产能力和支撑保障能力、促进企业可持续发展具有关键作用。

企业必须强化对工程建设全过程的监控，制定和完善工程项目各项管理制度，明确相关机构和岗位的职责权限，规范工程立项、招标、造价、建设、验收等环节的工作流程及控制措施，保证工程项目的质量和进度。

工程项目投入资源多、占用资金量大、建设工期长、涉及环节多、多种利益关系错综复杂，往往是构成经济犯罪和腐败的“高危区”。如果立项缺乏可行性研究或者可行性研究流于形式，决策不当，盲目上马，可能导致难以达到预期效果或项目失败；如果项目招标暗箱操作，存在商业贿赂，可能导致中标人实质上难以承担工程项目、中标价格失实及相关人员涉案；如果工程造价信息不对称，技术方案不落实，概预算脱离实际，可能导致项目投资失控；如果工程物资质次价高，工程监理不到位，项目资金不落实，可能导致工程质量低劣，进度延迟或中断；如果竣工验收不规范，最终把关不严，可能导致工程交付使用后存在重大隐患。

工程项目应用指引分为 6 章，共 21 条，具体控制要点如下：

第一，企业应当根据发展战略和年度投资计划，提出项目建议书，编制可行性研究报告，并组织内部相关机构的专业人员进行充分论证和评审，在此基础上，按照规定的权限和程序进行决策。重大工程项目应当报经董事会或类似决策机构集体审议批准，任何个人不得单独决策或擅自改变集体决策意见。

第二，企业应当采用公开招标的方式，择优选取具有相应资质的承包单位和监理单位，规范工程招标的开标、评标和定标工作，不得将应由一个承包单位完成的工程肢解为若干部分发包给几个承包单位。

第三，企业应当加强对工程造价的管理，明确初步设计概算、施工图预算的编制方法，按照规定的权限和程序进行审核和批准，确保概预算科学、合理。

第四，企业应当加强对工程建设过程的监控，实行严格的概预算管理和工程监理制度，切实做到及时备料、科学施工、保障资金、落实责任，确保工程项目达到设计要求。工程建设过程中涉及项目变更的，应当严格审批；重大项目变更还应当按照项目决策和概预算控制的有关程序和要求重新履行审批手续。

第五，企业收到承包单位的工程竣工报告后，应当及时编制竣工决算，开展竣工决算审计，办理竣工验收手续。企业还应当建立完工项目后评估制度，重点评价工程项目预期目标的实现情况和项目投资效益等，并以此作为绩效考核和责任追究的依据。

(7)担保业务应用指引

担保是企业按照公平、自愿、互利的原则向被担保人提供一定方式的担保并依法承担相应法律责任的行为。

企业办理担保业务，一般包括受理申请、调查评估、审批、签订担保合同、进行日常监控等流程。在现代市场经济中，担保一方面有利于银行等债权人降低贷款风险，另一方面使债权人与债务人形成了稳定、可靠的资金供需关系。

对外担保涉及被担保人和担保人(企业)。如果企业对担保申请人的资信状况调查不深，审批不严或越权审批，可能导致企业担保决策失误或遭受欺诈；如果对被担保人在担保期内出现财务困难或经营陷入困境等状况监控不力，应对措施不当，可能导致企业承担法律责任；如果被担保人和担保人在担保过程中存在舞弊行为，可能导致经办、审批等相关人员涉案或企业利益受损。为此，一般情况下，企业应当严格限制担保业务活动，如确需对外提供担保的，应当在担保业务政策及相关管理制度中明确担保的对象、范围、方式、条件、程序、担保限额和禁止担保事项等，规范调查评估、审核批准、担保执行等环节的工作流程及控制措施，切实防范担保业务风险。

担保业务应用指引分为 3 章，共 15 条，具体控制要点如下：

第一，企业应当对担保申请人进行资信调查和风险评估，并出具书面报告。企业自身不具备条件的，应委托中介机构对担保业务进行调查和评估。对于符合条件的担保申请人，经办人员应当在职责范围内，按照审批人员的批准意见办理担保业务；对于审批人超越权限审批的担保业务，经办人员有权拒绝办理。

第二，企业应当加强对子公司担保业务的统一监控，企业内设机构未经授权不得办理担保业务；企业为关联方提供担保的，与关联方存在经济利益或近亲属关系的有关人员在评估与审批环节应当回避。

第三，企业应当根据审核批准的担保业务订立担保合同，定期监测被担保人的经营情况和财务状况，了解担保项目的执行、资金的使用、贷款的归还、财务运行及风险等情况，确保担保合同有效履行。

第四，企业应当加强对担保业务的会计系统控制，建立担保事项台账，及时、足额收取担保费用；规范对反担保财产的管理，妥善保管被担保人用于反担保的财产和权利凭证，定期核实财产的存续状况和价值，发现问题应及时处理。

第五，企业应在担保合同到期时，全面清理用于担保的财产和权利凭证，按照合同约定及时终止担保关系。

(8)业务外包应用指引

业务外包是企业利用专业化分工优势，将日常经营中的部分业务委托给本企业以外的专业服务机构或其他经济组织(承包方)的经营行为，通常包括研发、资信调查、可行性研究、委托加工、物业管理、客户服务、IT 服务等。随着社会主义市场经济的发展及国际产业分工的逐渐细化，我国的业务外包市场必将有较大发展。

业务外包流程主要包括制订业务外包实施方案、审核批准、选择承包方、签订业务外包合同、组织实施业务外包活动、业务外包过程管理、验收、会计控制等环节。

如果企业的外包范围和价格确定得不合理，承包方选择不当，可能导致企业遭受损失；业务外包监控不严、服务质量低劣，可能导致企业难以发挥业务外包的优势；业务外包存在商业贿赂等舞弊行为，可能导致企业相关人员涉案。为此，存在业务外包活动的企业应当着手建立和完善业务外包管理制度，规定业务外包的范围、方式、条件、程序和实施等相关内容，明确相关机构和岗位的职责与权限，强化对业务外包全过程的监控，防范外包风险，充分发挥业务外包的优势。

业务外包应用指引分为3章，共16条，具体控制要点如下：

第一，要求企业合理确定外包业务范围，综合考虑成本效益原则，权衡利弊，避免将核心业务外包。

第二，要求企业拟订业务外包实施方案，按照规定的权限和程序审核批准。重大外包业务方案应当提交董事会或类似决策机构审批。

第三，要求企业按照批准的业务外包实施方案，选择合适的外包业务承包方，签订外包合同，合理确定外包价格，严格控制外包业务成本。外包业务涉及保密的，还要求企业在外包业务合同或另行签订的保密协议中明确规定承包方的保密义务和责任。

第四，要求企业加强对业务外包实施的管理，注重与承包方的沟通和协调，并对承包方的履约能力进行持续评估。有确凿证据表明承包方存在重大违约行为，导致外包业务合同无法履行的，企业应当及时终止合同并更换承包方；承包方违约并造成企业损失的，企业应当索赔并追究相关责任人的责任。

(9)财务报告应用指引

财务报告是企业财务信息对外报告的重要形式之一，是企业投资者、债权人做出科学投资和信贷决策的重要依据。

财务报告流程由财务报告编制流程、财务报告对外提供流程、财务报告分析利用流程三个阶段组成。企业应当制定明确的财务报告编制、报送及分析利用等相关流程，职责分工、权限范围和审批程序应当明确、规范，机构设置和人员配备应当科学、合理，并确保全过程中财务报告的编制、披露和审核等不相容岗位相互分离。

如果企业编制财务报告违反会计法律法规和国家统一的会计准则制度，可能导致企业承担法律责任和声誉受损；如果提供虚假报告，可能误导报告使用者，造成决策失误，干扰市场秩序；而不能有效利用报告，难以及时发现企业经营管理中存在的问题，可能导致企业经营风险失控。实践证明，从保障财务报告信息质量出发着手建立内部控制，并在此基础上向其他经营管理领域拓展，是较为有效的实施途径。

财务报告应用指引分为4章，共20条，具体控制要点如下：

第一，要求企业编制财务报告时，重点关注会计政策和会计估计；对财务报告产生重大影响的交易和事项的处理，要按照规定的权限和程序进行审批。

第二，要求企业按照国家统一的会计准则和制度的规定，根据登记完整、核对无误的会计账簿记录和其他有关资料编制财务报告，做到内容完整、数据真实、计算准确，不得漏报或者随意取舍；企业集团还应编制合并财务报表，明确合并财务报表的合并范围和合并方法，如实反映企业集团的财务状况、经营成果和现金流量。

第三，要求企业依照法律法规和国家统一的会计准则和制度的规定，及时对外提供财务报告；财务报告须经注册会计师审计的，注册会计师及其所在的事务所出具的审计报告应当随同财务报告一并提供。

第四，要求企业重视对财务报告的分析工作，定期召开财务分析会议，充分利用财务报告反映的综合信息全面分析企业的经营管理状况和存在的问题，不断提高经营管理水平。总会计师或分管会计工作的负责人应当在财务分析和利用工作中发挥主导作用，财务报告分析结果应当及时传递给企业内部有关管理层。

2.3.3 控制手段类应用指引

控制手段类应用指引偏重于"工具"性质，往往涉及企业整体业务或管理，包括《企业内部控制应用指引第 15 号——全面预算》《企业内部控制应用指引第 16 号——合同管理》《企业内部控制应用指引第 17 号——内部信息传递》和《企业内部控制应用指引第 18 号——信息系统》。

（1）全面预算应用指引

全面预算是企业对一定期间的经营活动、投资活动、财务活动等做出的预算安排。

全面预算作为一种全方位、全过程、全员参与编制和实施的预算管理模式，凭借其计划、协调、控制、激励、评价等综合管理功能，整合和优化配置企业资源，提升企业运行效率，成为促进实现企业发展战略的重要抓手，也是能把企业的所有关键问题融合于一个体系之中的管理控制方法之一。

企业如果不编制预算或预算不健全，可能导致企业经营缺乏约束或盲目发展；如果预算目标不合理、编制不科学，可能导致企业资源浪费或发展目标难以实现；如果预算缺乏刚性、执行不力、考核不严，可能导致预算管理流于形式。为此，企业应当加强全面预算工作的组织领导，在明确预算管理体制以及各预算执行单位的职责权限、授权批准程序和工作协调机制的基础上，将全面预算管理落到实处。

全面预算应用指引分为 4 章，共 17 条，具体控制要点如下：

第一，企业应当建立和完善预算编制工作制度，明确编制依据、编制程序、编制方法等，确保预算编制依据合理、程序适当、方法科学，避免预算指标过高或过低。

第二，企业应当根据发展战略和年度生产经营计划，综合考虑预算期内的经济政策、市场环境等因素，按照上下结合、分级编制、逐级汇总的程序，编制年度全面预算。企业预算管理委员会应当对预算管理工作机构在综合平衡的基础上提交的预算方案进行研究论证，从企业发展全局的角度提出建议，形成全面预算草案，并提交董事会审核。企业全面预算按照相关法律法规及企业章程的规定报经审议批准后，应当以文件形式下达。

第三，企业应当加强对预算执行的管理。全面预算一经下达，各预算执行单位必须以此为依据，认真组织各项生产经营和投融资活动，严格执行和控制预算。企业预算工作机构和各预算执行单位还应当建立预算执行情况分析制度，定期召开预算执行分析会议，妥善解决预算执行中存在的问题。

第四，企业应当建立严格的预算执行考核制度，对各预算执行单位进行考核，切实做到有奖有惩、奖惩分明。必要时，企业可实行预算执行情况内部审计制度。

(2)合同管理应用指引

合同是企业与自然人、法人及其他组织等平等主体之间设立、变更、终止民事权利义务关系的协议，包括书面合同和口头合同。

合同作为企业承担独立民事责任、履行权利义务的重要依据，是企业管理活动的重要痕迹，也是企业风险管理的主要载体。加强合同管理，有利于规范、约束市场主体的交易行为，优化资源配置，维护市场秩序。在市场经济环境下，合同成为企业最常见的契约形式。然而，合同管理往往又是企业内部控制中最为疏忽和薄弱的环节之一。

合同管理可以划分为合同订立阶段和合同履行阶段。合同订立阶段包括合同调查、合同谈判、合同文本拟订、合同审批、合同签署等环节。合同履行阶段涉及合同履行、合同补充和变更、合同解除、合同结算、合同登记等环节。企业需要建立分级授权管理制度等一系列制度体系和机制保障，促进合同管理的作用得到有效发挥。

企业如果未订立合同、未经授权对外订立合同、合同对方主体资格未达到要求、合同内容存在重大疏漏和欺诈，会导致企业合法权益受到侵害；如果合同未全面履行或监控不当，又可能导致企业诉讼失败、经济利益受损；如果合同纠纷处理不当，则会损害企业利益、信誉和形象。为此，应当重视合同及其管理与控制。

合同管理应用指引分为 3 章，共 16 条，具体控制要点如下：

第一，企业对外发生经济行为，除即时结清方式外，应当订立书面合同。对于影响重大、涉及较强专业技术或法律关系复杂的合同，应当组织法律、技术、财会等专业人员参与谈判，必要时可聘请外部专业人员参与相关工作；谈判过程中的重要事项和参与谈判人员的主要意见应当予以记录并妥善保存。

第二，要求企业应当根据协商、谈判的结果拟订合同文本，明确双方的权利义务和违约责任，并严格进行审核。合同文本须报经国家有关主管部门审查或备案的，应当履行相应程序。

第三，要求企业按照规定的权限和程序与对方当事人签署合同。正式对外订立的合同，应当由企业法定代表人或其授权代理人签名或加盖有关印章。属于上级管理权限的合同，下级单位不得签署。

第四，要求企业加强合同信息安全的保密工作，未经批准，不得以任何形式泄漏合同订立与履行过程中涉及的商业机密或国家机密。

第五，要求企业遵循诚实信用原则，严格履行合同，对合同的履行实施有效监控，发现显失公平、条款有误或对方有欺诈行为等情形，或因政策调整、市场变化等客观因素已经或可能导致企业利益受损，应当按照规定程序及时报告，并经双方协商一致，按照规定的权限和程序办理合同变更或解除事宜；存在合同纠正情形的，应依据国家相关法律法规，在规定的时效内与对方当事人协商并按照规定权限和程序及时报告，协商无法解决的，根据合同约定选择仲裁或诉讼方式解决。

第六，要求企业建立合同履行情况评估制度，至少于每年年末对合同履行的总体情况和重大合同履行的具体情况进行分析评估，对分析评估中发现的不足或问题应及时改进。

(3)内部信息传递应用指引

内部信息传递是企业内部各管理层级之间通过内部报告形式传递生产经营管理信息的过程。

信息资源是企业赖以生存的重要因素之一，企业在制定决策和日常运作中需要各种形式的信息。信息在企业内部进行有目的的传递，对贯彻落实企业发展战略、执行企业全面预算、识别企业生产经营活动中的内外部风险具有重要作用。企业收集和传递相关信息一般应遵循真实、准确、及时、有效和保密等原则。

企业应当加强内部报告管理，全面梳理内部信息传递过程中的薄弱环节，建立科学的内部信息传递机制，明确内部信息传递的具体要求，关注内部报告的有效性、及时性和安全性，促进内部报告的有效利用，充分发挥内部报告的作用。

如果内部报告系统缺失、功能不健全、内容不完整，可能会影响企业生产经营的有序运行；如果内部信息传递不通畅、不及时，可能导致企业决策失误、相关政策措施难以落实；如果内部信息传递中泄露商业秘密，则会削弱企业核心竞争力。为此，企业应当建立科学的内部信息传递机制，明确内部信息传递的内容、保密要求、传递方式以及各管理层级的职责权限等，促进内部报告的有效利用，充分发挥内部报告的作用。

内部信息应用指引分为3章，共16条，具体控制要点如下：

第一，要求企业根据发展战略、风险控制和业绩考核的要求，科学规范不同级次内部报告的指标体系，采用经营快报等多种形式，全面反映与企业生产经营管理相关的各种内外部信息。

第二，要求企业制定严密的内部报告流程，充分利用信息技术，强化内部报告信息的集成和共享，将内部报告纳入企业统一的信息平台，构建科学的内部报告网络体系。

第三，要求企业拓宽内部报告的渠道，通过落实奖惩措施等多种有效方式，广泛收集合理化建议。

第四，要求企业重视内部报告的使用。企业各级管理人员应当充分利用内部报告管理和指导企业的生产经营活动，及时反映全面预算的执行情况，协调企业内部相关部门和各单位的运营进度。企业应当有效利用内部报告进行风险评估，准确识别和系统分析企业生产经营活动中的内外部风险，确定风险应对策略。

(4)信息系统应用指引

信息系统是信息内部传递和信息对外报告的技术手段，是企业利用计算机和通信技术，对内部控制进行集成、转化和提升所形成的信息化管理平台。

鉴于信息系统在实施内部控制和现代化管理中具有十分独特而重要的作用，加之信息系统本身的复杂性和高风险特征，信息系统应用指引规定，企业负责人对信息系统建设工作负责，即信息系统建设是“一把手”工程。只有企业负责人站在战略和全局的高度亲自组织、领导信息系统的建设工作，才能统一思想、提高认识、加强协调配合，从而推动信息系统建设在整合资源的前提下高效、协调推进。

信息系统内部控制的主要对象是信息系统，由计算机硬件、软件、人员、信息流和运行规程等要素组成。信息系统内部控制的目标是促进企业有效实施内部控制，提高企业的现代化管理水平，减少人为操纵因素；同时，增强信息系统的安全性、可靠性和合理性以及相关信息的保密性、完整性和可用性，为建立有效的信息与沟通机制提供支持和保障。

如果信息系统缺乏或规划不合理，可能造成信息孤岛或重复建设，导致企业经营管理效率低下；如果系统开发不符合内部控制的要求，授权管理不当，可能导致企业无法利用信息技术实施有效控制；如果系统运行与维护的安全措施不到位，可能导致信息泄漏或毁损，系统无法正常运行。为此，企业应当结合组织架构、业务范围、地域分布、技术能力等因素，制定信息系统建设整体规划，加大投入力度，有序组织信息系统开发、运行与维护，优化管理流程，防范经营风险。

信息系统应用指引分为3章，共15条，具体控制要点如下：

第一，要求企业根据信息系统建设的整体规划提出项目建设方案，明确建设目标、人员配备、职责分工、经费保障和进度安排等相关内容，按照规定的权限和程序审批后实施。

第二，要求企业开发信息系统应当将生产经营管理的业务流程、关键控制点和处理规则嵌入系统程序，实现手工环境下难以实现的控制功能。

第三，要求企业加强对信息系统开发全过程的跟踪管理，组织开发单位与内部各单位的日常沟通和协调，督促开发单位按时、保质完成编程工作，对配备的硬件设备和系统软件进行检查验收，组织系统上线运行等。企业还应当组织独立于开发单位的专业人员对开发完成的信息系统进行验收测试，并做好信息系统上线的各项准备工作。

第四，要求企业加强对信息系统运行与维护的管理，制定信息系统工作程序、信息管理制度以及各模块子系统的具体操作规范，及时跟踪、发现和解决系统运行中存在的问题，确保信息系统按照规定的程序、制度和操作规范持续、稳定运行。

第五，要求企业重视信息系统运行中的安全保密工作，确定信息系统的安全等级，建立不同等级信息的授权使用制度、用户管理制度和网络安全制度，并定期对数据进行备份，避免损失。对于服务器等关键信息设备，未经授权，任何人不得接触。严格按照国家有关法规、制度和对电子档案的管理规定，妥善保管相关信息档案。

2.4 企业内部控制的重大作用

没有堤坝，河水就会泛滥。在市场经济不断发展和经营状况日益复杂的现代企业中，加强内部控制有其重要的现实意义。

2.4.1 加强企业内部控制是建设和谐社会的需要

我国发布的企业内部控制规范体系既有兴利作用，又有防弊作用。内部控制除了实现财务报告目标和遵循性目标之外，还有经营性目标等方面。防止信息失真与会计舞弊、提高经营效率与经济效益都应当是内部控制的重要目标。加强企业内部控制是促使企业经济运行和财务状况持续、稳定、健康发展的可靠保证，也是进一步提升企业经济运行质量和改善财务状况的基础性工作。大量失控案例已经充分表明：得控则强，失控则弱，无控则乱，加快内部控制制度建设对于建设和谐社会刻不容缓。

2.4.2 加强企业内部控制是健全资本市场的要求

实证研究表明，内部控制存在缺陷是导致企业经营失败并最终铤而走险、欺骗投资者和社会公众的重要原因。为此，许多国家通过立法强化企业内部控制。内部控制日益成为企业进入资本市场的“通行证”。我国境内外上市公司也纷纷花巨资聘请咨询服务机构设计内部控制制度，以适应监管要求。

目前国际资本市场正在大力强化内部控制。健全有效的内部控制可以提高上市公司财务报告的有效性；可以保障公司资产安全，减少舞弊事件的发生，堵塞漏洞，有效提高风险防范能力，降低公司风险；可以提高公司经营效益及效率，提升上市公司质量，增加对投资者的回报。

2.4.3 加强企业内部控制是经济健康发展的呼唤

全面、全员、全过程的内部控制是公司治理的关键环节和经营管理的重要举措，在合理保证企业经营管理合法合规、资产安全、财务报告及相关信息真实、完整，提高经营效率和效果，促进企业实现发展战略和企业发展壮大的过程中具有举足轻重的作用。但从现实情况看，一些企业不同程度地存在着管理松散、内控弱化、资产流失、营私舞弊等问题。在我国市场经济不断发展的关键时刻，政府发布与实施了一系列关于企业内部控制规范的法规性文件，对于促进企业建立健全内部控制，改变我国企业内部控制乏力、会计信息失真严重、内部管理散乱的现状具有积极而重大的现实意义，是新形势下加强企业内部监管的里程碑。

2.4.4 加强企业内部控制是防范风险的内在需求

市场经济是风险经济，其千变万化看似无序，实则有规；当家理财的目的无非是为了追求财富，财富看似无限，实则有度。风险与收益形影不离，成功与失败可能仅一步之遥。要想自由，还得自律；在自律的前提下才能更好地自由，在自由中加强自律才能在市场经济中游刃有余，在理财活动中心安理得。许多企业经营失败往往表现为对风险认识不足和疏于防范。企业的经营风险是指因生产经营方面的原因给企业盈利带来的不确定性，如投资风险、信用风险、合同风险等。企业应根据不同业务类型，建立风险评估体系和应对机制。例如，为防范合同风险，企业应建立合同起草、审批、签订、履约监督和违约应对等控制措施，必要时可以聘请律师参与等。

我国现行的内部控制体系正在逐步向全面风险管理体系升级和完善。风险管理应当是企业内部控制的基本组成部分。国资委颁布的《中央企业全面风险管理指引》要求企业在开展全面风险管理的同时，与其他管理工作紧密结合，把风险管理的各项要求融入企业管理和业务流程中。有些企业设计的《全面风险管理手册》与企业现有管理体系和管理手段相衔接，实际上不仅仅是内部控制与风险管理的融合，而且是整个管理的融合。

风险防范永远是企业的一项基础性、经常性工作，必要时，企业可以设置风险评估部门或岗位，专门负责有关风险的识别、规避和控制。定期对风险进行辨别、分析、评价，尤其是对重大风险做到早发现、早“治疗”，可以避免“恶化”，避免造成“下医治已病”的后果。对未来可能发生的风险未雨绸缪，防患于未然，就是“上医治未病”。风险管理是“健康俱乐部”，危机管理是“癌症俱乐部”；企业应当自觉走进“健康俱乐部”，而不要等到大难临头被送进“癌症俱乐部”。风险管理最核心的目标就是促进企业健康、稳定、可持续发展。

经典案例评析

某年5月，河南省J市M镇油品厂的日子过得不轻松。一个多月来，该油品厂生产用的油菜籽用完了，全国的油菜籽还没有收购入库，购不到油菜籽就无法生产，机器不转动就等于赔钱。就在企业负责人为无米之炊而发愁的时候，海南省H市某贸易有限公司在互联网上看到了该油品厂的需求，打来电话说想谈业务。油品厂负责人真是喜出望外，连忙飞往H市签订了合同。油品厂很快筹集了购货的75万元人民币，办成农业银行转账汇票，应对方要求，去H市前将此银行转账汇票传真给对方。紧接着，油品厂副总经理齐某与财务科科长陈某带着巨额汇票到了H市。

这是一桩已经谈妥的买卖。油品厂只要拿着汇票去点货即可。到了该贸易有限公司，对方提出验看汇票。齐某把汇票交给对方，两分钟后，对方把汇票拿了回来，表示汇票是真的。对方马上派了两名工作人员与齐某、陈某一同去广东省Z市看货、发货。5月25日，一行四人来到了广东省Z市。齐某和陈某要求尽快发货，卖主只是支吾“行”。陈某有点担心起来，为什么该贸易公司不在海南发货而要到广东发货？难道有诈？齐某验看汇票后，感觉汇票上的钢印好像不对。这个钢印刻的是“农业银行河南省M支行”，而油品厂所在地的M镇只有营业所，没有支行。翻看汇票的背面，右上角被陈某做的记号已经荡然无存。这难道是张假汇票？陈某立即拨通油品厂的电话，油品厂苗总经理听完汇报，心急如焚。放下电话，苗某立即拨通了M镇党委书记张某的电话，汇报了这一严重事件。张某了解到事情的严重性后表示，将迅速请示上级有关部门，并争取各有关部门的大力支持。

5月27日，星期六，H市。齐某和陈某同往日一样，装作什么事也没有发生。齐某找到农业银行的专业人士验看汇票，发现是假的。于是，他们带着报案材料到H市公安局报案。农业银行河南省J市支行第二营业部的有关人员查出了汇票的底联，当即向省农业银行起草了《关于申请协助追回全国银行汇票的请求》。

5月28日，星期天，刚好是周末，还有一天时间可用。河南省J市张书记与农业银行J市支行的杨科长赶往G市，办理银行转账汇票冻结手续。省行要求抓紧向法院申请停止支付公告。当天夜里，J市法院向出票行发出了J市人民法院的停止支付通知书。苗总经理与J市公安局经济侦查科指导员原某飞赴海南，与H市公安局刑警三大队队长文某联系。此时，陈某与卖方两位陪行人员在Z市玩得很“开心”。一切布置妥当，一张正义的大网已悄然铺开。

5月29日上午7点，农业银行河南省分行立即起草《关于协助防范全国银行汇票的请求》及其他相关文书，并立即传真给海南、广东两省分行，然后通过网络向全国农业银行发布公告。上午8点，苗某与齐某到H市公安局刑警大队报案。上午9点，农业银行总行的紧急通知下发到海南，冻结了这张全国转账汇票。下午5点，接到农业银行Z市支行打来的举报电话，犯罪嫌疑人已来过支行，由于接到上级通知，巨额资金转账需要联系对方银行验证，一个工作日后方可转账。晚上8点，Z市传来消息，两名嫌疑人已被抓获。后经过警方的快速行动，另4名犯罪嫌疑人全被抓获。至此，了结了一场精心策划、惊心动魄的经济诈骗案。

上述案例似乎是一部扣人心弦的惊险小说，却实实在在地发生在现实生活中。案例涉及采购、付款、支票使用和保管等内部失控现状。为了防范风险，企业至少应当关注以下风险控制点：

(1)如何防止未核准的款项被支付?

对于现金支付的交易，付款部门在付款前，首先必须检查卖主的发票是否盖过“款已付讫”的戳记，以防止已经支付的账款被重复支付；其次应审查支付款项是否具备与该款项有关并已得到审核认可的收货报告单，付款是否经授权人批准等。

(2)如何正确进行付款业务核算?

在付款前，应复核发票上的数量、价格、合计数和折扣条件。对于因退货或折让而造成的应付账款借项，在有良好控制制度的情况下，也可于没有收到供应商的贷项通知单之前，从付款金额中予以扣除。

(3)如何加强票据的使用和保管?

一是所有支票必须预先连续编号，空白支票应存放在安全处，严格控制，妥善保管。有权签署支票者不能保管空白支票。二是每项支票支出都必须得到指定的支票签署者的审批并签发。在某些特殊情况下，可以采用支票会签制度。三是每项支票支出都必须有经核准的发票或其他必要的凭证作为书面证据。在支票上应明确写明收款人和金额，并应与相应的应付凭证进行核对。无收款人和金额的支票具有一定的风险。已经作为签署支票书面证据的有关凭证，应于签署支票后加盖“已付讫”戳记，以防止它们被用来作为重复付款的凭证。四是任何有文字或数字涂改的支票都应作废。作废的支票必须加盖“作废”戳记，防止被再次使用，并且应与其他支票放在一起，按顺序留存。五是所有已签发的支票应于当日及时记入银行存款日记账中，并应定期与往来账户进行核对。如此等等。

第3章　企业内部控制要素

制定与实施企业内部控制体系，就是要科学地构建一套内部环境优化、风险评估科学、控制措施得当、信息沟通迅捷、监督制约有力的内部控制框架。

3.1　内部环境构成因素分析

内部环境是企业内部控制的第一要素，是影响、制约企业内部控制建立与执行的各种内部因素的总称，其构成因素包括治理结构、机构设置与权责分配、内部审计、人力资源政策、企业文化等方面，被视为实施内部控制最重要的基础。

内部环境本身就是内部控制的一个组成部分，是整个内部控制框架的基础。它塑造组织的控制文化，影响员工的控制意识；它支撑整个内部控制框架，是推动控制工作的发动机；它奠定组织的制度和结构，并涉及所有活动的核心——人，特别是人的控制觉悟；它还反映企业各级管理层对内部控制的要求。也就是说，内部环境是企业的基调和氛围，对内部控制形成外部约束，并直接影响员工的控制意识。

企业的控制环境也决定其他控制要素能否充分发挥作用，直接影响企业内部控制的贯彻执行以及企业内部控制目标的实现，是企业内部控制的核心内容与前提条件。例如，企业致力于聘用符合企业需要的员工，注意把企业倡导的道德意识与控制意识灌输给员工；又如，企业最高管理层注重道德行为的表率作用，树立正面形象，注重制定包括行为规范在内的政策及程序，促使员工在实现企业目标的过程中追求相同的价值观及恪守企业文化体现的精神与规范，则可视“控制环境”为有效。在这样良好的控制环境中，企业内部控制会得到有效执行。

岳殿民、韩传模、沈建国、范海英的《内部控制与上市公司会计舞弊治理研究》(《财会通讯》2015年第24期)以2007～2011年被证监会处罚的68家中国上市公司数据为样本，实证分析了内部控制特征与上市公司会计舞弊的关系。研究表明，董事会会计次数、CEO任期、CFO任期、董事会日常工作中有关内部控制活动的安排、绩效考评制度及投资者对相关管理制度的影响作用显著。

3.1.1 治理结构

公司治理是现代公司制的核心。健全的治理结构、科学的内部机构设置和权责分配是建立并实施内部控制的基本前提，是影响和制约内部环境的首要因素。

公司治理分为治理结构和治理机制两个方面，两者互相配合，共同决定着一个公司治理效率的高低。治理结构又称法人治理结构，一般是由股权结构、董事会、监事会、经营班子（或称高层管理人员）等组成的一种组织架构，它们之间构成一种制衡关系。治理机制包括用人机制、监督机制和激励机制等。

狭义的公司治理通常是指公司股东直接或间接（通过董事会）监督和评价公司管理层的行为；广义的公司治理则包括公司的整个内部控制系统，它通过自上而下地分配和行使责权，监督、评价和激励董事会、管理层以及员工实现公司目标，以保障包括股东在内的利益关系人的权益。公司治理的实质是确保经营者的行为符合利益相关者的权益。

经济合作与发展组织（OECD）制定的《公司治理结构原则》指出：一个良好的公司治理结构应当实现组织的既定目标，维护股东权益；确保利益相关者的合法权益，并且鼓励公司和利益相关者积极合作，保证及时、准确地披露与公司有关的重大问题，包括财务状况、经营状况、所有权状况和公司治理状况的信息；确保董事会对公司的战略性指导和对管理人的有效监督，并确保董事会对公司和股东负责。因此，完善的公司治理应该保持良好的内部控制系统，不断检查内部控制的有效性，对外如实披露内部控制现状，保持强有力的内部审计。

企业应当通过编制内部管理手册，使全体员工掌握内部机构设置、岗位职责、业务流程等情况，明确权责分配，正确行使职权；还可以制定组织结构图、业务流程图、岗（职）位说明书和权限指引等内部管理制度或相关文件，使员工了解和掌握组织架构设计及权责分配情况，正确履行职责。

企业应当定期对组织架构设计与运行的效率和效果进行全面评估，发现组织架构设计与运行中存在缺陷的，应当进行优化调整。企业组织架构调整应当充分听取董事、监事、高级管理人员和其他员工的意见，按照规定的权限和程序进行决策审批。

3.1.2 组织架构与权责分配

组织架构是企业按照国家有关法律法规、股东（大）会决议和企业章程，明确董事会、监事会、经理层和内部各层级机构设置、人员编制、职责权限、工作程序和相关要求的制度安排。依法完善组织架构，有利于促进企业实现发展战略和经营目标，防范企业组织架构设计与运行风险，优化企业治理结构、管理体制和经营机制，建立起现代企业制度。

企业至少应当关注组织架构设计与运行中的下列风险：一是治理结构形同虚设，可能导致企业缺乏科学决策和运行机制，难以实现发展战略和经营目标；二是组织构架设计不适当，结构层次不科学，权责分配不合理，可能导致机构重叠、职能缺位、推诿扯皮、运行效率低下。

例如，有些企业内部控制制度的基础比较薄弱，其中相当一部分对建立内部控制制度重视不够，有的并未建立健全内部控制制度，甚至有些企业对内部控制制度还存在很多误解，认为内部控制就是内部成本控制、内部资产安全控制等，或者以为内部控制就是手册、文件和制度的堆积等。更严重的是，不少企业有章不循，使内部控制制度流于形式；在经济业务处理过程中，遇到具体问题以强调灵活性为由而不按规定程序办理，使内部控制制度失去了应有的刚性和严肃性；有时甚至为了谋取个人或小团体的利益而不择手段、弄虚作假、篡改账目或搞账外账。最为严重的是，在一些大中型企业中，虽然表面上都有一套健全的内部控制制度，但在实际操作中，很多决策往往由领导一人说了算，忽视、漠视内部控制规范流程。在有些单位领导眼里，内部控制制度是对下属员工的行为控制，而对领导本人没有任何约束力，所谓“刑不上大夫”。这些领导的行为不仅破坏了内部控制制度效力的完整性，而且给下属员工起了很不好的示范效应，使得整个企业没有形成一种遵守制度的良好氛围。

为此，企业应当根据国家有关法律法规，结合企业自身股权关系和股权结构，明确董事会、监事会和经理层的职责权限、任职条件、议事规则和工作程序，确保决策、执行和监督相互分离、有机协调，确保董事会、监事会和经理层能够按照法律法规和企业章程的规定行使职权。

股东投资创办企业，投资者才是企业法律意义上的“主人”。只有投资者管理企业的职能不“缺位”，管理企业的职责才能真正落实到位。股东大会是企业的权力机构，享有法律法规和企业章程规定的合法权利，依法行使企业经营方针、筹资、投资、利润分配等重大事项的表决权。

董事会对股东（大）会负责，依法行使企业的经营决策权。董事会负责内部控制的建立健全和有效实施。

监事会或监事为企业常设监督机构，对股东（大）会负责，监督董事、经理和其他高级管理人员依法履行职责。监事会对董事会建立与实施内部控制进行监督。

经理层负责组织实施股东（大）会、董事会决议事项，主持企业的生产经营管理工作。鉴于经理层（尤其是总经理）的地位特殊、实际操作的权力巨大，在企业内部的控制管理中，总经理可能既是舞弊风险的最大来源，同时也是控制舞弊风险的关键。如果能够有效预防总经理滥用权力，就可以杜绝大部分潜在的舞弊风险。为此，内部控制管理就必须建立在有效均衡的权力约束机制上，也就是在企业管理体系中应当特别针对总经理等高级管理人员制定一套完整的内部控制系统。有些企业的管理程序，表面上虽然对总经理有一定的约束力，但随时可以被总经理突破。追究问题的根源，就是没有建立起预防总经理舞弊风险的立体化控制体系。

在法人治理结构体系中，股东(大)会是最高权力机构，董事会是经营决策机构，经理是决策执行者，监事会是监督机构。公司治理结构是一个多层委托代理、权责分明、相互制衡、相互协调的结构。其中，董事会是法人治理的核心。对于股东而言，董事会是受托者，接受股东的委托实现股东对资产保值增值的要求；对于经理层而言，董事会是委托者，授权经理层开展公司经营活动并对其实施监督和控制。董事会下设立审计委员会，负责审查企业内部控制，监督内部控制的有效实施和内部控制自我评价情况，协调内部控制审计及其他相关事宜。监事会对股东(大)会负责，监督企业董事、经理和其他高级管理人员依法履行职责。监事会对董事会建立与实施内部控制进行监督(如图 3.1 所示)。

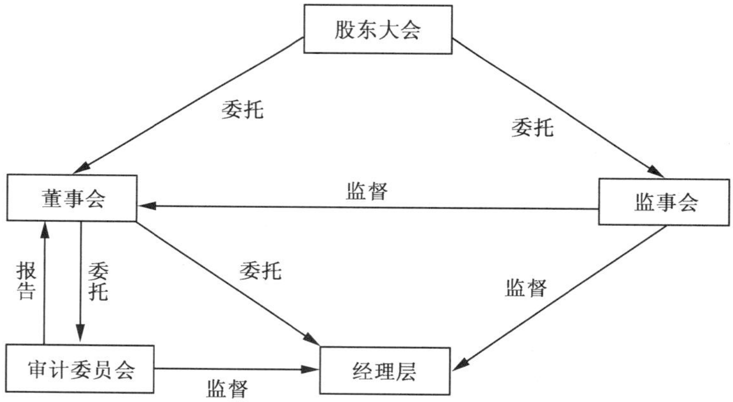

图 3.1　法人治理结构

专题讨论 3.1　内部控制与公司治理有哪些关系?

(1)内部控制与公司治理的区别

企业内部控制与公司治理结构是两个不同的概念。公司治理结构一般是由股东会、董事会、监事会和经理等组成的用来约束经营者行为的控制制度(内部监控机制)；而内部控制是由企业董事会、监事会、经理层和全体员工实施的，旨在实现控制目标的过程。

(2)内部控制与公司治理结构紧密联系

一方面,公司治理结构是促使内部控制有效运行、保证内部控制功能发挥的前提,是实行内部控制的制度环境,即公司治理结构对内部控制起制约作用,离开公司治理结构,内部控制就缺乏完整性,当然就不可能取得内部控制方面的成功。

另一方面,内部控制在公司治理结构中担当的是内部管理监控系统的角色,即内部控制对公司治理结构具有反向促进作用,如果没有完善的内部控制作为支撑,公司治理结构所追求的公平与效率的目标必然会落空。

同时,在企业管理实践中,公司治理结构和内部控制事实上存在着很强的关联性,内部控制与公司治理结构都遵循相互牵制、相互制衡等原则,两者是相辅相成的。

3.1.3 内部审计

(1)内部审计与内部控制

内部审计是用来增加组织价值和改善组织运营的独立、客观的保证和咨询活动。它以系统的、专业的方法对风险管理、控制及治理过程的有效性进行评价和改善,帮助组织实现其目标。

与外部审计相比,内部审计在健全公司治理机制,特别是强化内部管理和控制方面具有得天独厚的优势。与时俱进的内部审计应该围绕公司治理机制的健全和完善,以风险控制为导向,以监督检查内部控制活动的有效性为主线,以提高风险控制能力为目标,哪里有风险,内部审计就跟到哪里。

实证分析 3.1 | 内部审计的作用日益凸显

美国安然、世通申请破产保护,安达信退出审计业等舞弊事件的曝光,招致四方出击:个体股民的诉讼、证券交易委员会的稽查、司法部的刑事起诉和国会的调查。美国各界舆论逐渐聚焦于这些财务丑闻和欺诈行为的根源——商业道德沦丧、良心泯灭、管理失控……在构建企业诚信和维护“企业良心”的外部环境上,美国的法律不可谓不多,美国对企业的监管不可谓不严,美国拥有“五大”在内的众多国际会计师事务所,其审计技术和手段不可谓不先进。在此情况下,仍出现那么多财务丑闻和欺诈行为,人们不得不把关注的焦点从企业的外部环境转向企业内部控制机制上。由于内部审计在企业经营管理中处于极其重要的地位,它既是企业内部控制机制的重要组成部分,又是监督与评价内部控制的主要手段,因此,有人把内部审计当作“企业良心”,当作维护企业道德的最后一道防线。

但目前企业内部审计机构不健全,组织架构不科学、不合理,或职责分工不清,导致内部审计缺乏独立性和客观性的事件时有发生。如果内部审计未经适当授权,可能因得不到有效支持而导致内部审计失败;如果内部审计人员不具备应有的知识、技能和经验,内部审计方法滞后,或内部审计质量控制制度不完善,可能因内部审计效率和质量低下而造成内部审计成本增加;如果内部审计人员不遵守内部审计职业道德规范,影响审计的客观公正性,可能导致道德风险;等等。

企业在实施内部审计控制的过程中,至少应当强化对下列关键方面或者关键环节的控制:①职责分工、权限范围和审批程序应当明确、规范,机构设置和人员配备应当科学、合理。②内部审计机构应当按照有关法律法规的要求以及内部审计规范的要求,制定内部审计工作手册,规范内部审计程序,以指导内部审计人员的工作,并保证严格执行。③企业内部审计机构应当建立健全有效的质量控制制度,并积极了解、参与企业的内部控制建设。④内部审计人员应当具备必要的学识及业务能力,熟悉本企业的经营活动和内部控制,并不断通过继续教育来保持和提高专业胜任能力,且具有较强的人际交往能力。⑤内部审计机构和人员应当遵守职业道德规范,保持应有的客观性、独立性和职业谨慎。内部审计人员应当避免对自己提供咨询的事项实施监督和评价。

(2)内部审计与风险管理

公司治理的核心是风险管理。风险管理应当是内部审计的主要职责。随着风险管理导向内部控制时代的来临,内部审计的工作重点也发生了变化,现代内部审计除了关注传统的内部控制之外,更加关注有效的风险管理机制和健全的公司治理结构。在风险导向内部审计的观念下,年度审计计划与公司最高层的风险战略连接在一起,内部审计人员通过对当前的风险分析确保其审计计划与经营计划相一致,使用风险管理原则改变审核过程。在风险导向的内部审计中,控制测试固然重要,但分析、确认、揭示关键性的经营风险和财务风险才是内部审计的焦点。

专题讨论 3.2 | 内部审计在风险管理中有哪些特别作用?

一是能够客观地从全局的角度看待风险。风险在企业内部具有感染性、传递性、不对称性等特征,即一个部门造成的风险或疏于风险管理所带来的后果往往不是由其直接承担,而会传递到其他部门,最终可能使整个企业陷入困境。因此,对风险的认识、防范和控制需要从全局考虑,而各业务部门又很难做到这一点。内部审计人员不从事具体业务活动,独立于业务管理部门,这使得他们可以从全局出发,从客观的角度对风险进行识别,及时建议管理部门采取措施控制风险。

二是能够有效指导企业的风险策略。内部审计部门处于企业的董事会、总经理与各职能部门之间,内部审计人员能够充当企业长期风险策略与各种决策的协调人和监督者，通过对长期计划与短期计划的调节，可以调控、指导企业的风险管理策略。

三是内部审计部门的建议更易引起重视。内部审计部门独立于管理部门，其风险评估的意见可以直接上报董事会，这会加强管理当局对内部审计部门意见的重视程度。

(3)内部监督机构

如果说健全的法人治理结构和组织架构是内部控制机制产生作用的“硬件要素”，那么，科学的内部审计和有效的监督体系则是内部控制机制产生作用的“软件要素”。公司制企业中通常有股东(大)会(权力机构)、董事会(决策机构)、监事会(监督机构)、总经理层(日常管理机构)这四个法定刚性机构，这为内部控制机构的建立、职责的分工与制约提供了基本的组织框架；但内部控制机制的良好运行还要求在这一法定组织框架下设立满足公司监控需要的职能机构，如审计委员会、内部控制机构和审计部门等。

审计委员会为必设机构，即企业应当在董事会下设立审计委员会，并应当保证内部审计机构设置、人员配备和工作的独立性。审计委员会负责审查企业内部控制，监督内部控制的有效实施和内部控制自我评价情况，协调内部控制审计及其他相关事宜等。审计委员会负责人应当具备相应的独立性、良好的职业操守和专业胜任能力。

审计委员会在企业内部控制制度建立和实施中承担的职责包括：①审核企业内部控制制度及其实施情况，并向董事会报告；②指导企业内部审计机构的工作，监督检查企业的内部审计制度及其实施情况；③处理有关投诉与举报，督促企业建立畅通的投诉与举报途径；④审核企业的财务报告及有关信息的披露内容；⑤负责内部审计与外部审计之间的沟通和协调。

未设立审计委员会的企业，应当由董事会授权或者企业章程规定的有关机构承担上述职责。

企业应当成立专门机构或者指定适当的机构具体负责组织协调内部控制的建立、实施及日常工作。

内部审计机构应当结合内部审计监督，对内部控制的有效性进行监督检查，对监督检查中发现的内部控制缺陷，应当按照内部审计工作程序进行报告，对发现的内部控制重大缺陷，有权直接向董事会及其审计委员会、监事会报告。

健全内部审计机构、加强内部审计监督是营造守法、公平、正直的内部环境的重要保证。企业应当加强内部审计工作，在企业内部形成“有权必有责、用权受监督”的良好氛围。

设立专门的内部审计机构的企业，应当保证内部审计机构具有相应的独立性和与履行内部审计职能相适应的人员及工作条件。内部审计机构的组织领导体制依照法律规定和企业章程确定，但内部审计机构不得置于财会机构的领导之下或者与财会机构合署办公。内部审计机构依照法律规定和企业授权开展审计监督，其工作范围不应受到限制。内部审计机构对审计过程中发现的重大问题，视具体情况，有权直接向审计委员会或者董事会报告。

3.1.4 人力资源政策

人力资源是指由企业董事、监事、高级管理人员和全体员工组成的团队的总称，是最重要、最宝贵的资源。

人力资源政策包括岗位职责和人力资源计划、招聘、培训、离职、考核、薪酬等一系列有关人事的活动和程序，是影响企业内部环境的关键因素。企业的人力资源政策应当科学、规范、公开、透明，有利于调动员工在内部控制和经营管理活动中的积极性、主动性和创造性。

良好的人力资源政策对内部控制制度的有效实施起着重要作用。企业应当制定和实施有利于企业可持续发展的人力资源政策。人力资源政策应当包括下列内容：①员工的聘用、培训、辞退与辞职；②员工的薪酬、考核、晋升与奖惩；③关键岗位员工的强制休假和定期岗位轮换制度；④掌握国家秘密或重要商业秘密的员工离岗的限制性规定；⑤有关人力资源管理的其他政策。

企业应当将职业道德素养和专业胜任能力作为选拔和聘用员工的重要标准，重视并加强员工培训，制订科学、合理的培训计划，提高培训的针对性和实效性。

企业应当建立和完善针对各层级员工的激励约束机制，通过制定合理的目标、建立明确的标准、执行严格的考核和落实配套的奖惩，促进员工责、权、利的有机统一和企业内部控制的有效执行。

3.1.5 企业文化

企业文化是指企业在经营管理过程中形成的、为整个团队所认同并遵守的价值观、经营理念和企业精神，以及在此基础上形成的行为规范的总和。在塑造企业文化的过程中，企业的整体价值观，高级管理人员的管理理念、经营风格与职业操守，员工的行为守则和法制教育等方面十分重要。

(1)企业的整体价值观

企业应当加强文化建设，培育积极向上的价值观和社会责任感，倡导诚实守信、爱岗敬业、开拓创新和团队协作精神，树立现代管理理念，强化风险意识，正确履行社会责任，实现企业与社会的协调发展。社会责任是指企业在发展过程中应当履行的社会职责和义务，主要包括安全生产、产品质量、环境保护与资源节约等。

(2)高级管理人员的职业操守

董事、监事、经理及其他高级管理人员应当在企业文化建设中发挥主导作用。

高级管理人员应当恪守以诚实守信为核心的职业操守，不得损害投资者、债权人、客户、员工和社会公众的利益；应当树立有利于实现企业内部控制目标的管理理念和经营风格，强化风险意识，避免个人风险偏好可能给企业带来的不利影响；应当加强对员工的职业道德宣传引导、教育培训和监督检查，为建立和实施内部控制制度营造良好的氛围；同时，有责任在企业范围内培育健康向上的整体价值观，培养社会责任意识和依法经营意识，倡导爱岗敬业、进取创新、团队协作和遵规守纪精神。

上市公司高级管理人员有责任制定并完善信息披露管理制度，明确重大信息披露事项的判定标准和报告程序，确定信息披露事项的收集、汇总和披露程序，不断强化为投资者、债权人和社会公众提供真实、准确、完整的财务会计信息及依法应当披露的其他信息的法律意识和责任意识。

(3)员工的行为守则

企业应当根据高级管理人员、中层管理人员和一般员工的职责权限，结合不同层级人员对实现企业内部控制目标的影响程度和不同要求，分别制定适合不同层级人员的职业操守准则或者行为守则，并明确相应的监督约束机制。员工应当遵守行为守则，认真履行各自的岗位职责。

企业员工都应当加强职业道德修养和业务学习，自觉遵守与企业内部控制有关的各项规定，勤勉尽责。

(4)法制教育

市场经济是法制经济，只有学法、懂法、执法、守法，才能善始善终。企业应当加强法制教育，增强董事、监事、经理及其他高级管理人员和员工的法制观念，严格依法决策、依法办事、依法监督，建立健全法律顾问制度和重大法律纠纷案件备案制度等。

专题讨论 3.3 | 培育内部控制文化对构建和谐内部控制很重要

内部控制体系建设的过程也是内部控制文化培育的过程。在搭建企业内部控制框架结构和有效实施的过程中，培育内部控制文化既是内部控制的基础，也是内部控制的归宿。营造一种立信守诚、和谐进取、健康向上的内部控制文化，对健全内部控制体系和构建和谐内部控制具有重要的推动作用。

内部控制要求将日常管理工作中具有控制作用的思想和行为逐步整合成一种管理流程，养成一种工作习惯，培育一种企业文化。习惯成自然，习惯造就文化。

内部控制文化的培育是一个从上到下、循序渐进、持之以恒的长期过程(如图 3.2 所示)。只有控制文化入耳、入脑、入心,控制行为才会自觉、自律、有效。

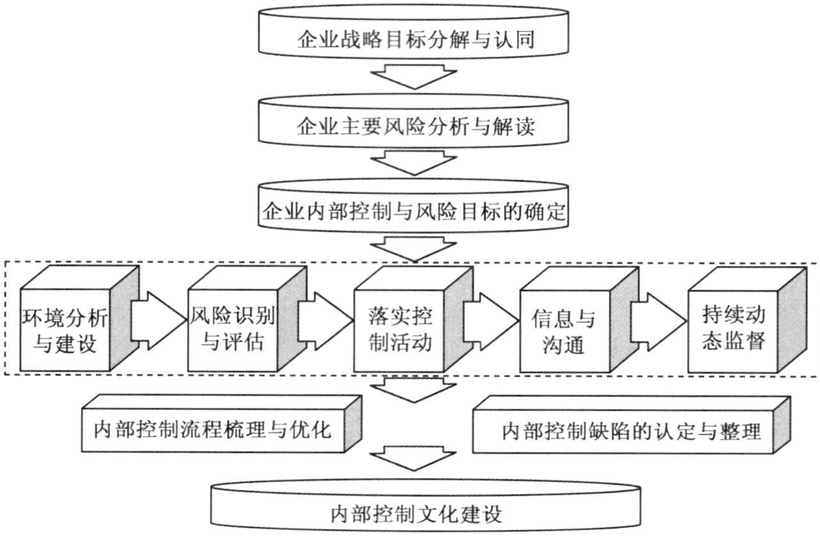

图 3.2 内部控制体系建设与文化培育

控制文化的培育过程也是不断克服"反控制作用"的过程。内部控制发展史充分说明,有控制就有反控制。增强内部控制的作用力,弱化反作用力,正是控制文化的功能所在。

企业内部控制的效率和效果也不完全取决于设计得多么精巧或齐全,而在于企业是否有一个优良的适应内部控制建设和运转的环境。最重要的是对内部控制环境及其作用的认识是否到位,控制文化是否形成等。控制环境的失效必然会直接导致内部控制的失效。例如,有的企业还未开展内部控制环境建设,公司治理方面存在严重缺陷、管理层关键人员凌驾于规章制度之上、内审部门无法肩负起监督职责等。也就是说,对管理层的监控并不是没有,而是远远没有强调到某种"控制文化"的程度。

企业文化建设不能仅停留在企业最高层或文本的宣传上,更不能脱离生产经营过程和背离发展战略,而应融入企业的"肌体"、汇入企业的"血脉"、贯彻于内部控制的过程之中。

一个没有文化的企业就是一个没有灵魂的躯壳。建立良好的企业文化是企业可持续发展的重要基础。而可持续发展本身就蕴含着内部控制的约束。一个具有先进管理理念、明确业务发展方向、良好工作氛围、公平分配机制，高度重视员工诚信观念，充满创新活力的企业，就是拥有良好文化的企业，就是吸引全体员工长期共同工作的大家庭，在这样的企业中，决策者与管理层高度负责，广大员工也对企业的命运高度关注。

3.2　风险评估构成因素分析

无论是设计内部控制制度，还是对其进行改良或完善，都应当从风险评估入手，变被动为主动。风险评估是及时识别、分析和评价影响内部控制目标实现的各种不确定因素并采取应对策略的过程，是采取各种控制方法的依据与前提，是实施内部控制不可或缺的重要环节，也是现代控制区别于内部牵制的显著特征。

任何风险损失总是有内在原因的，首先是存在风险因素，然后发生了风险事故，两者一旦结合，又缺乏风险控制措施，损失就在所难免了。

风险因素是指引起或增加风险事故的机会或扩大损失的条件，是事故发生的潜在原因。风险因素包括实质性风险因素、道德风险因素和心理风险因素等。实质性风险因素是指增加某一标的风险事故发生机会或扩大损失严重程度的物质条件，它是一种有形的风险因素，如汽车刹车系统失灵导致的交通事故、食物变质对人体的危害等。道德风险因素是指与人的不正当社会行为相联系的一种无形的风险因素，常常表现为由于恶意行为或不良企图，故意使风险事故发生或扩大，如制造虚假会计信息、进行业务欺诈、出卖情报、中饱私囊等。心理风险因素也是一种无形的风险因素，是指由于人主观上的疏忽或过失，导致增加风险事故发生机会或扩大损失的可能性，如侥幸思维、赌徒心理、舞弊借口、从众习惯等。

风险事故又称风险事件，是引起损失的直接或外在原因，是使风险转换为损失的媒介，也就是说，风险是通过风险事故的发生而导致损失的，如客户催讨、官司败诉、意外火灾等都是风险事故。

风险损失是指风险事故所带来的物质上、行为上、关系上以及心理上的实际和潜在的利益丧失。

一个良好的风险评估过程应当包括目标设定、风险识别、风险分析和风险应对等构成因素（如图 3.3 所示）。

图 3.3　风险评估构成要素与一般程序

3.2.1 目标设定

企业管理层在识别和评估实现目标的风险并采取行动来管理风险之前，应采取恰当的程序设定目标，确保所选定的目标支持和切合企业的发展使命，并且与企业的风险承受能力相一致。

目标设定是风险识别、风险分析和风险应对的前提。企业应当按照战略目标设定相关的经营目标、财务报告目标、合规性目标与资产安全完整目标，并根据设定的目标合理确定企业整体风险承受能力和具体业务层次上的可接受风险水平。

企业应当根据设定的控制目标，全面、系统、持续地收集相关信息，结合实际情况，及时进行风险的识别与系统分析，合理确定风险应对策略。

由于风险可能导致损失，因此，人们厌恶风险，从而更需要理性地考虑如何确立具体控制目标。研究风险与损失之间的关系对具体目标的设定很有帮助，一般应当注意以下四个要素：

(1)损失主体

损失主体是解决“谁”受损失的问题，弄清可能遭受损失的个人、部门或企业，对于有的放矢地进行风险管理是有意义的。

(2)损失对象

损失对象解决“是什么”的问题。正确识别损失的对象是处理损失暴露的起点。对损失对象进行排列和分类可以有许多种方法。例如，将损失对象分成“资产”和“收入”两类，“资产”是人们占有的价值物，而“收入”则是这种资产产生的结果。损失通常表现为减少或赔偿资产价值，减少或赔偿未来的收入，或两者兼而有之等。

(3)损失原因

损失原因是解决“为什么”的问题，即直接导致或产生可能的不利结果的原因。从风险管理的角度看，这种导致损失的原因并不一定是事实上已经发生的损失原因，而是可能的损失原因，或称潜在的损失原因。造成损失的可能原因有自然原因、人为原因、经济原因等。自然原因包括火灾、风暴、冰雹、洪水、地震、火山爆发、疾病等。人为原因包括被窃、暴动、无知、过失、不幸、欺诈等。经济原因是一种商业性原因，包括经济衰退、通货膨胀、消费者爱好变化、技术进步、股价暴跌等。损失原因的划分并不是绝对的。例如，火灾，有时可能是因为人的失职而引起，这时火灾就是人为原因，而不是自然原因。

(4)损失数量

损失数量是解决“怎么样”的问题，它是损失对象、损失原因的数量表现及合乎逻辑的结果。如果某种原因发生，给某个对象造成了负面影响，则企业将面临降低或失去一定数量的价值的损失。用理性的方法衡量这种损失的大小，是风险管理中的基本问题。损失数量的大小是判断损失暴露严重程度的重要因素，但不是唯一的因素。除损失数量外，遭受损失的部门或单位的财务状况也是相当重要的因素。对相同的损失数量来说，不同的单位，或同一单位在不同时期，其损失的严重程度是不同的，如100万元损失对一家小企业来说可能是灾难性的，但对一家大型企业来说就可能并不重要。对同一企业来说，100万元损失在其初创时期，或国家银根紧缩时期，可能十分严重；但在其发展壮大时期，或国家放松银根时期，则可能并不严重。

3.2.2 风险识别

在远古时期，以捕捞为生的渔民在每次出海前都要祈祷，祈求神灵保佑在出海时能够风平浪静、满载而归。渔民在长期的捕捞实践中，深深地体会到“风”给他们带来的无法预测、无法确定的危险，“风”即意味着“险”。

现实社会中的风险并不都是显露在外的，未加识别或错误识别的风险会造成意料之外的损失。因此，提高风险识别的手段，收集、甄别相关信息，汇总、分类风险情形，积极预测风险走势，都是十分必要的。

风险是一种不确定性。在较为稳定的经济环境下所讨论的风险，通常是指已知概率分布情况下的“客观风险”，人们在“常态决策”中试图将风险量化以后来判定“是做还是不做”，并尽量做到“想好了再做”。但在“变态（变化中的状态）决策”或“危机决策”中，不确定性显示出人们对新现象的无知，由于人们并不知道不知道什么（即“未知的无知”），可能只有做了才知道，因此，解析风险、分散压力、解放思想、解决问题就显得十分重要。

专题讨论3.4 | 风险一般具有哪些显著的特点？

第一，客观性和普遍性。风险是不以人的意志为转移并超越人们的主观意识而存在的。其客观性还表现为风险的无处不在和无时不有，从而也说明了为什么人类一直希望认识和控制风险。但直到现在，人类也只能在有限的空间和时间内改变风险存在和发生的条件，降低其发生的频率，减少损失程度，而不能也不可能完全消除风险。

第二，某一具体风险发生的偶然性和大量风险发生的必然性。任何具体风险的发生都是诸多风险因素和其他因素共同作用的结果，是一种随机现象。个别风险事故的发生是偶然的、杂乱无章的，但通过对大量风险事故资料进行观察和统计分析，就会发现其呈现出明显的运动规律，这就使人们有可能用概率统计及其他风险分析方法计算风险发生的概率和损失程度，促进了风险管理的迅猛发展。

第三，可变性、多样性和多层次性。各种风险在质和量上是可以变化的。随着项目的进行，有些风险得到控制并消除，有些风险会发生并得到处理，同时在项目的每一阶段都可能产生新的风险。例如，大型开发项目周期长、规模大、涉及范围广、风险因素多且种类繁杂，致使其在全寿命周期内面临的风险多种多样。而且大量风险因素之间的内在关系错综复杂，各风险因素之间与外界交叉影响，又使得风险显示出多层次性。

第四，扩散性和突发性。例如，金融活动的外部效应广泛存在，其任何一个节点出现断裂，都有可能产生连锁反应，引起其他节点的波动，进而导致金融体系的局部甚至整体发生动荡。如果金融市场风险不断积累，最终会以突发的形式表现出来。

由此可见，风险是一个多视角、多元化、多层次的概念。

风险识别是指企业管理层从影响目标实现的内部原因或外部原因中识别潜在的风险事项。风险识别技术实际上就是收集有关的损失原因、危险因素及其损失暴露等方面信息的技术。风险识别所要回答的问题是：存在哪些风险？哪些风险应予以考虑？引起风险的主要原因是什么？这些风险所引起的后果及严重程度如何？尤其应当关注的权力的源头在哪里？有哪些失控的盲区或管理的真空地带等。

在进行风险识别时，企业应当在充分调研和科学分析的基础上，准确识别影响企业内部控制目标实现的内部风险因素和外部风险因素，以便确定相应的风险承受度。风险承受度是企业能够承担的风险限度，包括整体风险承受能力和业务层面的可接受风险水平。

企业识别风险通常应当关注下列因素（如图 3.4 所示）。

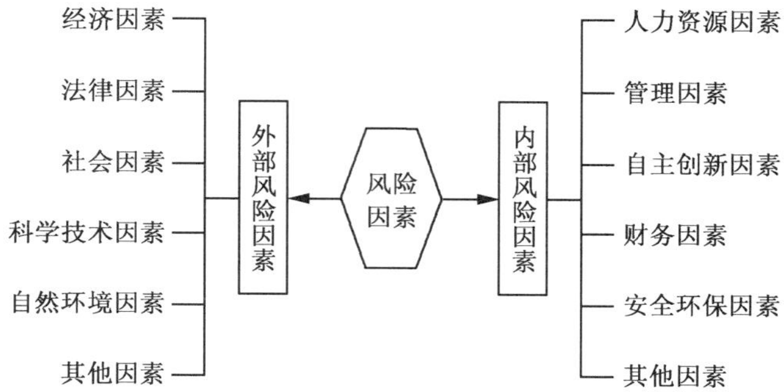

图 3.4　风险因素一览

(1)内部风险因素

内部风险因素是企业风险存在的内在原因，属于主要因素。企业应当关注的内部风险因素相当复杂多变，归纳起来主要有以下几个方面：①董事、监事、经理及其他高级管理人员的职业操守、员工专业胜任能力等人力资源因素；②组织机构、经营方式、资产管理、业务流程等管理因素；③研究开发、技术投入、信息技术运用等自主创新因素；④财务状况、经营成果、现金流量等财务因素；⑤营运安全、员工健康、环境保护等安全环保因素；⑥其他有关的内部风险因素。

(2)外部风险因素

外部风险因素是企业风险存在的外在原因，属于重要因素。企业应当关注的外部风险因素按照《基本规范》的要求，归纳起来主要有下列几项：①经济形势、产业政策、融资环境、市场竞争、资源供给等经济因素；②法律法规、监督要求等法律因素；③安全稳定、文化传统、社会信用、教育水平、消费者行为等社会因素；④技术进步、工艺改进等科学技术因素；⑤自然灾害、环境状况等自然环境因素；⑥其他有关的外部风险因素。

风险可以按照不同的标志进行分类。按照风险损害的对象分为人身风险、财产风险、责任风险和信用风险；按照风险导致的后果分为纯粹风险和投机风险；按照风险的性质或发生原因分为自然风险、经济风险和社会风险；按照风险的起源与影响分为基本风险和特定风险；按照风险能否被分散分为可分散风险和不可分散风险；等等。

企业管理学上一般将风险分为市场风险(又称系统风险、不可分散风险)和公司风险(又称非系统风险、可分散风险)。其中，公司风险按其形成原因还可进一步分为经营风险和财务风险两大类。

市场风险，是指因一家公司所不能控制的政治、经济、法律、税收、金融、股市、汇率、利率等因素的变动，从而给投资者带来损失的风险。

公司风险，是指公司因经营上的各种原因而给投资者造成损失的可能性，如公司盈利减少、发生亏损、新产品开发失败、没有争取到重要合同、诉讼失败、卷入法律纠纷等。

经营风险，是指因生产经营方面的原因而给企业盈利带来的不确定性，如投资风险、信用风险、合同风险等。针对经营风险，要求企业根据不同业务类型，建立风险评估体系和应对机制。例如，为防范合同风险，企业应建立合同起草、审批、签订、履约监督和违约应对控制措施，必要时可聘请律师参与。

财务风险，是指由于举债而给企业财务状况带来的不确定性。借入资金就要还本付息，一旦企业无力偿付到期债务，便会陷入财务困境甚至破产。

企业应当根据风险分析的结果，结合风险承受度，权衡风险与收益，确定风险应对策略。

企业应当合理分析、准确掌握董事、经理及其他高级管理人员、关键岗位员工的风险偏好，采取适当的控制措施，避免因个人的风险偏好而给企业经营带来重大损失。

企业在进行风险识别时，可以采取座谈讨论、问卷调查、案例分析、咨询专业机构意见等方法，特别应注意总结、吸取企业过去的经验教训和同行业的经验教训，加强对高危性、多发性风险因素的分析与关注。

风险识别是风险评估的重要步骤。识别和分析风险是风险评估中最重要也是最困难的步骤，因为对一种尚未认识到的风险，显然无法有效地加以管理。但是，一旦我们能够识别风险，如何以最好的方式加以管理就可能变得清晰了。

风险识别是一项连续性的工作。这主要是因为任何事物都在变化。新科技、新产品、新道德观均可能改变原来的风险性质，也可能增加前所未有的风险。如果没有连续的风险识别工作，企业将难以发现自己所面临的潜在风险。风险识别作为一个管理过程，要有组织、有制度，因而又是一项制度化的工作。当然，这项工作也是一门艺术，需要想象力和洞察力。

3.2.3 风险分析

不同的风险在不同时间、不同地点暴露及发生损失时的程度可能会有差别。相应地，在是否要管理、如何管理等方面，准确地度量风险程度与差别就成为提高风险管理效率的关键性因素。

在现有的风险中，一些风险本身直观明了，或因人们长期的经验积累，从而容易测算；另一些则是隐含风险，可对其进行探测、显化处理。所有这些都已经成为风险管理的重要组成部分和前提，也成为技术性颇强的一个专门领域。

风险分析就是指分析和辨认实现有关目标可能发生的风险，以便形成确定应该如何对其进行管理的依据。

风险分析是一项复杂而专业的工作，应当充分吸收专业人员，组成风险分析团队，按照严格、规范的程序开展工作，确保风险分析结果的准确性。

风险分析通常需要实施以下程序：

(1)确定风险分析标准

企业应当针对已识别的风险因素，从风险发生的可能性和影响程度两个方面进行分析，并确定科学、合理的定性、定量分析标准。

风险定性分析是指通过观察和分析，借助于经验和判断进行评价的一种方法，其表现形式是使用文字或叙述性的分类等级来描述可能影响的程度以及影响发生的概率。风险定性评价在实际运用中主要有检查表式综合评价法和优劣评价法等。由于它仅是对风险的因素或后果做大小、优劣的评价，不需要运用大量的统计资料进行复杂的运算，因此使用起来简单易行。

定量分析旨在计算出实际且精确的数据用以描述风险事件的影响度与发生概率，其所使用的数据可以是过去的记录、国内外相关经验、产业经验数据、相关参考文献、市场研究或工程上的模型实验资料等。针对单一风险评估常采用事件树分析法、决策树分析法和缺陷树分析法等。

专题讨论3.5 | 风险定量分析具有哪些优点？

第一，应用风险定量分析模型可以促使人们全面了解经济效益的多样性。对于企业的经济行为，不仅要考虑是否有效益，而且要考虑效益的大小，以及达到各种效益水平的概率有多大、风险有多大，这样才能使决策建立在深思熟虑的基础上，减少企业经济行为的盲目性。

第二，风险定量分析模型可以解决某些“似是而非”的问题。在企业经济决策过程中，常常会遇到一些所谓“利大还是弊大”的问题，而利大有多少、弊大有多少、有多少的概率把握、有多大的风险程度，诸如此类的问题应尽量通过定量模型进行分析，这样在投资行为决定之前，企业就可有较大的把握减少失误。

第三，风险定量分析模型为具有不同风险程度的经济决策提供了可比性。只看可能获得效益的多少而不考虑风险程度，很难比较两个经济行为效果的优劣。例如，不进行风险分析，就不能把石油探矿与证券投资等不同经济行为的效益进行比较等，也不便于把钢铁发展与电子发展进行比较等。

第四，风险定量分析模型可以充分利用和集中集体智慧，使企业经济行为中设计、施工、工程、财务等各方面专家的意见有效地汇集在一起。集体智慧的结晶有助于产生出好的思想、对策或方案。

第五，风险定量分析模型有助于使模糊的、定性的感觉转变为清晰的、定量的认识。常常可以听到这样的说法，“这项投资很不错”或“这项政策的效果是好的”。这里，“很不错”和“是好的”都是模糊的定性描述。风险定量分析模型要求解决“很不错”和“是好的”究竟是60％的推断，还是90％的把握。

风险定量分析模型并不是“消除”风险的“灵丹妙药”，它只是使我们更好地了解风险、认识风险，从而提高经济决策的科学性。

(2)掌握风险的重要性程度

企业应当根据风险分析的结果，依据风险的重要性水平，运用专业判断，按照风险发生的可能性大小及其对企业影响的严重程度进行风险排序，确定应当重点关注的重要风险。

(3)进行风险排序

企业应当采用定性与定量相结合的方法,按照风险发生的可能性及其影响程度等,对识别的风险进行分析和排序,确定关注重点和优先控制的风险。

确切的风险分析是一道世界性难题,尤其是定量分析的精准确认更是难上加难,所以,实际工作中常采用半定量分析方法,即依据定性分析的分类等级赋予量化数值,便于计算量化风险或优先排序,并采用矩阵图予以列示(如表 3.1 所示)。

表 3.1　　风险的可能性及严重程度

严重程度等级 可能性等级		一般	较大	重大	特大
		1	2	3	4
很可能	4	高度Ⅲ	高度Ⅲ	极高Ⅳ	极高Ⅳ
可能	3	中度Ⅱ	高度Ⅲ	高度Ⅲ	极高Ⅳ
偶然	2	中度Ⅱ	中度Ⅱ	高度Ⅲ	高度Ⅲ
不太可能	1	低度Ⅰ	中度Ⅱ	中度Ⅱ	高度Ⅲ

在表 3.1 中,纵向为风险的可能性程度,可分为四个等级,由上至下递减;横向为严重程度,也分为四个等级,由左至右递增。其中,①低度(Ⅰ级)表示有一般危险,需要注意;②中度(Ⅱ级)表示有显著风险,需加强管理、不断改进;③高度(Ⅲ级)表示高度风险,需制定风险消减措施;④极高(Ⅳ级)表示极高风险,不可忍受风险。

3.2.4　风险应对

企业应当根据风险分析的结果,结合风险承受度,权衡风险与收益,确定风险应对策略。风险应对策略就是对已经识别的风险进行定性分析、定量分析和风险排序,制定相应的应对措施和整体策略。制定风险应对策略主要考虑四个方面的因素:可规避性、可转移性、可缓解性和可接受性,以求将风险降至可接受的程度。《基本规范》要求企业综合运用风险规避、风险降低、风险分担和风险承受等风险应对策略,实现对风险的有效控制(如图 3.5 所示)。

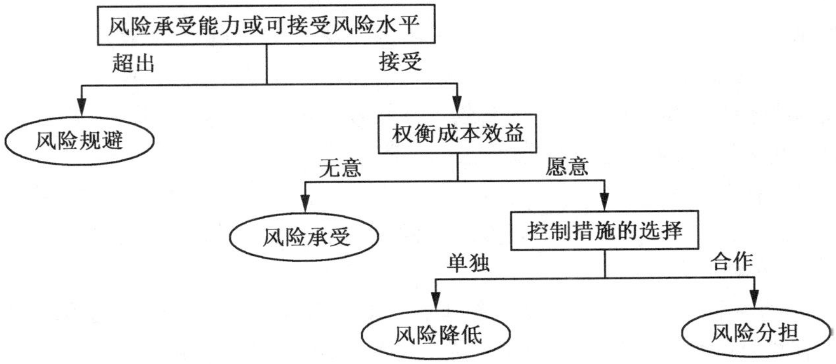

图 3.5　风险应对策略

(1)风险规避

企业对超出整体风险承受能力或者具体业务层次上的可接受风险水平的风险，应当实行风险规避。也就是说，风险规避是企业对超出风险承受度的风险，通过放弃或者停止与该风险相关的业务活动，以避免和减轻损失的策略。

凡风险所造成的损失不能由该项目可能获得的利润予以抵消时，规避风险可能是最可行的方法。规避风险包括：拒绝与不守信用的厂商业务往来；放弃可能明显导致亏损的投资项目；新产品在试制阶段发现诸多问题而果断停止试制；等等。

(2)风险降低

企业对在整体风险承受能力和具体业务层次上的可接受风险水平之内的风险，在权衡成本效益之后愿意单独采取进一步的控制措施以降低风险、提高收益或者减轻损失的，可以实行风险降低。也就是说，风险降低是企业在权衡成本效益之后，准备采取适当的控制措施降低风险或者减轻损失，将风险控制在风险承受度之内的策略。

降低或减少风险应当事先从制度、文化、决策、组织和控制上，从培育核心能力上提高企业防御风险的能力。减少风险主要有两方面的含义：一是控制风险因素，减少风险的发生；二是控制风险发生的频率，降低风险损害程度。减少风险的常用方法有：进行准确的预测，如汇率预测、利率预测、债务人信用评估等；在多方案预测的基础上进行最优化决策（或令人满意的决策）；及时与政府部门沟通以获取政策信用；在发展新产品前，进行充分的市场调研；实行设备预防检修制度以减少设备事故；选择有弹性的、抗风险能力强的技术方案，预先进行技术模拟试验，采用可靠的保护和安全措施；多领域、多地域、多项目、多品种投资以分散风险；等等。

(3)风险分担

企业对在整体风险承受能力和具体业务层次上的可接受风险水平之内的风险,在权衡成本效益之后,愿意借助他人力量,采取包括业务分包、购买保险等进一步的控制措施以降低风险、提高收益或者减轻损失的,可以实行风险分担。风险分担是企业将风险控制在风险承受度之内的策略。

风险分担是一种转移风险的技巧,企业以一定的代价(如保险费、盈利机会、担保费和利息等),采取某种方式(如参加保险、信用担保、租赁经营、套期交易、票据贴现等)将风险损失转嫁给他人承担,以避免可能给企业带来的灾难性损失。例如,向专业性保险公司投保;采取合资、联营、增发新股、发行债券、联合开发等措施实现风险共担;通过技术转让、特许经营、战略联盟、租赁经营和业务外包等实现风险转移。

(4)风险承受

企业对在整体风险承受能力和具体业务层次上的可接受风险水平之内的风险,在权衡成本效益之后无意采取进一步控制措施的,可以实行风险承受。也就是说,风险承受是企业对风险承受度之内的风险,在权衡成本效益之后,不准备采取控制措施以降低风险或者减轻损失的策略。

风险承受就是接受风险。对于损失较小的风险,当企业有足够的财力和能力承受风险损失时,可以采取风险自担和风险自保自行消化风险损失。风险自担,就是风险损失发生时,直接将损失摊入成本或费用,或冲减利润;风险自保,就是企业预留一笔风险金或随着生产经营的进行有计划地计提资产减值准备等。

风险应对策略与企业的具体业务或者事项相联系,不同的业务或事项可以采取不同的风险应对策略,同一业务或事项在不同的时期可以采取不同的风险应对策略,同一业务或事项在同一时期也可以综合运用风险降低和风险分担应对策略。在考虑如何进行风险应对的过程中,管理者要考虑成本和效益,并在期望的风险容忍度内选择风险应对方案。

需要提请关注的是,风险对企业的影响可能是十分具体的,因而风险应对措施应当具有很强的现实针对性。不同的企业、同一企业在不同的时期以及同一企业不同的内部环境、业务层面和工作环节,可能面临不同的风险,企业应当按照立足实际、突出重点、体现差异、适应变化的原则,有针对性地开展风险评估。而且,风险应对是一个动态的过程,企业应当结合不同发展阶段和业务拓展情况,持续收集与风险变化相关的信息,进行风险识别和风险分析,及时调整风险应对策略。也就是说,企业应当重视风险评估的持续性,及时收集风险及与风险变化相关的各种信息,定期或者不定期地开展风险评估,适时更新、维护风险数据库。

企业按照规定的程序和方法开展风险评估后,可以结合业务流程、风险因素、重要性水平和风险应对策略,设立风险清单,建立企业风险数据库,为持续开展和不断改进风险评估提供充分、有效的数据支持。

3.3 控制活动构成因素分析

控制的关键在于行动。企业应当结合风险评估结果,通过手工控制与自动控制、预防性控制与发现性控制相结合的方法,运用相应的控制措施,将风险控制在可承受度之内。

为了应对风险,控制活动应当是一系列行为动作的动态过程,是一个由方法、程序、措施构成的有机系统,至少包括控制方法、控制措施、风险预警机制和突发事件应急处理机制等构成因素。

3.3.1 控制方法

企业可以实施的控制方法有很多,且与控制意图密切相关。不同的控制方法由于控制的意图与相应的功能不同,其所发挥的作用是有区别的。

(1)预防性控制

预防性控制是指为防范风险、错弊和非法行为的发生,或尽量减少其发生机会所进行的一种控制。它主要解决"如何能够在一开始就防止风险和错弊的发生"的问题。预防性控制是由不同的人员或职能部门在履行各自职责的过程中实施的,包括职责分离、授权批准等。虽然预防性控制能够在事前防止损失的发生、降低风险,但全面采取预防性控制可能是相当困难的,实践中很难做到百分之百预防。因此,仅有预防性控制是不够的,还必须有侦查性控制等。

(2)侦查性控制

侦查性控制是指为及时识别已存在的财务危机和已发生的错弊及非法行为或增强识别风险和发现错弊机会的能力所进行的各项控制。在缺乏完善、可行的预防性控制措施的情况下,侦查性控制是一种有效的监督工具,它主要是解决"如果风险和错弊仍然发生,如何识别"的问题。例如,通过账账核对、实物盘点以发现记账错误和货物短缺;通过有关财务指标的分析,识别存在的财务风险;等等。

(3)纠正性控制

纠正性控制是对那些由侦查性控制查出的问题的控制,通过实际执行结果与设计标准的比较,对发现的差异予以适当纠正。

(4)指导性控制

指导性控制是为了实现有利结果而采取的控制。前面的预防性控制、侦查性控制和纠正性控制是为了预防、检查和纠正不利的结果,而指导性控制则是为了实现有利的结果。这种控制在实现有利结果的同时,也避免了不利结果的发生。

(5)补偿性控制

补偿性控制是针对某些控制环节的不足或缺陷而采取的补救性措施。之所以需要这种控制,主要是为了把风险水平限制在一定范围内。对于某个特定系统而言,分析风险水平时,必须充分考虑由于存在薄弱环节将来可能会发生的问题。一项补偿性控制可以包含多个控制措施,也就是说,可把多重控制手段作为一项控制程序来看待。

实施预防性控制实质上就是一种事前控制。在行为发生之前就实施相应的控制,可以有效地防止财务资源在质和量上发生偏差等。指导性控制也具有某种程度上的事前控制作用。

实施侦查性控制、纠正性控制和补偿性控制实质上是事中控制和事后控制,其偏重于发现性控制,是在财务收支活动发生过程中或结束后进行控制,对发现问题、解决问题、明确责任、落实考核及相应的奖罚都可能是有益的。

3.3.2 控制措施

控制措施是根据内部控制目标和风险评估结果,结合风险应对策略所采取的确保企业内部控制目标得以实现的手段,是实施内部控制的具体方式。

《基本规范》提出的控制措施包括不相容职务分离控制、授权审批控制、会计系统控制、财产保护控制、预算控制、运营分析控制和绩效考评控制等(详见第 4 章的介绍)。

企业结合具体业务和事项的特点,综合运用控制措施实施有效控制,应当能够确保将剩余风险(指采取控制措施之后仍可能发生的风险)控制在可接受水平之内,以合理保证企业不出现内部控制的重大缺陷,保证企业内部控制目标的实现。

3.3.3 风险预警机制

“警”是指经济增长为零或负增长,经济运行出现紊乱。“预警”是指提前报警,预先报告企业经济运行在未来可能出现的情况。预警系统就是预先告知一个组织已经面临的危险情况及应该注意哪些方面并提前做好防范措施的体系。

风险预警机制就是利用度量企业风险状况偏离预警线的强弱程度,发出风险警戒信号的过程。风险预警机制的建立过程通常是企业选择重点监测指标,确定风险危机警戒标准,监测和发现企业财务危机,及时警示有关负责人员,并分析企业发生财务危机的原因、企业运行中的潜在问题,提出防范措施的一种制度安排。

在市场经济条件下,企业所面临的经济环境日趋复杂多变,各式各样的风险与危机随时都会发生。企业因财务危机导致经营陷入困境,甚至宣告破产的案例屡见不鲜。任何企业的财务危机由萌生到恶化，并非瞬间所致，通常都会经历一个积累转化的过程。防微杜渐就是要求企业在日常运作中，对运营过程中的风险状况进行跟踪、监控，及早发现危机信号，预测企业的财务失败。一旦发现某种异常征兆，就应着手应变，以避免或减弱其对企业的破坏程度。一些敏感性指标的变化情况与变化趋势能够对企业财务危机起到预警作用。

《基本规范》要求企业建立重大风险预警机制和突发事件应急处理机制，明确风险预警标准，对可能发生的重大风险或突发事件，制定应急预案、明确责任人员、规范处置程序，确保突发事件得到及时、妥善的处理。

专题讨论 3.6 │ 风险预警机制应具备哪些功能？

第一，收集信息。预警机制通过收集企业自身的各类财务和生产经营状况信息，收集与企业经营相关的产业政策、市场竞争状况信息等，并对这些信息进行归类分析，以判断企业经营状况是否异常。这些信息类别多且量大，不仅可供预警使用，而且可为企业经营决策所用。

第二，预知危机。预警机制具有对企业财务与经营行为进行监测、识别、诊断并发出警报的功能。经过对所收集信息的分析，当出现可能危害企业财务状况的关键因素时，预警机制能预先发出警告，提醒经营者早做准备，避免潜在的风险演变成现实的损失，起到未雨绸缪、防患于未然的作用。

第三，控制危机。预警机制具有对企业管理失误和管理波动进行控制与纠错的功能。当企业发生潜在危机时，预警机制可以及时通过各类指标的分解寻找危机根源，使经营者有的放矢、对症下药，制定有效的应对措施。

第四，避免危机。预警机制具有对同类、同性质的失误行为和管理波动进行预测或迅速识别并实施有效对策的功能。有效的预警机制不仅能及时预知和控制企业危机，而且能详细记录危机发生的缘由和所采取的应对措施，及时提出改进建议，以弥补企业现有经营管理上的缺陷，避免类似危机再次发生。

风险预警机制的构成要素包括警源、警兆、警素、警度和警限。风险预警机制通常分为以下几个阶段：明确警情、寻找警源、分析警兆、预报警度，最后拟定排警对策（如图 3.6 所示）。其中，明确警情是前提，是预警管理的基础；寻找警源、分析警兆属于对警情的因素分析；预报警度则是预警的最终目的。

图 3.6　风险预警机制

警源是警情(预警情况)产生的根源。从警源的生成机制看,警源可以分为外生警源与内生警源两部分。外生警源一般是由自然经济灾害或社会经济环境变化所引起的;内生警源主要是由企业内部财务机制不健全或管理不完善等引起的。

警兆是警情的先导指标,是指警素发生异常变化时的先兆。一般而言,当影响因素发生异常变化导致警情爆发之前,总会有一定的先兆。警兆的确定可以从警源入手,也可以从经验分析入手。

警素是指构成警情的指标。对企业预警而言,选择预警指标要遵循以下三点:一是重要性,即所选的多个指标的综合必须反映企业经济运行的主要矛盾;二是一致性或先行性,即指标特征量要与企业实际运作状况大体一致或略有超前,对企业逆境现象的发生或发展具有动向敏感性;三是在统计上要具备准确性。

警度是指警情的程度。对警度的预报是预警的目的。经济警度可分为五个等级,即无警、轻警、中警、重警和巨警。这五种警度分别与警兆指标的数量变化区间相对应,相应的有五个警限:无警警限、轻警警限、中警警限、重警警限和巨警警限。预报警度的主要方法有两种:一是建立警素的普通模型,先做出预测,然后根据警限转化为警度;二是建立关于警素的警度模型,直接由警兆预测警素的警度。

专题讨论 3.7 | 怎样进行预警分析?

指标判断分析和因素判断分析是最常见的预警分析方法。

指标判断分析是建立风险评价指标或指标体系,划定指标预警标准以及警报区域,然后根据指标值落入警报区域的状况来确定是否发生警报以及警报的程度。

因素判断分析是以风险因素是否出现或出现的概率作为报警准则,在进行分析时,可将风险因素按一定方式进行重要度排序,以重点因素作为主要的报警因素,或通过某种方法得到风险因素的出现概率,然后与报警概率进行比较,做出判断。

因素分析又分为定性预警分析和定量预警分析。

定性预警分析方法是根据分析者对企业经营状况、组织管理的综合评判得出预警结论,其特点是分析人员根据自己的经验对企业财务危机的原因进行分析,以判断财务危机发生的可能性。比较典型的有警兆识别判断法、四阶段(潜伏期、发作期、恶化期、实现期)症状分析法、标准化调查法(又称专家调查法或风险分析调查法)和管理评分法等。

定量预警分析方法又可分为单变量预警分析和多变量预警分析。

单变量预警分析法是指运用单一变量、用个别财务比率来预测财务危机的方法。通过对每个因素或指标进行分析判断(如债务保障率、资产收益率、资产负债率、资金安全率等),并与标准值进行比较,然后决定是否发出警报以及警报的程度。

多变量分析则是根据不同指标和因素的综合分析结果进行判断。多变量模型是通过建立多种财务指标,采用多变量统计分析方法加权汇总产生总判别分(称为Z值)来预测企业的财务危机。“Z计分模型”由美国的爱德华·阿尔曼在20世纪60年代中期提出,阿尔曼通过收集和整理大量破产企业的案例,计算、说明企业破产的可能性。

3.3.4 突发事件应急处理机制

突发事件究其原因不外乎以下两种主要类型:一是企业内部原因引起的突发事件。此类突发事件是由企业系统内部原因造成的,如企业产品质量问题、管理层严重决策失误、员工罢工、生产事故等,从而给企业财务工作带来了压力,引发财务危机,出现的财务问题也较普遍。二是企业外部原因引起的突发事件。这部分突发事件是因企业外部原因造成的,如“口蹄疫”、SARS、自然灾害、战争、市场突变、国家政策调整、经济形势的起落、外汇的变化、技术的变革、产业竞争格局的巨变、合作伙伴的突变等,给企业财务带来危机。

突发事件的影响结果不同,使企业面临的财务问题也大相径庭。面对突发事件,企业更应当统一领导、统一指挥,集中力量促使企业转危为安。

(1)尽快查明突发事件的原因

发生突发事件时,有些企业因此受到不利影响,此时企业应尽快查明产生不利影响的原因,预测出在事件进一步恶化的情况下,企业的资产与负债等项目的基本情况,弄清债权人、股东与供应商等各方面的损失,及早面对现实,尽快制订处理方案,配备相应的资源,该处理的尽快处理,该收缩的投资尽快收缩,需要节约的就最大限度地节约,不能心存侥幸、放任自流。

对由突发事件带来正面影响的企业,也要认真分析形势,抓住机遇,合理投资,不能盲目扩大投资规模,应制订切实可行的投资计划,尽快确定下一步行动方案,在投资上抢得先机,优化财务资源。

(2)及时调整突发事件下的预算管理

针对突发事件的影响,企业应利用销售人员、采购人员收集得到的信息,全面修改销售预算。根据销售预算,编制特殊期的生产预算,并对收集到的信息进行全面、及时的分析。根据生产预算,编制特殊期的直接人工、直接材料、制造费用和成本预算。在编制过程中,综合考虑事件的影响。编制特别现金收入、支出预算,对突发事件的发生及预计要发生的支出要特别加以重视。

(3)积极加强突发事件下的流动资产管理

在突发事件的特殊期,现金储备太少会制约企业的支付能力,增加企业的风险,若出现现金短缺情况,可能会严重影响企业的生产经营活动,所以更要加强现金控制,提高现金利用率,加快现金回笼。同时,要更加严格地控制支出,尽可能在不影响商业声誉和企业形象的情况下延缓支出。

企业应当通过编制特殊期的"现金及银行存款收付日报表"等报表,及时掌握资金的占用和周转情况,每天要检查现金库存和结算情况,做到心中有数。企业应采取较稳健的现金管理方式,及时反映现金的使用、周转情况,防止大量非必要的需求现金停滞在生产、销售领域,以应对突发事件急需现金的需求。

特殊期的应收账款管理问题更加突出,若应收账款占销售收入的比重过大,且长期不能收回,必然使企业资金周转发生困难,资产的流动性下降,很有可能因对方不能及时归还货款而使企业陷入全面危机之中。在突发事件的影响下,企业应根据业务量的大小及时间等因素对应收账款进行定期核对,有必要每天都核对,特殊情况下由双方当事人签章,作为有效的对账依据,若发现差错,应及时处理。企业应成立客户服务中心或者类似机构,主要负责对客户进行信用评价,区分不同客户的信誉差别,结合产品市场占有率、市场需求状况及变化趋势等,合理确定每一位客户的赊销额和赊销期,多考虑突发事件的影响,由销售人员负责推销产品,由专门的收款部门负责货款回收,并制定相应的考核办法,由财务部门监督货款的回收情况,以达到内部控制的目的,减少舞弊行为的发生。

在突发事件的影响下,特别是在满足紧急生产需要的情况下,更应尽可能降低库存成本,针对不同情形,相应采取适当的库存计价方法,将不利因素的影响降到最低。随时了解库存实时信息,对市场需求做相应分析,确保库存物资既能满足生产经营需要,又不会发生短缺。

(4)突发事件下的投资管理要慎之又慎

突发事件有可能使企业销量剧增,产品供不应求,大量现金流入,应收账款大幅度减少,出现良好的财务状况。此时面临机遇,要进一步扩大生产,增加生产设备、人员、厂房等资源,同时风险随之而来。由于在突发事件的影响下,投资处于不确定状态,企业应怎样投资才能获得收益是一个财务难题。企业要在分析环境、形势、突发事件影响期的长短、投资风险的大小以及企业承受力的前提下确立投资目标,并从备选方案中选出一个符合当前、未来情况的最优方案。在市场不确定因素的影响下,必须了解、平衡、限定各方面的风险,将各种投资方案详尽地提供给决策领导。由于突发事件的影响期不确定,在投资方案的执行过程中,要及时根据市场变化,调整并修正投资方案,而不能盲目地执行。

(5)积极协调突发事件下的各种财务关系

突发事件的发生往往引起财务关系紧张,这是由财务关系的社会属性所决定的。风平浪静时看似平稳的财务关系在此时往往变得剑拔弩张。面对突发事件,企业应尽快梳理财务关系,搞清自己与债权人、股东、投资人、银行、税务部门、客户等之间的关系,多考虑自己的退路以及怎样合理地利用这些关系,让他方帮助企业摆脱困境。要争取维持生存的环境,筑起生存防线。

3.4 信息沟通构成因素分析

信息与沟通是指及时、准确、完整地收集与企业经营管理相关的信息,并使这些信息以适当的方式在企业有关层级之间及时传递、有效沟通和正确应用的过程。

信息与沟通包括建立信息与沟通制度、提高信息的有用性、及时沟通与反馈信息、开发利用信息技术、建立反舞弊机制和举报投诉制度等构成因素。

3.4.1 建立信息与沟通制度

为了防范风险累积及其爆发,信息沟通越及时、越有用,就越有效。《基本规范》第三十八条指出:"企业应当建立信息与沟通制度,明确内部控制相关信息的收集、处理和传递程序,确保信息及时沟通,促进内部控制有效运行。"

企业尤其应当重视建立与健全会计信息系统。一个有效的会计信息系统应当做到:确认和记录所有有效交易;及时、详细地描述交易,以便在报告中对之进行正确分类;能以某种方式计量交易的价值,以便在报告中以适当的货币价值记录交易;确定交易发生的期间,以便将交易记录在恰当的期间;在财务报告中适当地表达交易事项和披露相关事项。

3.4.2 提高信息的有用性

信息系统是指利用计算机技术对业务和信息进行集成处理的程序、数据和文档等的总称。企业应当对收集的各种内部信息和外部信息进行合理筛选、核对、整合,提高信息的有用性。

企业内部信息主要包括财务会计信息、生产经营信息、资本运作信息、人员变动信息、技术创新信息、综合管理信息等。企业可以通过财务会计资料、经营管理资料、调研报告、专项信息、内部刊物、办公网络等渠道,获取内部信息。

企业外部信息主要包括政策法规信息、经济形势信息、监管要求信息、市场竞争信息、行业动态信息、客户信用信息、社会文化信息、科技进步信息等。企业可以通过行业协会组织、社会中介机构、业务往来单位、市场调查、来信来访、网络媒体以及有关监管部门等渠道,获取外部信息。

3.4.3 及时沟通与反馈信息

企业收集的信息应当真实、准确、完整、及时、相关。企业应当准确识别、全面收集来源于企业外部及内部、与企业经营管理相关的财务及非财务信息,为内部控制的有效运行提供信息支持。

企业应当将内部控制相关信息在企业内部各管理级次、责任单位、业务环节之间,以及企业与外部投资者、债权人、客户、供应商、中介机构和监管部门等有关方面之间进行沟通和反馈。信息沟通过程中发现的问题,应当及时报告并加以解决。重要信息应当及时传递给董事会、监事会和经理层。

3.4.4 开发利用信息技术

企业可以结合经营特点,优化业务流程,建立财务和业务一体化的信息处理系统,逐步实现财务、业务相关信息一次性处理和实时共享,充分发挥信息技术在信息与沟通中的作用。

为此,企业应当努力推动财务与各项业务协同运作,促使企业物流、资金流、信息流的有效整合,使管理者可以全面地了解企业的经济状况,提高管理水平。还应当加强对信息系统的开发与维护、访问与变更、数据输入与输出、文件储存与保管、网络安全等方面的控制,保证信息系统安全、稳定运行。

为了引导企业充分利用信息系统规范交易行为,提高信息系统的可靠性、稳定性、安全性及数据的完整性和准确性,降低人为因素导致内部控制失效的可能性,形成良好的信息传递渠道,企业应当遵循《企业内部控制应用指引第 17 号——内部信息传递》和《企业内部控制应用指引第 18 号——信息系统》。

企业在建立与实施信息系统内部控制的过程中,至少应当强化对下列关键方面或者关键环节的控制:①职责分工、权限范围和审批程序应当明确、规范,机构设置和人员配备应当科学、合理,重大信息系统开发与使用事项应履行审批程序;②信息系统的开发、变更和维护流程应当清晰、合理;③应当建立访问安全制度,操作权限、信息使用、信息管理应当有明确的规定;④硬件管理事项和审批程序应当科学、合理;⑤会计信息系统流程应当规范,会计信息系统操作管理,硬件、软件和数据管理,会计信息化档案管理应当完善。

3.4.5 建立反舞弊机制

企业应当建立反舞弊机制,坚持惩防并举、重在预防的原则,明确反舞弊工作的重点领域、关键环节和有关机构在反舞弊工作中的职责权限,规范舞弊案件的举报、调查、处理、报告和补救程序。

实证分析 3.2 | 新加坡怎样成为十大最廉洁的国家之一?

“2013 年全球清廉指数”报告公布的数据显示,新加坡再次成为全球十大最廉洁的国家之一,连续 3 年排名第五,也是全亚洲唯一跻身前十的国家。

新加坡的反腐口号是:“让腐败者在政治上身败名裂,让腐败者在经济上倾家荡产!”只要腐败,不管是谁,严惩不贷,对高级官员一视同仁,敢拍“苍蝇”,也敢打“老虎”。

李光耀一身正气,两袖清风。他曾多次说过:“我是政府总理,我可以造就出许多个百万富翁、亿万富翁,但我自己绝不能成为富翁。”李光耀没有自己的公务车,车子是自己掏钱买的,标准的“私车公用”。汽油费、维修费、冲洗费等一切开销全是自己掏腰包。他有一幢官邸,但除了官方应酬外,从未使用过。他的收入远不及妻子和弟弟,以至于他曾笑称自己是“世界上最穷的总理”。

制度比人更可靠,只有通过制度与领导人相结合,才有可能从根本上实现法治国家和清廉政府。李光耀的权威不仅在于从严治国,而且在于从严治政,更在于从严治党,是建立在一整套现代法律体制之上的权威。正是因为有了这套体制,高薪养廉才能有效,才能得到老百姓的基本认同。

有效的反舞弊机制是企业防范恶意舞弊、优化内部环境的重要制度安排。企业至少应当将下列情形作为反舞弊工作的重点:未经授权或者采取其他不法方式侵占、挪用企业资产,牟取不当利益;在财务报告和信息披露等方面存在虚假记载、误导性陈述或者重大遗漏等;董事、监事、经理及其他高级管理人员滥用职权;相关机构或人员串通舞弊。

3.4.6 举报投诉制度

企业应当建立举报投诉制度和举报人保护制度,设置举报专线,明确举报投诉处理程序、办理时限和办理要求,确保举报、投诉成为企业有效掌握信息的重要途径,并应及时传达至全体员工。

企业应当完善信访举报管理制度,明确信访举报处理程序、办理时限和办结要求,确保信访举报成为企业反舞弊和加强内部控制的重要途径。

实证分析 3.3 | 最愚蠢的银行失聪于信息沟通

2008 年 9 月 15 日上午 10：00,拥有 158 年历史的美国第四大投资银行——雷曼兄弟公司向法院申请破产保护,消息瞬间通过电视、广播和网络传遍全球。令人匪夷所思的是，在如此明朗的情况下，德国国家发展银行10分钟之后居然按照外汇掉期协议，通过计算机自动付款系统向雷曼兄弟公司即将冻结的银行账户转入了3亿欧元，令德国社会大为震惊。

几天后，一份报告显示了该银行的相关人员在这10分钟内忙了些什么：

首席执行官乌尔里奇·施罗德：我知道今天要按照协议的约定转账，至于是否撤销这笔巨额交易，应该让董事会开会讨论决定。

董事长保卢斯：我们还没有得到风险评估报告，无法及时做出正确决策。

董事会秘书史里芬：我打电话给国际业务部催要风险评估报告，可那里总是占线，我想还是隔一会儿再打吧。

负责处理与雷曼兄弟公司业务的高级经理希特霍芬：我让文员上网浏览新闻，一旦有雷曼兄弟公司的消息就立即报告，现在我要去休息室喝咖啡了。

……

德国经济评论家哈恩说，在这家银行，没有一个人是愚蠢的，但可悲的是，几乎在同一时间，每个人都开了点小差，加在一起就创造出了"德国最愚蠢的银行"。

从10∶00到10∶10，仅仅10分钟，德国国家发展银行便发生了这样的天下奇闻。10分钟造就了"最愚蠢的银行"，这难道是偶然的吗?

导致这一"最愚蠢行为"的发生，根源在于该银行(尤其是高管们)对信息沟通与风险控制的认识不足。雷曼兄弟公司的事件在次贷危机中世人皆知，如果银行的高管们对风险多留一点心，就不至于会如此愚蠢；同时，这也暴露出该银行信息系统的迟钝。信息沟通不及时与无效往往会导致"愚蠢行为"的产生，不仅会"后患无穷"，而且"亡羊补牢，为时已晚矣"!

3.5 内部监督构成因素分析

内部监督是内部控制质量的保证。企业应当利用信息与沟通的情况，提高内部监督工作的针对性和时效性；同时，通过实施监督、检查与评估等方面的工作，不断提高内部控制质量和运行效率。

3.5.1 内部控制监督制度

内部监督是指企业对其内部控制制度的健全性、合理性和有效性进行监督、检查与评估，形成书面检查报告并做出相应处理的过程。

实施对企业内部控制的监督制度是防止内部控制制度"徒有虚名"和"走过场"的有效措施。为此，企业应当制定内部控制监督制度，明确内部审计机构(或经授权的其他监督机构)和其他内部机构在内部监督中的职责权限,规范内部监督的程序、方法和要求。

内部控制监督一般可以分为日常监督和专项监督两个方面。日常监督是指企业对建立与实施内部控制的情况进行常规、持续的监督检查。持续性监督检查具有连续、全面、系统的特征。专项监督是指在企业发展战略、组织结构、经营活动、业务流程、关键岗位员工等发生较大调整或变化的情况下,对内部控制的某一方面或者某些方面进行有针对性的监督检查。专项监督的范围和频率应当根据风险评估结果以及日常监督的有效性等予以确定。专项监督具有不定期、专门、有针对性的特征。日常监督和专项监督(或称为持续性监督检查和专项监督检查)应当有机结合,互相补充。

企业董事会所属审计委员会、内部审计机构或者实际履行内部控制监督职责的其他有关机构应当根据国家法律法规的要求和企业的授权,采取适当的程序和方法,对内部控制制度的建立与实施情况进行监督检查,形成检查结论并出具书面检查报告。履行内部控制监督检查职责的机构,应当加强队伍职业道德建设和业务能力建设,不断提高监督检查工作的质量和效率,树立并增强监督检查的权威性。

3.5.2 内部控制检查与评估

对内部控制的检查与评估,重在发现内部控制缺陷并加以纠正。而评估缺陷的前提是认知缺陷并制定内部控制缺陷认定标准。

内部控制缺陷是指内部控制制度的设计存在漏洞,不能有效防范错误与舞弊,或者内部控制制度的运行存在弱点和偏差,不能及时发现并纠正错误与舞弊的情形。内部控制缺陷包括设计缺陷和运行缺陷。企业对在监督检查过程中发现的内部控制缺陷,应当采取适当的形式及时报告;同时,对监督过程中发现的内部控制缺陷,应当分析缺陷的性质和产生的原因,提出整改方案,采取适当的形式及时向董事会、监事会或者经理层报告。

内部控制重大缺陷是指业已发现的内部控制缺陷可能严重影响财务报告的真实、可靠和资产的安全、完整。对于监督检查中发现的重大缺陷或者重大风险,应当及时向董事长和经理汇报。

3.5.3 实施内部控制循环,促使控制质量不断提高

PDCA 循环是能使任何一项活动有效进行的一种合乎逻辑的工作程序。P(计划,Plan):根据控制目标,明确问题并对可能的原因及解决方案进行事先安排;D(实施,Do):落实各项控制行动;C(检查,Check):评估结果;A(处理,Act):如果对结果不满意就返回计划阶段,如果对结果满意就对解决方案进行标准化。PDCA

循环往复，螺旋上升，要求达到不断提升控制质量的目的（如图 3.7 所示）。

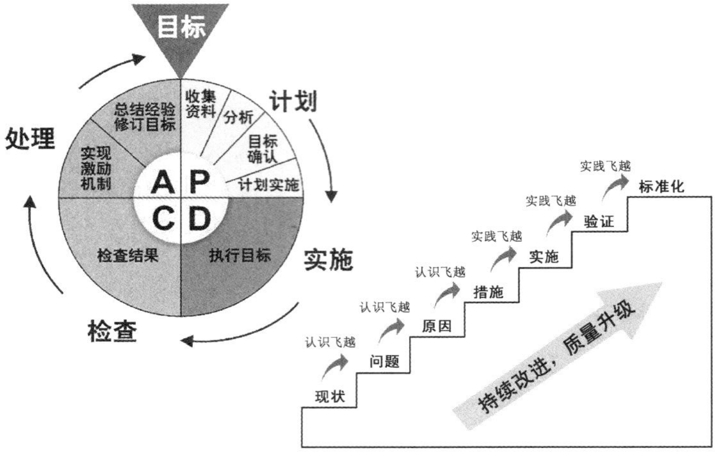

图 3.7　PDCA 控制循环与质量升级路径

PDCA 循环要求行动有计划，实施有目标，过程有检查，结果有评价、有处理，从而促使控制思想、方法和工作步骤更加条理化、系统化和科学化。从图 3.7 可以看出，由于大环套小环，小环保大环，互相促进，推动大循环；大循环是爬楼梯上升式的循环，每转动一周，质量就提高一步。

某药业集团结合自身业务特点，依据 PDCA 循环，形成设计、执行、评价、完善的可持续发展的内部控制体系生态循环，立足于持续完善的自我评价与监督机制，为内部控制体系的建设与持续完善保驾护航（如图 3.8 所示）。

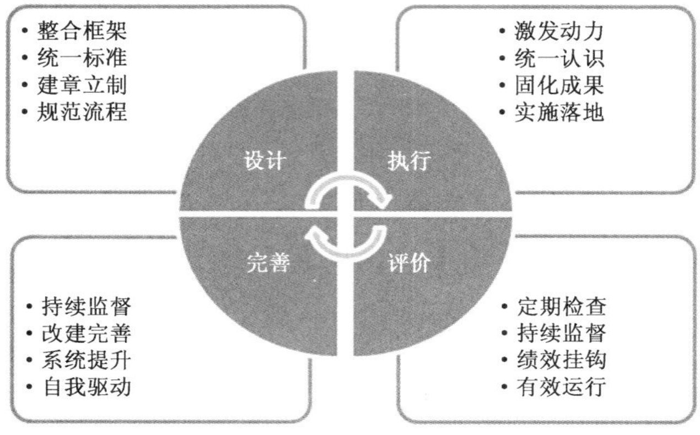

图 3.8　可持续发展的内部控制体系生态循环

在上述循环过程中，有效的评价和动态的监督检查很重要。企业应当结合其内部控制制度，对在评价与监督中发现的违反内部控制规定的行为，及时通报情况和反馈信息，维护内部控制制度的严肃性和权威性；还应当跟踪内部控制缺陷的整改情况，并就内部监督中发现的重大缺陷，追究相关责任企业或者责任人的责任，以促使内部控制良性循环。

经典案例评析

2004 年，某市中级人民法院公开审理了某单位会计张某涉嫌贪污、挪用公款一案。该市检察机关指控，张某在案发前 7 年中累计贪污公款1 000余万元、挪用公款 2 亿多元。法院依法判处张某死刑，缓期两年执行。

张某所在单位财务处除了负责本单位的财务管理和会计核算外，还承担下属单位的经费管理等工作。财务处共有 3 名工作人员，分别是陈某、张某和朱某。其中，陈某主持处内工作，并负责审核凭证、登记银行账、保管单位负责人的个人名章；张某是会计，负责登记明细账和总账；朱某负责会计电算化制单和保管支票。由于经费拨付工作十分频繁，而处内人手又比较紧张，在有人出差、休假等的时候，为保证工作正常运转，3 人相互之间经常替对方做一些工作，有关票据和银行印鉴实际上也经常是共用共管。

1996 年 8 月，张某受人请托，采取不记账和私盖公章等手段，私自将公款1 000万元拆借给某公司，先后从中获取好处费 294 万元。这笔借款 4 年后才归还，但单位毫不知情。从 1996 年 8 月至 2003 年 1 月案发前，张某利用职务便利，多次以向接受拨款单位支付退汇、重拨项目款为名，分别采取伪造银行信用凭证、电汇凭证、进账单等手段贪污公款 1 262 万余元；采取伪造银行进账单、编造银行对账单和编造支票购买记录等手段，单独或伙同他人将公款 2 亿多元挪用给他人进行经营活动，给单位和国家造成了重大财产损失。

据检察官介绍，他们当时去张某的办公室查看，十分震惊。有人后来开玩笑说，张某所在单位的支票与老百姓家里用纸的概念一样，抽屉一打开，支票、废支票到处都是。据悉，张某所在单位每年都搞内部审计，但只是简单看看报表平不平，从未深究，也从未去银行对过账。张某所在单位的领导坦言，由于单位领导基本上都是科技领域的专家，对财务会计工作重视不够、了解不深，这在一定程度上助长了财务管理的混乱状况。

张某贪污、挪用公款一案暴露出所在单位内部控制方面存在着以下严重缺陷：

第一，不相容职务混岗。张某、陈某、朱某 3 人尽管形式上有所分工，但由于 3 人相互之间经常替对方做一些工作，有关票据和银行印鉴实际上也经常是共用共管，导致不相容职务实际上处于混岗状态，这为张某贪污、挪用公款打开了方便之门。内部控制要求单位应当建立货币资金业务的岗位责任制，明确相关部门和岗位的职责权限，确保办理货币资金业务的不相容岗位相互分离、制约和监督。

第二，授权批准制度不严。张某动辄私自支付百万甚至千万元资金，单位有关领导和同事竟然长期不知情，显然违背了授权批准制度的要求。单位应当对货币资金业务建立严格的授权批准制度，明确审批人对货币资金业务的授权批准方式、权限、程序、责任和相关控制措施，规定经办人的职责范围和工作要求。此案中，张某之所以屡屡得逞，与没有严格的授权审批制度直接有关。

第三，缺乏相应的支付复核制度。张某多次以向接受资助单位支付退汇、重拨项目款为名办理支付业务，但这些情况是否属实，竟然无人核实，使张某的行为失去制约。按照内部控制的规定，对货币资金支付申请，应由专人进行复核，主要复核支付申请的批准范围、权限、程序是否正确，手续及相关单证是否齐备，金额计算是否准确，支付方式、支付单位是否妥当等。复核无误后，方可交由出纳人员办理支付手续。

第四，银行账户管理制度松懈。张某经手的银行存款账，数年来一直存在账实严重不符的问题，但长期无人问津；同时，支票、废支票管理的混乱无序，也说明张某所在单位严重违反了《支付结算办法》等规章制度。单位应当定期检查、清理银行账户的开立及使用情况，发现问题，及时处理；应当加强对银行结算凭证的填制、传递及保管环节的管理与控制。

第五，忽视与银行定期进行对账。张某为掩盖罪行，长期以来伪造银行对账单。这种拙劣手法长期未被识破，关键在于单位未建立与银行定期对账的制度。单位应当指定专人定期核对银行账户，每月至少核对一次，编制银行存款余额调节表，使银行存款账面余额与银行对账单调节相符；如调节不符，应查明原因，做出处理。

第六，印鉴管理制度不规范。尽管形式上规定由陈某保管单位负责人的个人名章，但由于混岗现象的存在，导致全部支付印鉴实际上可由张某一个人掌握和使用。单位应当加强对银行预留印鉴的管理。财务专用章由专人保管，个人名章必须由本人或其授权人员保管，严禁一人保管支付款项所需的全部印章。

第七，控制环境存在明显缺陷。这突出表现在单位管理层对财务会计管理重视不够，监管不力。控制环境是内部控制制度赖以有效执行的前提和基础，控制环境不理想，舞弊事件就容易发生。

第 4 章　企业内部控制措施

企业应当根据控制目标的要求，结合风险评估结果，运用相应的控制措施，努力将风险控制在可承受度之内。

4.1　不相容职务分离控制

4.1.1　不相容职务分离的基本要求

不相容职务是指那些如果由一个人担任既可能发生错误和舞弊行为，又可能掩盖其错误和舞弊行为的职务，如授权批准、业务经办、会计记录、财产保管、稽核检查等。为此，要求将授权批准与业务经办、业务经办与会计记录、会计记录与财产保管、业务经办与稽核检查、授权批准与监督检查等职务予以分离。

对于不相容职务，如果不实行相互分离的措施，就容易发生舞弊等行为。例如，物资采购业务，批准进行采购与直接办理采购即属于不相容职务，如果这两个职务由同一个人担当，即出现该员工既有权决定采购什么、采购多少，又可以决定采购价格、采购时间等，在没有其他岗位或人员的监督制约的情况下，就容易发生舞弊行为。又如，一位会计人员既保管支票印章，又负责签发支票；或者既记录支票登记簿，又登记银行存款日记账；或者既负责编制会计凭证，又负责企业与银行之间账目的审核与对账等工作；如此等等。以上行为就完全不符合不相容职务相互分离的控制原则，很有可能导致舞弊行为的发生。

从控制的观点看，如果一位负有多项责任的人员在其正常的工作过程中会发生错误或舞弊，并且控制制度又难以发现，那么就可以肯定他所兼任的职务是不相容的。由于职务分离控制的目的就是要预防和及时发现员工在履行职责过程中可能产生的错误和舞弊行为，因此，对于不相容职务必须进行分离，包括在组织机构之间的分离和组织机构内部有关人员之间的分离，至少要求控制以下几个关键点：①任何业务尤其是货币资金收支业务的全过程不能由某一个岗位或某一个人包办；②经济业务的责任转移环节不能由某一个岗位单独办理；③某一个岗位履行职责的情况绝不能由其自己说了算；④财务等重要权力的行使必须接受定期或不定期的独立审查；等等。

任何企业都应当根据各项经济业务与事项的流程和特点，系统、完整地分析、梳理执行该经济业务与事项涉及的不相容职务，并结合岗位职责分工采取过程分离和岗位分离措施。有条件的企业应当实行岗位轮换制度，还可以借助计算机信息系统，通过权限设定等方式自动实现不相容职务的相互分离。

4.1.2 内部牵制是不相容职务分离的核心

不相容职务分离的核心是“内部牵制”，因此，企业在设计、建立内部控制制度时，首先应确定哪些岗位和职务是不相容的，其次要明确规定各个机构和岗位的职责权限，使不相容岗位和职务之间能够相互监督、相互制约，形成有效的制衡机制。

不相容职务分离控制实质上是组织、规划、控制在会计内部控制中的应用。职责分工控制要求根据企业目标和任务，按照科学、精简、高效的原则，合理设置职能部门和工作岗位，明确各部门、各岗位的职责权限，形成各司其职、各负其责、便于考核、相互制约的工作机制。

企业应当结合岗位特点和重要程度，建立规范的岗位轮换制度，防范并及时发现岗位职责履行过程中可能存在的风险，以强化职责分工控制的有效性。例如，企业应当明确财务等关键岗位员工轮岗的期限和有关要求等。

由于领导、员工离岗时的工作交接会受到他人监督，因此，其实施并掩盖舞弊的机会将大大减少，现实中有不少挪用或贪污等舞弊现象都是在工作交接时被发现的。美国货币管理局要求全美的银行雇员每年休假一周，在雇员休假期间，安排其他人员接替他的工作，其意图就是防止和发现雇员可能存在的舞弊。通过强制岗位轮换或者带薪休假，在休假期间工作由别人暂时接替，则舞弊被发现的概率会大大增加，员工舞弊的动机则会大大减弱。因此，对我国企业来说，非常有必要对财务岗位、领导岗位建立强制轮换或带薪休假制度。

职务分离和岗位轮换制度都是为了加强内部牵制，但不能因此而片面地理解内部控制就是内部牵制。事实上，内部牵制是内部控制的最初形式，是现代内部控制的重要方法和原则之一，是组织机构控制、职务分离控制的基础。但是，现代内部控制不仅仅是内部牵制，还包括预算控制、资产保护控制、人员素质控制、风险控制、内部报告控制、电子信息系统控制、内部审计控制等，而这些都不是内部牵制所能涵盖的。

4.1.3 不相容职务检查的主要内容

基于不相容职务分离的原则，企业在组织机构设置中，应考虑设计自动检查和平衡功能。其检查的基本要求是：

第一，每类经济业务的发生与完成，不论是简单的还是复杂的，必须经过两个或两个以上的部门或人员，并保证业务循环中的有关部门和人员之间进行检查与核对。如果企业没有适当的职务分离，则发生错误和舞弊的可能性较大。例如，一项支票业务的签发必须经过不同部门或人员，如支票申领人、支票签发人、支票核对人、支票盖章人、支票记录人等，并保证该业务循环中有关部门之间相互检查与制约。实践证明，对以下五种职务的分工进行监督检查有利于随时发现各种错弊等情况：①授权批准职务与执行业务职务相分离；②执行业务职务与监督审核职务相分离；③执行业务职务与会计记录职务相分离；④财产保管职务与会计记录职务相分离；⑤执行业务职务与财产保管职务相分离。例如，在企业的某项资产管理中，资产的保管、资产的记录、资产的保管与记录之间的核对检查三项职务就是不相容职务，应当实行分离。当然，不相容职务分离这项控制需要各个职务分离的员工各守其责，如果担任不相容职务的员工之间相互串通勾结，则不相容职务分离的作用会消失殆尽。

总之，对一项经济业务处理的全过程的检查应当注意其各个步骤是否分派给不同的部门和人员来负责，防止一人包办到底的情况发生。

第二，在每项经济业务检查中，检查者不应从属于被检查者领导，以保证检查出的问题不被掩盖并得到及时纠正。例如，保管材料的仓库保管员在没有及时取得符合质量和数量要求的材料时，可能向上级领导反映，以便引起管理部门的重视；如果其上级是采购员，则反映结果往往会引起采购员的不满甚至抵触。同样，如果销售经理的上级是主管制造的副总经理，则销售经理一旦因产品质量问题引起客户不满而向上反映时，往往会被其上级所掩饰。

第三，权力与职责应当明确地授予具体的部门和人员，并尽可能给予有关部门和人员一定的自主权，以便为组织内部全部经济活动的各个岗位规定明确的经济责任。这种权力与职责通常应当以书面文件的形式加以规定。如果有责无权，内部控制的职责就会无法落实，这种情形应当被及时发现、及时纠正。

第四，对于关键岗位（或重要岗位），应当实行岗位轮换或强制休假制度，并检查落实情况。

第五，按照决策程序应当实行回避制度、任用会计人员应当实行回避制度的，应当检查实施情况。

4.2 授权审批控制

4.2.1 授权批准控制的基本要求

授权是指授予对某一大类业务或某项具体业务的决策做出决定的权力，通常包括常规授权和特别授权两种方式。

授权批准是指企业在办理各项经济业务时，必须经过规定的授权批准程序。

授权审批控制要求企业根据常规授权和特别授权的规定，明确各岗位办理业务和事项的权限范围、审批程序和相应责任等内容。

授权控制在日常工作中主要表现为审核批准控制，即要求企业各部门、各岗位按照规定的授权和程序，对相关经济业务和事项的真实性、合规性、合理性以及有关资料的完整性进行复核与审查，通过签署意见并签字或者签章，做出批准、不予批准或者做其他处理的决定。为此，企业应当编制常规授权的权限指引，规范特别授权的范围、权限、程序和责任，严格控制特别授权。企业各级管理人员应当在授权范围内行使职权和承担责任。

专题讨论 4.1 | 授权批准有哪些控制要点？

第一，企业所有人员不经合法授权，不能行使相应权力，这是最基本的要求。不经合法授权，任何人不能审批；有权授权的人应在规定的权限范围内行事，不得越权授权。股东(大)会对董事会的授权原则、授权内容也应当在企业章程中做出明确、具体的规定。

第二，企业的所有业务未经授权不能执行。企业内部的各级管理层必须在授权范围内行使职权和承担责任，经办人员也必须在授权范围内办理业务。

第三，对于审批人超越授权范围的审批业务，经办人员有权拒绝办理，但应及时向审批人的上级授权部门报告。

4.2.2 授权批准的形式

(1)常规授权

常规授权(又称一般授权)是指企业在日常经营管理活动中按照既定的职责和程序进行的授权。

常规授权是对办理常规性经济业务的权力、条件和有关责任者做出的规定，如企业对各职能部门的权限范围和职责的规定属于常规授权。该层次的授权过大，风险不易控制;过小,则效率降低。常规授权适用于经常发生的数额较大的交易,如赊销时的价格表与信用额度等,其时效性一般较长。企业可以根据常规授权编制权限指引并以适当形式予以公布,提高权限的透明度,加强对权限行使的监督和管理。

常规授权通常是在对该业务管理人员任命的时候确定,在管理部门中也采用岗位责任制或管理文件的授权形式认定,或在经济业务中以规定其办理条件、办理范围的形式予以反映。例如,会计部门规定某人负责支票的审核与相关政策,那么,只有当符合支票签发政策的部门和人员申请支票时,该人员才可按这些政策的规定授权办理支票审核业务。

(2)特别授权

特别授权是指企业在特殊情况、特定条件下进行的授权。特别授权适用于管理当局认为个别交易必须经批准的情况,如对于对外投资、资产处置、资金调度、资产重组、收购兼并、担保抵押、财务承诺、关联交易等重要经济业务事项的决策权,以及超过一般授权限制的常规交易,都需要特殊授权。这种授权只涉及特定的经济业务处理的具体条件及有关具体人员,且应掌握在较高管理层手中。例如,负责支票审核的某会计人员,在审核应当开具的支票时,发现金额高达数百万元,额度远远超过某会计人员甚至会计部门的权限,对于这笔支票审核业务,必须作为特殊授权才能办理。可见,这样的授权时效较短,有的还须一事一议。企业应当关注对临时性授权的管理,规范临时性授权的范围、权限、程序、责任和相关的记录措施。有条件的企业,可以采用远程办公等方式逐步减少临时性授权。

与常规授权相比,特别授权往往是指对办理例外的、非常规性交易事件的权力、条件和责任的特殊规定,如非经常的、重大的、长期性的筹资行为和投资决策等,而日常的、短期性的、经营性的行为属于常规授权的范围。

企业对于重大的业务和事项(尤其是对于金额巨大、重要性高、技术性强、影响范围广的经济业务与事项),应当实行集体决策审批或者联签制度,任何个人不得单独进行决策或者擅自改变集体决策。

4.2.3 授权批准体系

(1)授权批准的范围

企业所有的经营活动一般都应当纳入授权批准的范围,以便于全面预算与全面控制。授权批准的范围不仅包括控制各种业务的预算(计划)的制订情况,还包括对办理手续的相关人员进行授权,同时,对业绩报告也要授权有关人员反映和考核。

(2)授权层次

授权应当是有层次的,区别不同情况的。根据经济活动的重要性和金额的大小确定不同的授权批准层次,有利于保证各管理层和有关人员有权有责。授权批准在层次上应当考虑连续性,要将可能发生的情况全面纳入授权批准体系,避免出现真空地带。当然,应当允许根据具体情况的变化,不断对有关制度进行修正,适当调整授权层次。出现新业务的,要配上相应的规定;金额规模发生变动的,要修改原有的层次界定;等等。

(3)授权责任

被授权者应明确在履行权力时对哪些方面负责,避免授权责任不清。以差旅费报销业务为例,应根据企业总体组织计划,对部门的权限范围和职责做出相应的规定。此项业务一般涉及以下三个部门与相关人员:报销人员与所在部门负责人应对报销事项的真实性负责;审核部门与人员应核定费用报销的相关标准;会计部门审核有关凭证的合法性、完整性,对符合条件的情形予以报销。

(4)授权批准程序

企业的经济业务既涉及企业与外单位之间资产与劳务的交换,也包括企业内部资产和劳务的转移与使用。因此,每类经济业务都会有一系列内部相互联系的流转程序。所以,企业应当规定每一类经济业务的审批程序,以便按程序办理审批,避免越级审批和违规审批的情况发生。

4.2.4 授权批准检查制度

通过必要的检查程序来确保每类经济业务授权批准的工作质量是很重要的环节之一。其主要方法如下:

(1)检查凭证和文件

经济业务发生和完成时,通常要编制、审核一系列凭证或文件,这些凭证或文件(尤其是定量的标准与签章等记录)是授权批准的执行证据,通过审查可反映授权批准手续的执行程度。例如,核对购货发票和采购订单,以检查采购业务是否符合授权标准、价格是否合理、货款支付方式是否正确。如果购货发票上的数量、金额与订单不一致,货款支付仅以购货发票为依据时,则说明在采购和货款支付的授权批准程序上存在失控情况。

(2)现场观察

观察授权批准的工作现场有助于判断授权批准的工作质量。例如,某企业规定购货时需经电话询问取得三种报价后才可发出订单,要查明经办人员是否执行上述授权批准程序,只有通过现场观察才能确切了解。

4.3 会计系统控制

4.3.1 会计系统控制的基本要求

会计作为一个信息系统，对内能够向管理层提供经营管理的诸多信息，对外可以向投资者、债权人等提供用于投资等决策的信息。

会计系统控制要求企业严格执行会计准则或会计制度，加强会计基础工作，明确会计凭证、会计账簿和财务报告的处理程序，规范会计政策的选用标准和审批程序，建立、完善会计档案保管和会计工作交接办法，实行会计人员岗位责任制，充分发挥会计的监督职能，保证会计资料的真实、完整。

企业应当依法设置会计机构，配备会计从业人员。从事会计工作的人员，必须取得会计从业资格证书，会计机构负责人应当具备会计师以上专业技术职务资格。大中型企业应当设置总会计师，设置总会计师的企业不得设置与其职权重叠的副职。

会计系统控制主要是通过对会计主体所发生的各项能用货币计量的经济业务进行确认、计量、记录、报告所实施的控制。从日常会计核算工作的内容来看，主要包括以下方面：①建立会计工作的岗位责任制，对会计人员进行科学、合理的分工，使之相互监督和制约；②设置科学、合理的会计控制流程；③按照规定取得和填制原始凭证，使之“留印”和“有痕”；④对凭证进行连续编号；⑤规定合理的凭证传递程序；⑥明确凭证的装订和保管手续及责任；⑦合理设置账户，登记会计账簿，进行复式记账；⑧按照会计法、会计准则和会计制度的要求编制、报送、保管财务报告；等等。

4.3.2 会计记录控制

(1)凭证编号

凭证编号是企业常用的控制方法。其可以控制企业签发的凭证数量以及相应的交易涉及的其他文件，如支票、发票、订单、存货收发证明的使用情况，便于查询，避免重复、遗漏；更重要的是，编号的连续性在一定程度上可以减少抽取发票、截取银行收款凭证等进行贪污舞弊的可能性。

(2)复式记账

复式记账能够将企业发生的经济业务按其来龙去脉，相互联系地、全面地记入有关账户，使各账户完整、系统地反映各会计要素具体内容的增减变动情况及其结果。通过复式记账与借贷平衡，有利于保证会计账面记录无误，从而保证会计信息正确、完整。

(3)统一会计科目

企业应根据会计准则的规范要求和经营管理的实际需要，统一设定会计科目，特别是集团性公司更有必要统一下级公司的会计明细科目，以便于统一口径、统一核算、有效分析。企业可以列一张有全部会计科目的清单，一般包括会计科目编号、名称、级别、类别等几个方面，并附每个账户的内容说明。对于会计准则尚未统一规定的明细科目，企业可以自行设定。

(4)制定会计政策

企业制定会计政策应当符合会计准则的规范要求，应当从企业内部控制及管理要求出发，编制一份专门的会计政策文件，让有关人员知晓，必要时也可在整个集团(包括各子公司)统一某些会计政策，以便于汇总管理和考核。这样统一会计处理，也可以降低出错的可能性。

(5)规范结账程序

结账是一项将账簿记录定期结算清楚的账务处理工作，包括对收入、费用的结算，以揭示当年的经营活动成果，包括对资产、负债和所有者权益的结算，结出其期末余额以便下期结转。

企业可运用流程图(网络图)来设计结账的工作步骤、内容、完工时间、有关责任人，以保证结账工作顺序进行。控制结账程序能够保证企业会计处理的及时完成，能及时发现错误并加以改正。还可以运用流程图来确定内部会计控制的流程、凭证的传递与关键控制点等。随着网络技术的推广，有些企业将某一经济业务的会计处理当前进行到哪个部门、哪个人员手中动态地反映在局域网上，时刻加以监控，以保证结账程序顺利完成。

流程图是由一定符号组成，反映企业业务中的不同部门与不同职位间的相互关系的图表。它既是企业管理的有效工具，也是评价内部控制的重要手段。

4.3.3 实施内部会计控制规范

为了促进各企业内部会计控制的建立与健全，加强内部会计监督，维护社会主义市场经济秩序，根据《中华人民共和国会计法》(以下简称《会计法》)等法律法规，财政部于 2001 年 6 月 22 日发布了《内部会计控制规范——基本规范(试行)》和《内部会计控制规范——货币资金(试行)》，于 2002 年 12 月 23 日发布了《内部会计控制规范——采购与付款(试行)》和《内部会计控制规范——销售与收款(试行)》，于 2003 年 10 月 22 日发布了《内部会计控制规范——工程项目(试行)》，于 2004 年 8 月 19 日发布了《内部会计控制规范——担保(试行)》和《内部会计控制规范——对外投资(试行)》；此外，财政部还于 2003 年 7 月 15 日发布了《内部会计控制规范——成本费用(征求意见稿)》,于 2003 年 11 月 26 日发布了《内部会计控制规范——预算(征求意见稿)》。

会计管理的本质就是控制。会计控制是企业内部控制的核心。经济越发展,舞弊越严重,会计控制就越重要。①

4.4 财产保护控制

4.4.1 财产保护控制的基本要求

为了保全企业的财产,企业应当严格限制未经授权的人员接触和处置财产,并采取定期盘点、财产记录、账实核对、财产保险等措施,确保企业财产的安全、完整。《基本规范》第三十二条指出:“财产保护控制要求企业建立财产日常管理制度和定期清查制度,采取财产记录、实物保管、定期盘点、账实核对等措施,确保财产安全。企业应当严格限制未经授权的人员接触和处置财产。”

4.4.2 限制接近

限制接近主要是指严格限制无关人员对资产的接触,只有经过授权批准的人员才能够接触资产。限制接近包括限制对资产本身的直接接触和通过文件批准的方式对资产使用或分配的间接接触。一般情况下,对货币资金、有价证券、存货等变现能力强的资产,必须限制无关人员的直接接触。

(1)限制接近现金

现金收支的管理应该局限于特定的出纳员。这些出纳员要与控制现金余额的会计记录人员和登记应收账款的人员相分离。可以设立单独、封闭的出纳室或带锁抽屉的收银机来保护现金的安全。零星现金的支出也可以通过指定专门的核算人员管理备用金的方法来控制。

(2)限制接近其他易变现资产

其他易变现资产,如应收票据和有价证券等,一般采用确保两个人同时接近资产的方式加以控制,如由银行等第三方保管易变现资产,在处理保管的易变现资产时,要求由两名管理人员共同签名等。

(3)限制接近存货

在制造业和批发企业中,存货的实物保护可以通过由专职的仓库保管员控制,设置分离、封闭的仓库区域,以及工作时间之内和工作时间之后控制进入仓库区域

---

① 请详细参阅李敏.会计控制与风险管理[M].上海:上海财经大学出版社,2015.

等方式实现。在零售企业中，存货的实物保护可以通过在营业时间中和营业时间后控制接近库房的方式（如使用夜盗警铃、发放有限的钥匙等）实现。另外，对贵重商品使用带锁的营业柜，聘用专人日常巡视和采用某些监控设备等，也是实物保护控制的措施之一。

4.4.3 定期盘点

定期盘点是指定期对实物资产进行盘点，并将盘点结果与会计记录进行比较。如果盘点结果与会计记录不一致，说明资产管理上可能出现错弊，应当分析原因、查明责任、完善管理制度。

（1）定期与会计记录核对

实物资产盘点并与会计记录核对一致在很大程度上保证了资产的安全，但并不排除实物资产和会计记录存在相同错误的可能性。为保证盘点时资产的安全，通常应先盘点实物，再核对账册，以防止盘盈资产的流失。

（2）进行差异调查与调整

实物盘点结果与有关会计记录之间的差异应由独立于保管和记录职务的人员进行调查。如果盘点结果与会计记录不一致，说明资产管理上可能出现错误、浪费、损失或其他不正常现象。为防止差异再次发生，应通过详细调查，分析原因、查明责任，并根据资产性质、现行制度、差异数额以及产生的原因，采取保护性控制措施。

需要说明的是，我们可以根据资产性态来确定盘点频率。动产较之不动产，可携带品较之不可携带品，消费品较之生产用品，货币性资产较之非货币性资产的盘点频率要高得多。

4.4.4 记录保护

企业应当妥善保管涉及资产的各种文件资料，避免记录受损、被盗、被毁。首先，应该严格限制接近会计记录的人员，以保持保管、批准和记录职务分离的有效性。其次，会计记录应妥善保存，尽可能减少记录受损、被盗或被毁的可能性。再次，某些重要资料（如定期财务报告）应留有后备记录，以便在遭受意外损失或毁坏时重新恢复，这在计算机处理条件下尤为重要。

应当看到，在电算化与信息化不断推广的同时，也给企业内部控制带来了新的挑战。

专题讨论 4.2 | 电算化给内部控制带来哪些影响？

第一，电算化对授权批准控制造成冲击。授权批准控制在手工会计系统中，对于一项经济业务的每个环节都要经过某些具有相应权限人员的签章。但是,在电算化环境下,这种签章转化为特殊的授权文件和口令。利用管理不善或系统程序中的漏洞,窃取他人口令,引发失控的案件屡见不鲜。例如,业务人员被客户收买,非法取得他人口令,绕过批准程序开出销售提单;非法核销客户应收款及相关资料;等等。

第二,内部控制的程序化使系统失控不易被察觉。由于电算化系统中许多应用程序本身就带有内部控制的功能,使工作人员对电算化系统的依赖性增强,这样企业的内部控制实质上就取决于应用程序,如果程序发生差错或不起作用,由于程序运行的重复性使失控情况长期不易被发现,则会给企业造成很大的损失。

第三,电算化系统缺乏交易痕迹。手工会计中严格的凭证制度在电算化系统中逐渐减少或消失,使文件、记录的控制功能大大减弱。万一发生错误,由于部分交易几乎没有"痕迹",使得对出错源头的追查变得困难。

第四,控制范围将不断扩大。电算化系统下,不仅要对交易处理进行控制,还要对网络系统安全进行控制,如对修改程序进行控制、对系统权限进行控制等。

第五,信息存储电磁化使实物保护控制风险加大。电算化系统下,会计信息以电磁信号的形式存储在磁性介质中,是不可见的,很容易被删除或篡改而不留痕迹;另外,电磁介质很容易遭到损坏,所以,信息资料易丢失或毁坏。

第六,电子商务的应用也给内部控制带来许多新问题。以互联网为基础的电子商务给企业带来形式多样的商机。网上采购、网上销售及相应的网上银行、网上支付、网上催账、网上报账、远程报表、远程审计等新功能的出现,要求有相应的内部控制程序加以配合。这就要求企业不断设计出新的内部控制制度来应付新情况的出现。

信息技术控制要求企业结合实际情况和计算机信息技术应用程度,建立与本企业经营管理相适应的信息化控制流程,提高业务处理效率,减少和消除人为操纵因素,加强对计算机信息系统开发与维护、访问与变更、数据输入与输出、文件存储与保管、网络安全等方面的控制,保证信息系统安全、有效运行。

为此,企业至少应当关注涉及信息系统一般控制的下列风险:①信息系统开发与使用违反国家法律法规,可能遭受外部处罚、经济损失和信誉损失;②信息系统的开发与使用未经适当审核或超越授权审批,可能因重大差错、舞弊、欺诈而导致损失;③信息系统设计功能不科学、维护与变更程序不规范,可能导致企业经营效率与效果低下;④信息系统外包服务未恰当履行或监控不当,可能导致企业权益受损或违约损失;⑤信息系统访问安全措施不当,可能导致商业秘密泄露;⑥信息系统硬件管理不当,可能导致企业资产或股东权益受损;等等。

4.4.5 财产保险

企业可以通过资产投保(如火灾险、盗窃险、责任险等)来增加实物资产受损后补偿的程度或机会,从而保护企业的实物安全。

4.4.6 财产记录监控

企业应当健全永续盘存制和资产档案管理,对资产的增减变动情况做及时、全面的记录,同时加强对财产所有权证的管理,以确保账实一致、账证一致。

实证分析 4.1 | 如此偷梁换柱为什么没有被发现?

据《海南特区法制报》2003 年 9 月 5 日的报道,广西平果县某乡的信用社出纳员韦某从 2003 年 2 月开始到市场上购买与 100 元人民币相似的“冥币”。当获得单独入库提款的机会时,他便把当天的营业款放进保险柜,又把两沓“冥币”放入,取出两沓真币。韦某不断地以此手法作案,仅 3 个多月时间,作案 28 次,共用“冥币”偷换出金库钱款达 43 万余元,信用社金库被盗空。

在本案中,出纳员韦某单独运用偷梁换柱的手段把“冥币”放进保险柜,取走真币,以假乱真,3 个多月连续作案后才被察觉,可见该信用社的内部控制制度存在严重缺陷:

第一,职务分离制度。对于该信用社,接触金库现钞的人员应该与接触营业现钞的人员相互分离,也就是说,金库现钞应该由专人保管,并且应该是两个人同时进入金库存取现金,防止一个人完成所有工作。韦某能够多次单独进入金库,可见该信用社的职务分离没有起到牵制作用。

会计记录与资产保管必须分工,管钱、管物、管账人员应当形成相互制约的关系,才能保护资产的安全、完整。在内部控制制度中,规定出纳员不得兼管稽核,会计档案保管和收入、费用、债权债务账目的登记工作;银行票据的签发印鉴必须由两人分别掌管;向银行提取较大数额的现金时,必须由两人以上对领款、点验、安全入库的全过程共同负责;现金收付应当实行复核制;等等。这样做都是为了防错防弊。

第二,资产接触制度。在内部控制中,保护资产的最好方式之一就是限制接近,制定完善的资产接触制度。尤其是货币资金和有价证券等,容易被人侵占,企业应当严格限制未经授权的人员接触和处置财产。该信用社应该建立出入证制度,或者专门有人负责库存现钞的存取,其他人员一律不得接触。韦某正是因为能够接触到金库现钞,才有机会以假乱真。

第三,定期盘点制度。对于重要实物资产,企业应该做到定期盘点。对于现金，应于每日业务终了时清点库存现金，做到账实相符。对于像信用社金库这样的特殊“存货”，应该每个星期进行盘点，即时将盘点结果与账面核对。盘点时，应该有多人在场；盘点的人员应定期轮换。韦某作案长达3个月之久才被发现，可见该信用社的盘点制度没有起到定期核对账实的作用。另外，盘点存货时也应该关注存货的质量。

为了保证财产物资的安全和完整，除了规定物资保管员对每项物资进行收付后都要采用永续盘存法核对账实外，还要规定财产物资的局部清查和全面清查制度，以保证账与物相符，及时处理发生的差错。例如，规定现金出纳员除每日下班前要结账清点库存现金、遇有差错要及时报告外，会计主管人员还要经常检查出纳员的工作，定期或不定期检查库存现金及金库管理情况。

第四，独立稽核又称独立检查控制，是指由企业执行者以外的人员对已执行业务的正确性所进行的检查，又称内部稽核。对于现金收支业务，应日清月结，并由其他未负责该项目工作的人员独立进行稽核。

内部稽核包括凭证与凭证、凭证与账簿、账簿与报表、书面记录与实物之间的核对，也包括对一些计算表、汇总表、调节表、分析表的复核。

有效的独立检查控制应当满足以下三个条件：①检查工作由一个与原业务活动、记录、保管相独立的人员来执行；②不管是采用全部复核还是抽样复核，复核工作须经常进行；③错误和例外须迅速地传达给有关人员，以便更正。重复犯错、重大错误及所有不当行为，必须向适当管理层报告。

该信用社如果能从上述方面进行改善，就能有效防范类似事件的发生。

4.5 预算控制

4.5.1 预算控制的基本要求

预算控制是以全面预算为手段，对企业内部各部门、各单位的各种财务及非财务资源所进行的控制，应当实行全员参与、上下结合、分级编制、逐级汇总、综合平衡。由于执行全面预算的过程也是实现控制目标的过程，因此，预算控制要求企业加强对预算编制、执行、分析、考核等环节的管理，明确预算项目，建立预算标准，规范预算的编制、审定、下达和执行程序，及时分析和控制预算差异，采取改进措施，确保预算的执行。

预算控制的核心是强化预算约束，企业应当按照内部经济活动的责任权限进行预算控制，预算内资金实行责任人限额审批，限额以上资金实行集体审批，严格控制无预算的资金支出。为此，企业应当建立预算工作岗位责任制，明确相关部门和岗位的职责、权限，确保预算工作中的不相容岗位相互分离、制约和监督。

预算工作的不相容岗位一般包括：①预算编制（含预算调整）与预算审批；②预算审批与预算执行；③预算执行与预算考核。

企业在建立与实施预算内部控制的过程中，至少应当强化对下列关键方面或者关键环节的控制：①职责分工、权限范围和审批程序应当明确、规范，机构设置和人员配备应当科学、合理。②预算编制、执行、调整、分析、考核的控制流程应当清晰、严密，对预算编制方法、审批程序、预算执行情况的检查、预算调整、预算执行结果的分析考核等应当有明确的规定。

4.5.2 预算工作的组织领导与运行体制

企业应当建立预算工作组织领导与运行体制，明确企业最高权力机构、决策机构、预算管理部门及各预算执行单位的职责权限、授权批准程序和工作协调机制。

股东（大）会或企业章程规定的类似最高权力机构（以下统称企业最高权力机构）负责审批企业年度预算方案。

董事会或者企业章程规定的经理、厂长办公会等类似决策机构（以下统称企业决策机构）负责制订企业年度预算方案。

企业可以设立预算委员会、预算领导小组等专门机构（以下统称企业预算管理部门）具体负责本企业的预算管理工作。不具备设立专门机构的条件的企业，可以指定财会部门等负责预算管理工作。

总会计师应当协助企业负责人加强对企业预算管理工作的领导与业务指导。

企业内部相关业务部门的主要负责人应当参与企业预算管理工作。

企业预算管理部门主要负责拟定预算目标和预算政策；制定预算管理的具体措施和办法；组织编制、审议、平衡年度等预算草案；组织下达经批准的年度等预算；协调、解决预算编制和执行中的具体问题；考核预算执行情况，督促完成预算目标。

企业内部生产、投资、筹资、物资管理、人力资源、市场营销等业务部门和所属分支机构在企业预算管理部门的领导下，具体负责本部门、本机构业务预算的编制、执行、控制、分析等工作，并配合预算管理部门做好企业总预算的综合平衡、控制、分析、考核等工作。

企业所属子公司在上级企业预算管理部门的指导下，负责本企业预算的编制、执行、控制和分析工作，并接受上级企业的检查和考核。所属基层企业负责人对本企业预算的执行结果负责。

4.5.3 企业预算控制流程与控制要点

企业应当制定预算工作流程，明确预算编制、执行、调整、分析与考核等各环节的控制要求，并设置相应的记录或凭证，如实记载各环节工作的开展情况，确保预算工作的全过程得到有效控制。

某公司预算管理的基本流程如图 4.1 所示。

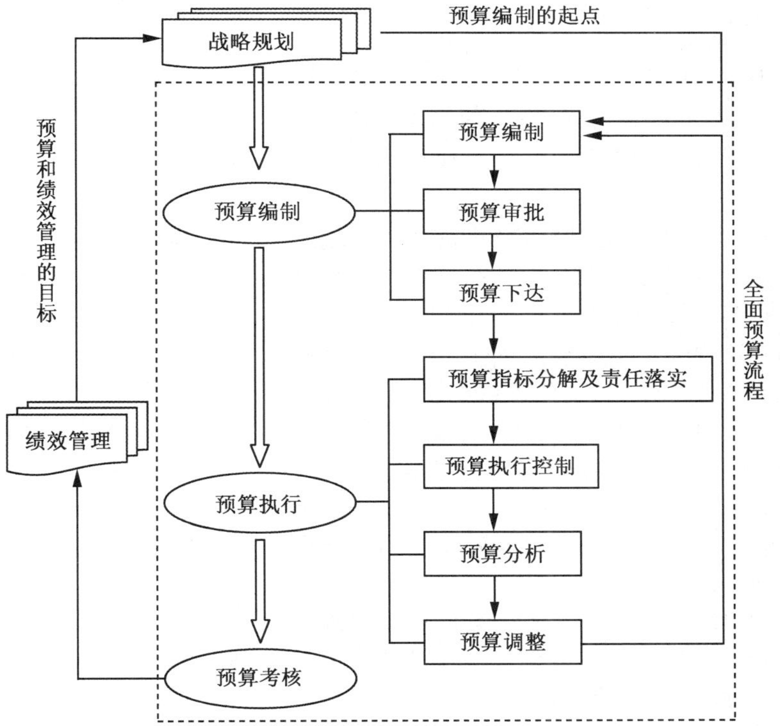

图 4.1　预算控制基本流程

(1)预算编制控制

企业应当加强对预算编制环节的控制，对编制依据、编制程序、编制方法等做出明确规定，确保预算编制依据合理、程序适当、方法科学。

企业应当在企业战略的指导下，以上一期间的实际状况为基础，结合本企业业务发展情况，综合考虑预算期内经济政策变动、行业市场状况、产品竞争能力、内部环境变化等因素对生产经营活动可能造成的影响，根据自身业务特点和工作实际编制相应的预算，并在此基础上汇总编制预算方案。

企业年度预算方案应当符合本企业发展战略、整体目标和其他有关重大决议，反映本企业预算期内的经济活动规模、成本费用水平和绩效目标，满足控制经济活动、考评经营管理业绩的需要。

制订预算方案，应当做到内容完整、指标统一、要求明确、权责明晰。

企业预算管理部门应当加强对企业内部预算执行单位预算编制的指导、监督和服务。

(2)预算执行控制

企业应当加强对预算执行环节的控制，对预算指标的分解方式、预算执行责任制的建立、重大预算项目的特别关注、预算资金支出的审批要求、预算执行情况的报告与预警机制等做出明确规定，确保预算被严格执行。

专题讨论 4.3 | 如何确保预算执行控制有效？

第一，企业预算一经批准下达，各预算执行单位必须认真组织实施，将预算指标层层分解，从横向和纵向落实到内部各部门、各环节和各岗位。

第二，企业应当建立预算执行责任制度，对照已确定的责任指标，定期或不定期地对相关部门及人员责任指标的完成情况进行检查，实施考评。企业应当以年度预算作为预算期内组织、协调各项生产经营活动和管理活动的基本依据，可将年度预算细分为季度、月度等时间进度预算，通过实施分期预算控制，实现年度预算目标。

第三，对重大预算项目予以特别关注，应当密切跟踪其实施进度和完成情况，实行严格监控。

第四，对预算资金收支实行审批控制，包括办理采购与付款、工程项目、对外投资、成本费用、固定资产、存货、筹资等业务，应当严格执行预算标准。对超出预算的资金支付实行严格审批制度。

第五，实行预算执行情况的报告与预警机制，及时掌握预算执行动态及结果，包括及时向企业决策机构和各预算执行单位报告或反馈预算执行进度、执行差异及其对企业预算目标的影响，促进企业完成预算目标，并通过科学选择预警指标、合理确定预警范围，及时发出预警信号，积极采取应对措施。

第六，开展预算执行结果质询制度，要求预算执行单位对预算指标与实际结果之间的重大差异做出解释，并采取相应措施。

(3)预算调整控制

企业应当加强对预算调整环节的控制，保证预算调整依据充分、方案合理、程序合规。

企业正式下达执行的预算，不得随意调整。

企业在预算执行过程中，可能会由于市场环境、经营条件、国家法规政策等发生重大变化，或出现重大自然灾害、公共紧急事件等致使预算的编制基础不成立，或者将导致预算执行结果产生重大差异，需要调整预算的，应当报经原预算审批机构批准。

调整预算由预算执行单位逐级向原预算审批机构提出书面报告，阐述预算执行的具体情况、客观因素变化情况及其对预算执行的影响程度，提出预算的调整幅度。

企业预算管理部门应当对预算执行单位提交的预算调整报告进行审核分析，集中编制企业年度预算调整方案，提交原预算审批机构审议批准，然后下达执行。

企业预算调整方案应当符合下列要求：①预算调整事项符合企业发展战略和现实生产经营状况；②预算调整重点放在预算执行中出现的重要的或非正常的关键性差异方面；③预算调整方案客观、合理。对于不符合上述要求的预算调整方案，企业预算审批机构应予以否决。

(4)预算分析与考核控制

企业应当加强对预算分析与考核环节的控制，通过建立预算执行分析制度、审计制度、考核与奖惩制度等，确保预算分析科学、及时，预算考核严格、有据。

专题讨论 4.4 ｜ 如何实施预算执行考核制度？

第一，企业预算管理部门应当定期召开预算执行分析会议，通报预算执行情况，研究、解决预算执行中存在的问题，提出改进措施。

第二，企业预算管理部门和各预算执行单位应当充分收集有关财务、业务、市场、技术、政策、法律等方面的信息资料，根据不同情况分别采用比率分析、比较分析、因素分析等方法，从定量与定性两个层面充分反映预算执行单位的现状、发展趋势及潜力。对于预算执行差异，应当客观分析产生的原因，提出解决措施或建议，提交企业决策机构研究决定。

第三，企业应当建立预算执行情况内部审计制度，通过定期或不定期地实施审计监督，及时发现和纠正预算执行中存在的问题。

第四，企业预算管理部门应当定期组织预算执行情况考核。有条件的企业也可设立专门机构负责考核工作。

第五，企业预算执行情况考核，依照预算执行单位上报预算执行报告、预算管理部门审查核实、企业决策机构批准的程序进行。企业内部预算执行单位上报的预算执行报告，应经本企业负责人签章确认。

第六,企业预算执行情况考核以企业正式下达的预算方案为标准,或以有关部门审定的预算执行报告为依据。

第七,企业预算执行情况考核坚持公开、公平、公正的原则,考核结果应有完整的记录。

第八,企业应建立预算执行情况奖惩制度,明确奖惩办法,落实奖惩措施。

4.6 运营分析控制

4.6.1 运营分析控制的基本要求

建立与健全运营分析制度是运营控制的基础与前提。经理层应当综合运用生产、购销、投资、筹资、财务等方面的信息,通过因素分析、对比分析、趋势分析等方法,定期开展运营情况分析,发现存在的问题,及时查明原因并加以改进。

全面掌握各项指标的完成情况和预算执行情况,研究、落实解决预算执行中存在的问题的政策措施,纠正预算的执行偏差很重要。分析与控制都是手段,达到预算目标或控制目标才是运营分析的真正目的。

4.6.2 企业运营分析的主要内容

(1)盈利能力状况分析

企业管理的目标可以简洁地概括为生存、发展、获利。企业只有发展才能更好地生存,而只有获利才能更好地发展。盈利可以说是企业成立的出发点和归宿点。

(2)资产质量状况分析

企业内部的人力资源与生产资料资源配置得越合理,生产经营效率与资金利用效率越高,企业就越有发展前途。

(3)债务风险状况分析

市场经济是信用经济。企业在市场中要立足,首先要讲信用,要具备一定的偿债能力。

(4)经营增长状况分析

企业的经营增长状况与发展(竞争)能力越强,说明企业的发展前景越好。

(5)创新能力分析

企业能否及时、有效地吸收并运用现代管理的理念与方法,及时实现技术创新、体制创新和机制创新,是企业能否成功的关键。创新能力可以从引进人才、引进设备、引进外资、新产品投产、新市场开拓、新技术使用、高新技术开发等方面进行分析与评价。

运营分析是一项经常性的控制活动，要求企业综合运用各种信息资料，采用各种分析方法，及时发现问题、查找原因、加强监控，从而达到防患于未然的目的。

4.7 绩效考评控制

4.7.1 绩效考评控制的基本要求

绩效考评是指将实际业绩与其评价标准（如前期业绩、预算和外部基准尺度）进行比较，对营运业绩等所进行的评价。

绩效考评控制的基本要求如下：

第一，企业应当建立财务分析制度，定期召开分析会议，全面掌握预算的执行情况，研究、落实解决预算执行中存在的问题的政策措施，纠正预算的执行偏差。

企业应当针对预算的执行偏差，充分、客观地分析产生的原因，提出相应的解决措施或建议，提交董事会或经理办公会研究决定。

第二，企业应当定期组织财务预算审计，纠正财务预算执行中存在的问题，充分发挥内部审计的监督作用，维护财务预算管理的严肃性。

财务预算审计可以是全面审计，也可以结合年报审计同步进行，还可以组织不定期的专项审计。

审计工作结束后，企业内部审计机构应当形成审计报告，直接提交财务预算委员会以至董事会或者经理办公会，作为财务预算调整、改进内部经营管理和财务考核的一项重要参考。

第三，年度终了，财务预算委员会应当向董事会或者经理办公会报告财务预算的执行情况，并依据财务预算的完成情况和财务预算的审计情况对预算执行单位进行考核。

企业内部预算执行单位上报的财务预算执行报告，应经本部门、本企业负责人按照内部议事规范审议通过，作为企业进行财务考核的基本依据。

第四，企业财务预算执行考核是企业绩效评价的主要内容，应当结合年度内部经济责任制考核进行，与预算执行单位负责人的奖惩挂钩，并作为企业内部人力资源管理的参考。

4.7.2 绩效考评报告

绩效考评报告是为了提高企业内部管理的时效性和针对性而实施的控制与报告。绩效考评报告应当反映部门、人员的经管责任，其形式、内容应简明扼要，信息传递和信息反馈应迅捷高效。

开展企业综合绩效评价，应当充分体现市场经济原则和资本运营特征，以投入产出分析为核心，运用定量分析与定性分析相结合、横向对比与纵向对比互为补充的方法，综合评价企业的经营绩效和努力程度，促进企业提高市场竞争能力和持续发展能力。

经典案例评析

某有限公司设有股东会、董事会、总经理室、各职能科室、分公司等部门。某年审计时发现该公司内部控制制度的执行情况如下：

公司财务科由3人组成，其中，财务部经理由总经理的直系亲属担任，会计与出纳分设。财务部经理的妻子担任出纳，并兼办行政部门日常购买与报销等手续。支票等票据由会计保管，支取款项的印章全部由财务经理亲自保管。

材料采购规定由供应部经理审批，由采购员实施。各项费用经总经理签字都可报销。某日，某产品正在开展促销活动，据称该“高科技产品”可以替代公司的主要原料并能够节约成本30%，但促销时间仅为两天。采购员认为时间过于紧张，来不及请示供应部经理，因而直接电告企业总经理，总经理决定采购10吨，价税合计100多万元。出纳员当即办理了货款支付手续。后来生产车间反映，该批材料不适应生产要求，只能折价处理，造成损失30多万元。总经理指示调整成本预算，将30多万元损失计入正常材料耗费之中。

公司分别设立办理销售、发货、收款三项业务的部门。考虑到销售部比较熟悉客户情况，也便于销售部进行业务谈判，确定授权销售部兼任信用管理机构。销售部可自主定价并签署销售合同。

为了提高分公司的积极性，公司总经理决定授予分公司自主决定是否对外提供担保业务和是否对外投资的权力。

公司没有专门的预算管理机构，由财务部制订年度预算方案，报分管经理批准后执行。如果预算完不成的话，只要分管经理批准就可以调整。公司还没有建立运营分析与业绩考评机制。

分析该公司的内部控制现状，至少存在以下问题：

第一，回避制度与内部牵制规定，公司负责人的直系亲属不得担任企业财务经理，财务经理的直系亲属不得担任出纳工作。

第二，出纳人员不应该同时办理购买、付款、报销等全过程事务，因为这种做法违背了禁止同一部门或者个人办理某一业务全过程的规定，应该将相关工作交由不同人员办理，以实现相互制约和监督。

第三，支取款项的印章不应该由财务经理一人保管。按照内部控制规范的要求，企业财务专用章应该由专人保管，个人名章由其本人或授权人员保管，禁止将支取款项的所有印章交由一人保管。

第四，没有严格实施原材料采购中的授权批准制度。供应部经理拥有采购相关事宜的批准权限，但采购员直接向总经理请示，总经理越权批示，可能导致采购失误。对于重大的非常规采购业务，应该通过一定的控制程序，以尽可能减少决策不当的损失。总经理贸然决定采购"高科技产品"，没有经过咨询和集体决策等程序，违背了决策方面的要求。

第五，销售部兼任信用管理机构违背了不相容岗位相互分离的要求，销售部和信用管理部应该分开设立。销售部自行决定售价并签署销售合同的做法属于授权不当，容易导致销售部截留销售收入、中饱私囊、私设小金库等问题。

第六，总经理决定授权分公司进行对外投资和担保违背了授权批准制度和风险管理制度的规定。公司应严格规定对外投资和担保的决策与实施程序，控制风险，避免决策失误。

第七，年度预算的制定和批准不符合规定。年度预算的编制机构是董事会，审批机构是董事会或股东(大)会。正式颁布实施的预算一般不能随意调整，确实需要调整的，也应该分析预算实施差异的原因。预算的调整应该由决策机构审批决定，而不应当由分管经理决定。

第八，公司没有建立运营分析与业绩考评机制，不能满足企业内部控制的规范要求。

第 5 章　资金控制

资金控制的具体目标是：实行资金管理职责分工、预算与审批等流程控制，正确核算收付业务，谨防资金风险，确保资金使用合法、合理、安全、完整，以及在财务报告上的正确披露。

5.1　资金控制概述

5.1.1　资金控制的重要性

资金是财产物资的货币表现，是企业生产经营循环的“血液”和维持生存与发展的基本条件。资金活动影响企业生产经营的全过程，对其实施的风险管控事关企业生死存亡。

在生产经营活动中，货币资金变为非货币性资产，非货币性资产又变为货币资金，这种周而复始的流转过程称为资金流转。资金流转是否合法、合理、顺畅，能否有效控制，不仅与生产经营活动有着密切的关系，而且与其他业务循环存在着直接或间接的联系，其他业务循环是否畅通、是否存在漏洞，都会对资金流转产生影响。影响企业资金活动的因素很多，涉及面很广、不确定性很强，企业对资金活动的管理和控制所面临的困难很大，在资金控制环节上的任何疏忽，都可能导致管理失控和舞弊事故。

实施资金控制具有综合性特征。对资金活动实施内部控制，本质上是对资金业务的控制。强化企业资金管理、控制资金风险、保障资金安全、发挥资金规模效益，有利于企业宏观掌握和控制资金的筹措、运用及综合平衡，促进企业的可持续健康发展。

5.1.2　资金管理风险

目前，企业资金管理失控的常见情形主要有：少列收入或截留各种现金收入；

公款私用，挪用资金；虚报冒领，虚列支出；涂改凭证，虚构内容；延迟入账，挪用现金；重复报销，贪污现金；出借账号，违规操作；库存现金超额存放；白条报销，白条抵库；未经批准坐收坐支；非法集资或违规出借资金；私设账外账（小金库）；等等。

狭义的资金是指企业所拥有或控制的现金、银行存款和其他货币资金，统称为货币资金。以货币形态存在的资金，是企业流动资金中最活跃的部分，容易被侵占、挪用等，因而对其控制就显得十分重要。

实证分析 5.1 ｜ 资金失控导致舞弊产生

徐某是一名职校毕业生，毕业后顶替父亲进入上海某公司财务科工作，该公司的财务、出纳由她一人承担，同时她还负责保管公司的支票、支票印鉴章等，负责出国人员差旅费的核销工作。在一次审核出国人员王某等的出国开支账单时，她动了私念。按照规定的操作程序，她应先对出国人员制作的出国费用开支登记表、多余的外币及有关出国费用凭证进行审核，然后制作核销表，最后拿着核销表到银行核销，并将多余的外币折算成人民币解回人民币账户。但结果，她抱着"偷偷侵吞这笔多余的美元不会有第二个人知道"的想法，第一次侵吞了王某交回的剩余美元，并且于第二天将美元兑换成人民币存入个人炒股账户。此后，她利用上述方法贪污外币的次数逐渐增多，币种也逐渐丰富，先后贪污美元、港币、日元等折合人民币共计 18 万余元用于炒股和个人享受。由于亏空越来越大，无法偿还，她又变着法贪污公款，擅自开具现金支票，提取现金，7 个月中先后贪污 30 余万元。第二年她被调换工作，因为害怕交接账目时暴露自己的罪行，她把股票抛掉后带着 14 万元现金逃到苏州、南京、杭州等地。经过一段时间的反省，她终于在两年后向公安机关自首。

徐某从侥幸侵吞到贪污犯罪，除了她本人素质问题以外，也反映了公司内部控制的严重漏洞。徐某一人兼三职，不但负责支票管理，还负责支票的印章管理及出国人员差旅费的核销工作。在这种情况下，有私心杂念的人很容易擅自用支票进行提款，因为支票的印章在她手里，无须经过任何审批就能盖章，而且支票由她进行记录和保管，没有第三者知道支票的使用情况；再者，她既是财务又是出纳，银行对账单也完全由她一人管理，很容易进行银行对账单的伪造，其违法行为一时间难以被发现。如果同一个人既负责保管现金又负责记录，在监督和检查机制不健全时，该个人完全可以通过收入的现金不入账或者少入账，或者支出的现金不入账或者多入账等手段挪用资金，甚至占为己有。徐某起初就是通过收回的余款不入账的形式侵吞了余款，并且在公司欠缺检查监督机制的情况下，利用这一漏洞连续进行贪污的。

导致资金管理失控与风险事故发生的原因至少包括以下几个方面：①资金管

理违反国家法律法规，可能遭受外部处罚、经济损失和信誉损失；②资金管理未经适当审批或超越授权审批，可能因重大差错、舞弊、欺诈而导致损失；③银行账户的开立、审批、使用、核对和清理不符合国家有关法律法规的要求，可能导致受到处罚，造成资金损失；④资金记录不准确、不完整，可能造成账实不符或导致财务报告信息失真；⑤有关票据的遗失、变造、伪造、被盗用以及非法使用印章，可能导致资产损失、法律诉讼或信用损失。

5.1.3 资金关键控制点

第一，职责分工、权限范围和授权审批程序应当明确、规范，机构设置和人员配备应当科学、合理。

第二，现金、银行存款的管理应当合法、合规，银行账户的开立、审批、使用、核对、清理应当严格、有效，现金盘点和银行对账单的核对应当按规定严格执行。

第三，资金的会计记录应当真实、准确、完整和及时。

第四，票据的购买、保管、使用、销毁等应当有完整记录，银行预留印鉴和有关印章的管理应当严格、有效。

专题讨论 5.1 | 印章控制有哪些要点？

企业应当制定相关制度，明确规定相关人员的岗位责任和管理权限，加强对银行预留印鉴的管理，这也是资金管理分工及授权批准环节管理的具体表现。

财务专用章应当由专人保管，不能集中在一人手上，以免舞弊。个人名章应当由本人或其授权人员保管，不得由一人保管支付款项所需的全部印章。

按规定需要由有关负责人签字或盖章的经济业务与事项，必须严格履行签字或盖章手续，用章必须履行相关的审批手续并进行登记。

要保护印章的安全，每一次使用印章应进行记录；在不使用财务印章时，印章必须与支票分开存放。

5.2 职责分工与授权批准

5.2.1 资金业务的岗位责任制

企业应当建立资金业务的岗位责任制，明确相关部门和岗位的职责权限，确保办理资金业务的不相容岗位相互分离、制约和监督。

资金业务的不相容岗位至少应当包括：①资金支付的审批与执行；②资金的保

管、记录与盘点清查;③资金的会计记录与审计监督。

专题讨论 5.2 | 资金岗位责任控制有哪些要点?

第一,资金收付及保管只能由经授权的出纳员负责处理,但出纳员不得兼任稽核,会计档案保管和收入、支出、费用、债权债务账目的登记工作。

第二,规模较大的企业,出纳员应将每天的收支现金数登记现金出纳备查簿(或现金收支日报表),现金日记账与现金总账应由其他人员登记。规模较小的企业,可用现金日记账代替现金出纳备查簿,由出纳登记,但现金总账的登记工作须由其他人员担任。

第三,负责应收款项账的人员不能同时负责现金收入账的工作;负责应付款项账的人员不能同时负责现金支出账的工作。

第四,保管支票簿的人员不能同时负责现金支出账和调整银行存款账。

第五,负责调整银行存款账的人员应与负责银行存款账、现金支出账、应收款、应付款的人员分离。

第六,货币资金支出的审批人应与出纳员、支票保管员和记账员分离。

5.2.2 办理资金业务的人员配备

企业必须按照国家规定的现金管理制度和结算制度,加强现金管理,并接受银行监督。企业财会部门作为管理现金的职能部门,应建立现金管理责任制,配备专职出纳人员,负责办理库存现金的收支和保管业务。严禁未经授权的部门或人员办理资金业务或直接接触资金。

一切现金收支事项都必须以审核、签章的会计凭证为依据办理,及时登账,定期清点,做到收支正确、手续完备、账存与实存相符。

办理货币资金业务的人员应当具备良好的职业道德,忠于职守,廉洁奉公,遵纪守法,客观公正,不断提高会计业务素质和职业道德水平。

企业应当结合实际情况,对办理资金业务的人员定期进行岗位轮换。企业关键财会岗位可以实行强制休假制度,并在最长不超过 5 年的时间内进行岗位轮换。实行岗位轮换的关键财会岗位由企业根据实际情况确定并在内部公布。

5.2.3 资金授权制度和审核批准制度

企业应当对货币资金业务建立严格的授权批准制度,明确审批人对货币资金业务的授权批准方式、权限、程序、责任和相关控制措施,规定经办人办理货币资金业务的职责范围和工作要求。

审批人根据货币资金授权批准制度的规定，在授权范围内进行审批，不得超越审批权限。对于重要货币资金支付业务，应当实行集体决策和审批，并建立责任追究制度，防范贪污、侵占、挪用货币资金等行为。严禁未经授权的机构或人员办理货币资金业务或直接接触货币资金。

专题讨论 5.3　企业应当如何办理资金支付业务？

企业应按照规定的权限和程序办理资金支付业务，具体分以下四步操作：

第一，支付申请。企业有关部门或个人用款时，应当提前向经授权的审批人提交资金支付申请，注明款项的用途、金额、预算、限额、支付方式等内容，并附有效经济合同或协议、原始单据或相关证明。

第二，支付审批。审批人根据其职责、权限和相应程序对支付申请进行审批。对不符合规定的资金支付申请，审批人应当拒绝批准，性质或金额重大的，应及时报告有关部门。

第三，支付复核。复核人应当对批准后的资金支付申请进行复核，复核资金支付申请的批准范围、权限、程序是否正确，手续及相关单证是否齐备，金额计算是否准确，支付方式、支付企业是否妥当等。复核无误后，交由出纳人员等相关负责人员办理支付手续。

第四，办理支付。出纳人员应当根据复核无误的支付申请，按规定办理资金支付手续，及时登记现金和银行存款日记账。

5.2.4　出纳工作与资金收付管理

“出纳”中的“出”是指支出、付出，“纳”是指收入。会计上的“出纳”作为一个专用术语至少有两层含义：第一层含义是指出纳工作或出纳行为，即按照有关规章制度办理本企业的现金收付、银行结算及有关账务并保管库存现金、有价证券、财务印章及有关票据等。从第一层含义看，出纳是指出纳工作这个专业岗位，它与记账、稽核、会计主管等岗位组成会计工作的有机整体。第二层含义是指出纳人员，即按照有关规章制度，办理本企业现金收付、银行结算及有关账务并保管库存现金、有价证券、财务印章及有关票据的人，通常简称为出纳。

出纳的工作范围主要包括两个方面：一是根据现金管理制度和银行结算制度的有关规定，办理现金、银行存款以及各种票据、有价证券的收入、付出、保管等业务。现金和各种票据、有价证券放在出纳人员的保险柜中保管，银行存款由出纳人员办理收支结算手续。二是办理出纳账务处理。出纳人员应当负责现金日记账、银行存款日记账和有关有价证券方面的一些明细分类账簿，也可以监管一些与出纳业务没有直接联系的固定资产账、低值易耗品账。

规模较小的企业，根据钱账分设的原则，最少应设一名会计人员和一名出纳人员，以便内部相互控制、监督，确保企业财务的安全与完整。

专题讨论 5.4 ｜ 出纳工作具有哪些特殊性？

第一，社会性。任何资金的收入与付出必须通过出纳工作来完成，各种有价证券的经营以及其他金融业务的办理更是离不开出纳人员的参与，而这些经济活动是与整个社会的经济运转紧密联系的。可以说，出纳工作直接参与经济活动过程，活跃在经济活动的第一线，既具有普遍的社会性，又具有一定的风险性，从而应当严加管控。

第二，专业性。出纳既是一个专门的岗位，又是一项专门的技术，有着专门的工作规则。从事出纳工作，除了要有扎实的会计专业基础知识外，还要熟练掌握出纳工作的基本技能，如点钞技术，珠算操作，账、证、表的书写技能，点钞机、电子收款机、保险柜的使用以及电脑的运用等。一个称职的出纳，除了要接受专门的职业培训外，还要在工作中不断学习，积累经验，熟练掌握各项工作要领。

第三，政策性。出纳人员分管的工作政策性很强，因而出纳人员必须熟悉各种财经法纪和银行结算法规，并要有很强的守法意识。其中，《中华人民共和国会计法》《会计基础工作规范》《会计人员职权条例》《现金管理暂行条例》《支付结算办法》及相关的费用报销制度、税收管理制度、发票管理办法以及本企业自身的财务管理规定等，都对出纳工作提出具体要求，具有指导意义。出纳人员必须通过不断学习，掌握财经法规和制度，提高自己的政策水平，做个“好管家”。

第四，时间性。出纳工作具有很强的时间性，何时核对银行对账单、何时发放职工工资等都有严格的时间要求。对于现金日记账和银行存款日记账，出纳要逐笔、序时登记，做到日清月结。出纳只有及时办理好各项业务，才能保证出纳工作的质量。

出纳工作是会计工作的重要基础，是资金收付活动控制的前沿。随着资金舞弊案例的增多，出纳控制变得越来越重要，主要表现在以下三个方面：一是出纳人员担负着各企业会计核算的基础工作，只有做好出纳工作，才能为整个会计工作的良性发展提供必要的支持。二是出纳工作的范围包括负责办理现金收付和银行结算业务以及现金、票据、有价证券的保管，出纳人员只有拥有高度的责任感、娴熟的技能和扎实的专业基础知识，才能避免给企业带来不必要的经济损失。出纳人员尤其要重视和热爱本职工作。三是出纳工作质量的好坏直接影响企业财会管理水平和经营决策。出纳是否能合理安排、调度资金，是否能及时、准确地提供企业货币资金活动信息，是否能保证货币资金的安全与完整，都会对企业的会计核算和经营管理产生重要影响。

专题讨论 5.5 出纳工作具有哪些职责？

第一，按照《人民币账户管理办法》开立和使用银行存款账户；依据《现金管理暂行条例》和《支付结算办法》办理现金收付和银行结算业务。出纳人员应注重现金的管理与控制，严格遵守现金的使用范围以及库存现金限额；通过银行办理支付结算时，必须认真执行国家关于银行支付结算的各项结算纪律。

第二，出纳人员必须严格审核相关原始凭证，据以编制收付款凭证，再通过现金与银行存款日记账、有价证券的各种明细分类账，对企业的货币资金和有价证券进行详细记录与核算。

为了明确相关人员的经济责任，防止利用原始凭证舞弊，《会计法》规定了原始凭证差错更正要求如下：原始凭证所记载的各项内容均不得涂改，随意涂改的原始凭证即为无效凭证，不能作为填制记账凭证或登记会计账簿的依据；原始凭证记载的内容有错误的，应当由开具单位重开或更正，并在更正处加盖出具单位印章；原始凭证金额错误的不得更正，只能由原始凭证开具单位重新开具，因为原始凭证上的金额是反映经济业务事项情况的最重要的数据，随意更改容易导致舞弊，不利于保证原始凭证的质量；原始凭证开具单位应当依法开具准确无误的原始凭证，对于填制有误的原始凭证负有更正和重新开具的义务，不得拒绝。

第三，保管货币资金与各种有价证券，保证它们的安全与完整，并对银行存款和各种票据进行管理，对企业资金使用情况进行分析和研究，为企业投资决策提供相关信息。

第四，保管好有关印章、空白收据和空白支票等空白原始凭证。出纳印章要按规定用途严格使用，重要空白原始凭证要办理领用和注销手续。

第五，有外汇出纳业务的企业，要按国家外汇管理和结算制度的规定，及时办理结汇、售汇、付汇。

第六，出纳人员有责任对企业货币资金收付业务的合法性、合理性和有效性进行监督，制止不法行为，自觉维护社会主义市场经济的良好秩序。

由于出纳工作岗位的特殊性，出纳人员每天要与金钱打交道，稍有不慎就会造成难以挽回的经济损失。出纳人员除了要有丰富的专业知识与过硬的出纳技术外，更需要有良好的职业道德。

提高出纳人员的职业道德修养，除了需要社会上更多的人理解和支持出纳工作，为出纳人员做好工作创造一个良好的社会舆论环境外，还需要出纳人员不断加强政治理论学习，提高自身修养和素质，树立良好的职业品质和严谨的工作作风，严守工作纪律，努力提高工作效率和工作质量。出纳人员的职业道德主要表现为执法守法、坚持原则、忠于职守、廉洁奉公。

保护货币资金的安全与完整是出纳人员的职责。个别出纳人员利用职务之便贪污舞弊、挪用公款、弄虚作假，害了自己更害了集体，给国家和集体造成极大损失，这样的教训每个出纳人员都应引以为鉴。出纳人员要明确自己的职责，保持清正廉洁的作风与职业道德，才能赢得社会的尊重、理解与支持。《会计法》第四十条明确规定："因有提供虚假财务报告，做假账，隐匿或者故意销毁会计凭证、会计账簿、财务报告，贪污、挪用公款，职务侵占等与会计职务有关的违法行为被依法追究刑事责任的人员，不得取得或者重新取得会计从业资格证书。"出纳人员在明确自己肩负的责任的基础上，要树立"出纳工作光荣"的信念，要热爱本职工作，真正肩负起会计监督的神圣职责。

5.3 现金与银行存款控制要点

5.3.1 现金控制的有关规定

(1)现金使用范围与管理规定

企业应当根据《现金管理暂行条例》的规定，结合本企业的实际情况，确定本企业的现金开支范围和现金支付限额。不属于现金开支范围或超过现金开支限额的业务，应当通过银行办理转账结算。

企业可用现金支付的款项有：①职工工资、津贴；②个人劳务报酬；③根据国家规定颁发给个人的科学技术、文化艺术、体育等各种奖金；④各种劳保、福利费用以及国家规定的对个人的其他支出；⑤向个人收购农副产品和其他物资的价款；⑥出差人员必须随身携带的差旅费；⑦结算起点(1 000 元人民币)以下的零星支出；⑧中国人民银行确定需要支付现金的其他支出。除上述情况可以用现金支付外，其他款项的支付应通过银行转账结算。

专题讨论 5.6 | 日常现金收支管理有哪些规定?

第一，企业现金收入应于当日送存开户银行。当日送存有困难的，由开户银行确定送存时间。

第二，企业支付现金，可以从本企业库存现金中支付或者从开户银行提取，不得从本企业的现金收入中直接支付，即不得坐支现金。因特殊情况需要坐支现金的，应当事先报经开户银行审查批准，由开户银行核定坐支范围和限额。企业应定期向银行报送坐支金额和使用情况。

第三，企业从开户银行提取现金，应当写明用途，由本企业财会部门负责人签字、盖章，经开户银行审核后，予以支付现金。

第四，企业因采购地点不固定、交通不便以及其他特殊情况必须使用现金的，应向开户银行提出申请，经开户银行审核后，予以支付现金。

第五，不准用不符合制度的凭证顶替库存现金，即不得“白条抵库”；不准谎报用途套取现金；不准用银行账户代其他单位和个人存入或支取现金；不准将企业收入的现金以个人名义存储，不准保留账外公款，不得设置小金库等。

第六，企业借出款项必须执行严格的审核批准程序，严禁擅自挪用、借出货币资金。

第七，企业应当定期和不定期地进行现金盘点，确保现金账面余额与实际库存相符；发现不符，应及时查明原因，做出处理。

(2)库存现金限额

企业应当加强对库存现金限额的管理，超过库存限额的现金应当及时存入开户银行。

库存现金限额是指为保证企业日常零星支出，按规定允许留存现金的最高数额。库存现金的限额由开户银行根据开户企业的实际需要和距离银行远近等情况核定，一般按照企业 3～5 天日常零星开支所需现金确定。远离银行或交通不便的开户企业，银行最多可以根据企业 15 天的正常开支需要量来核定库存现金的限额。正常开支需要量不包括企业每月发放工资和不定期差旅费等大额现金支出。库存限额一经核定，企业必须严格遵守，不能任意超过，超过限额的现金应于当日终了前及时存入银行；库存现金低于限额时，可以签发现金支票从银行提取现金，补足限额。

(3)不得账外设账

企业取得的货币资金收入必须及时入账，不得账外设账，严禁收款不入账。有条件的企业，可以实行收支两条线和集中收付制度，加强对货币资金的集中、统一管理。

企业账外设账是违法行为。企业发生的各项经济业务事项应当在依法设置的会计账簿上统一登记、核算，不得违反《会计法》和会计制度的规定私设会计账簿，这是《会计法》对账外设账问题做出的禁止性强制规定。

违反规定账外设账，主要表现为在法定会计账簿之外另设置一套或多套账簿，用于登记没有纳入法定会计账簿之内统一核算的其他经济业务事项，以达到种种非法目的。账外设账是滋生小金库、不正之风的“温床”，是产生虚假会计资料的根源，直接影响会计资料的真实、完整，是一种极为严重的违法行为。账外设账不同于有些企业为了强化内部管理而在法定会计账簿之外设置的管理会计账簿。对于设置的用于加强内部管理的管理会计账簿，法律予以保护；对于私设账外账用于非法目的，是法律禁止并予以打击的对象。

实证分析 5.2 | 私设小金库后患无穷

某省一位资深的公司领导干部王某，在某年 6 月底，为了本部门的小团体利益，逃避上级部门的资金监管，私自将 3 000 万元公司收入打到了账外账上，私设小金库。他们先后以集资炒股分红利的名义分钱，以发放“劳务费”的名义发钱，以全体职工先投保再退保的方式分钱。据检察机关查证：在短短的一年时间里，他们以所谓集资名义分红利达 48 次，瓜分账外资金 550 余万元，几乎平均每周分钱一次。这个只有 25 名员工的公司，却私分国有资产总额高达 740 万元，其中最多的获益 60 余万元，就连公司唯一的临时杂勤工也分得 17 万元的红利和奖金。当然，这些被瓜分的钱后来被如数追回，王某因重大法人犯罪案，被判处有期徒刑 3 年，缓刑 3 年。

私设小金库的手法五花八门、层出不穷，其目的是为了逃避监控，“自由”收支，后果是十分严重的。例如：

①收入不入账，开设小金库。尤其是不用开具发票的现金收入，有些企业就将其纳入小金库的核算范围，还煞有其事地建立账外账簿进行登记，个别出纳员还“知法犯法”地当起了“保管员”。由于收入不入账，一方面偷逃了税收，另一方面也使某些别有用心的人有机可乘。

②公款私存，另设账外银行账户。个别企业由于票据使用制度监控不到位，也没有定期核对银行存款日记账和银行对账单等习惯，会计人员利用经管货币资金收支业务的便利，把公款转入企业私设或自己私设的银行账户上，从而达到侵吞公款或长期占有公款的目的。

③多头开户，截留公款。由于企业印鉴保管岗位和货币资金收款岗位的职务未分离等原因，会计人员利用个别银行间相互争资金、拉客户的机会，私自利用企业印鉴章在他行开设存款账户，或以本企业更换开户行为由，要求付款单位将欠款或销货收入款转至私设的户头上，从而达到截留公款的目的。

④转账套现，设置小金库。由于负责债权债务的岗位和负责货币资金的岗位发生了混岗或职责不清等情况，会计人员或有关人员配合外单位不法人员在收到外单位转入的银行存款后，开具现金支票，提取后私设小金库，或交付外单位以套取现金。

⑤截留返利，私设账外账。尤其是子公司的投资收益，有的可能会被母公司擅自截留、私自使用，或按照某种指令将收益隐匿起来，或者干脆设立账外账等。

⑥背书转让，私设小金库。会计人员在某种授意或指使下将收到的转账支票、银行汇票、商业汇票及银行本票等票据蓄意背书转让给与企业或个人有利害关系的单位，以达到变相侵吞、占有公款的目的。

⑦有个别会计人员甚至认为私有企业中的财产是私人所有，所以，只要“老板”同意，想怎么用就可以怎么用。事实上，法人财产和自然人财产不是一个概念，私营企业也应当加强会计控制。

《企业财务通则》明确要求企业应当按照现金和银行管理的有关规定报销费用支出，明确支出标准和执行责任，不得承担属于个人的下列支出：个人娱乐、健身、旅游、招待、购物、馈赠等支出；购买商业保险、证券、股权、收藏品等支出；个人行为导致的罚款、赔偿等支出；购买住房、支付物业管理费等支出；应由个人承担的其他支出。以上这些属于个人的支出也不能在账外账或小金库中列支。

5.3.2 现金控制流程及其控制要点

(1)授予权限

企业管理部门或业务部门规定或指派业务人员办理有关现金结算的经济业务，对于大宗或特殊现金收支业务，主管部门负责人应做专门批示。

(2)制取凭证

发生现金收支业务，必须填制或取得原始凭证，作为收付现金的书面证明。比如，企业向银行提取现金，要签发现金支票，以支票存根作为提取现金的书面证明；收进员工的交款，要以开出的收款收据副联作为收款的证明；支出采购费用或收入销售货款，要以发票正联或副联作为收付款项的证明。

(3)签审凭证

业务经办人员在现金收支原始凭证上签字，必要时写清业务内容、用途，部门负责人审核签章。例如，企业向银行提取现金，要由出纳员在现金支票上注明款项、用途并签章，财会部门负责人审核后加盖财务专用章；支付采购货款，要由采购员签字、采购部门负责人审签等。

(4)审核凭证

会计部门收到有关现金收支业务的原始凭证后，由会计主管人员或指定的分管会计负责审核。对于不符合规定的凭证，可拒不受理或责成经办人员补办手续。

(5)编制凭证

分管会计根据审核合规的原始凭证，填制收款凭证或付款凭证，签章后通知办理现金收支事项。

(6)收付现金

出纳人员复核收付记账凭证及原始凭证,按凭证所开列金额收付现金,并在凭证上加盖“收讫”或“付讫”戳记。

(7)复核凭证

稽核人员或指定人员审查收款凭证及付款凭证,审查合格后签章传递。

(8)登记日记账

出纳人员根据经过复核的收付记账凭证登记现金日记账。

(9)登记明细账

分管会计人员根据审签合格的收付凭证登记相关明细账。

(10)登记总账

总账会计编制总账记账凭证,经复核后登记总分类账现金科目。

(11)盘点现金

出纳人员每日营业结束后,结出现金日记账的收支和结余额,清点库存现金实有数,相互核对。

(12)送存银行

对于超过库存限额的现金,由出纳员登记现金送存簿后,及时送存银行,并收取现金送存回单。

(13)核对账簿

月末由稽核员或其他非记账人员核对现金日记账、有关明细账及总账,如发生记账误差,报经批准后予以处理。

(14)清查库存

定期或不定期由清查小组盘点库存现金,并与现金日记账的余额进行核对。根据清查结果编制现金盘点报告单,填列账存与实存的符合情况。

5.3.3 银行存款结算纪律

(1)银行开户规定

企业应该按照银行开户办法的规定申请开设银行账户。企业发生的各项结算款项,除允许用现金结算方式直接以现金收付外,必须通过银行划拨转账。

为了加强银行存款内部控制,企业应该建立银行存款管理责任制,由会计部门出纳人员专门负责办理银行存款的收付业务。会计部门应该认真执行银行账户管理办法和结算制度,做好银行存款的核算工作,随时掌握银行存款的收支动态和余额,搞好企业货币资金的调度和收支平衡,保证企业生产经营的资金供应。审计部门应该通过对银行存款内部控制系统的评审,促进企业加强银行存款管理,防止违纪违规问题的发生。

（2）支付结算的规定

企业应当严格按照《支付结算办法》等国家有关规定，加强对银行账户的管理，严格按照规定开立账户，办理存款、取款和结算。银行账户的开立应当符合企业经营管理的实际需要，不得随意开立多个账户，禁止企业内设管理部门自行开立银行账户。

企业应当定期检查、清理银行账户的开立及使用情况，发现未经审批擅自开立银行账户或者不按规定及时清理、撤销银行账户等问题，应当及时处理并追究有关责任人的责任。

企业应当加强对银行结算凭证的填制、传递及保管等环节的管理与控制。

（3）银行结算纪律

企业应当严格遵守银行结算纪律，不得签发没有资金保证的票据或远期支票，套取银行信用；不得签发、取得和转让没有真实交易和债权债务的票据；不得无理拒绝付款，任意占用他人资金；不得违反规定开立和使用银行账户。

专题讨论 5.7　票据控制有哪些要点值得关注？

第一，支票管理的职务分离制度要求保管支票的人和签发支票的人以及支票的印章管理人不能为同一个人。

第二，明确规定各种票据的购买、保管、领用、背书转让、注销等环节的职责权限和处理程序，并专设票据登记簿（如应收票据登记簿和应付票据登记簿等）进行记录，防止空白票据的遗失和被盗用。

第三，企业因填写、开具失误或者其他原因导致作废的法定票据，应当按规定予以保存，不得随意处置或销毁。对超过法定保管期限、可以销毁的票据，在履行审核批准手续后销毁，但应当建立销毁清册并由授权人员监销。

第四，对收取的重要票据，应留有复印件并妥善保管；不得跳号开具票据，不得随意开具印章齐全的空白支票。

企业应当指定专人定期核对银行账户，每月至少核对一次，编制银行存款余额调节表，并指派对账人员以外的其他人员进行审核，确定银行存款账面余额与银行对账单余额是否调节相符；如调节不符，应当查明原因，及时处理。

企业应当加强对银行对账单的稽核和管理。出纳人员一般不得同时从事银行对账单的获取、银行存款余额调节表的编制等工作。确需出纳人员办理上述工作的，应当指定其他人员定期进行审核、监督。

实行网上交易、电子支付等方式办理资金支付业务的企业，应当与承办银行签订网上银行操作协议，明确双方在资金安全方面的责任与义务、交易范围等。操作人员应当根据操作授权和密码进行规范操作。

使用网上交易、电子支付方式的企业办理资金支付业务，不应因支付方式的改变而随意简化、变更支付货币资金所必需的授权批准程序。企业在严格实行网上交易、电子支付操作人员不相容岗位相互分离控制的同时，应当配备专人加强对交易和支付行为的审核。

5.3.4 银行存款控制流程及其控制要点

(1)授权经办业务

业务部门负责人根据企业的规定和业务需要，授权业务人员办理涉及银行存款收支的经济业务或收付往来账款事项。

(2)签订结算契约

经办人员办理经营业务，应与对方商定收付款结算方式和结算时间等，以合同或其他契约方式加以明确。

(3)制取原始凭证

业务经办人员按照财务会计制度的规定，填制或取得原始凭证，作为办理银行存款收付业务的书面凭证，如购货发票、销货发票等。

(4)审签原始凭证

业务经办人员在原始凭证上填清业务内容并签字、盖章；业务部门负责人或指定人员审核、签字，批准办理托收或承付等结算手续。

(5)审核原始凭证

会计主管或指定人员审核原始凭证及其反映的经济业务，批准办理银行存款收支结算，对于不符合规定的凭证，应拒绝受理或责成经办人员补办手续。

(6)制取结算凭证

出纳员根据已审签的原始凭证，按照会计规定的手续和结算方式填制或取得银行存款结算凭证，如办理货款托收需填制托收承付结算凭证、办理货款承付需取得银行承付通知单等。

(7)办理结算业务

出纳员送交或留存结算凭证及有关记录，向银行办理存款收付业务。

(8)审核结算凭证

会计主管人员或指定人员审核结算凭证回联，并与原始凭证进行核对。

(9)编制记账凭证

会计人员根据审签的结算凭证及原始凭证，编制银行存款收付记账凭证。

(10)复核记账凭证

稽核员或指定人员复核记账凭证及所附结算凭证、原始凭证。

(11)登记日记账

出纳员根据审签的记账凭证,逐笔登记银行存款日记账。

(12)登记明细账

分管会计人员根据审签的记账凭证,登记相应的明细分类账。

(13)登记总账

总账会计按照规定的核算形式登记总分类账。

(14)核对账单

由非出纳人员逐笔核对银行存款日记账和银行对账单,查清未达账项。

(15)编制调节表

由对账人员编制银行存款余额调节表,经审核后据以核对。

(16)核对账账

由非记账人员核对银行存款日记账、有关明细账和总分类账;如发生误差,报经批准后予以处理。

5.4 资金控制的监督检查

5.4.1 资金监督检查的主要内容

企业应当建立对货币资金业务的监督检查制度,明确监督检查机构或人员的职责权限,定期或不定期地进行检查。

日常资金监督检查的主要内容如下:①资金业务相关岗位及人员的设置情况,重点检查是否存在资金业务不相容职务混岗的现象;②资金授权批准制度的执行情况,重点检查资金支出的授权批准手续是否健全,是否存在越权审批行为;③支付款项印章的保管情况,重点检查是否存在办理付款业务所需的全部印章交由一人保管的现象;④票据的保管情况,重点检查票据的购买、领用、保管手续是否健全,票据保管是否存在漏洞;等等。

5.4.2 资金营运关键风险控制点

(1)审批控制点

把收支审批点作为关键点是为了控制资金的流入和流出,审批权限的合理划分是资金营运活动顺利开展的前提条件。审批活动的控制点包括:制定资金的限制接近措施,经办人员进行业务活动时应该得到授权审批,未经授权的人员不得办理资金收支业务;使用资金的部门应提出用款申请,记载用途、金额、时间等事项;经办人员在原始凭证上签章;经办部门负责人、主管总经理和财务部门负责人审批并签章。

(2)复核控制点

复核是减少错误和舞弊的重要措施。根据企业内部层级的隶属关系可以划分为纵向复核和横向复核两种类型。前者是指上级主管对下级活动的复核;后者是指平级或无上下级关系人员之间的相互核对,如财务系统内部的核对。复核的控制点包括:资金营运活动会计主管审查原始凭证反映的收支业务是否真实、合法,经审核通过并签字、盖章后才能填制原始凭证;凭证上的主管、审核、出纳和制单等印章是否齐全;等等。

(3)收付控制点

资金的收付导致资金流入和流出,反映资金的来龙去脉。收付活动的控制点包括:出纳人员按照审核后的原始凭证收付款,并对已完成收付的凭证加盖戳记,登记日记账;主管会计人员及时、准确地记录相关账簿,定期与出纳人员的日记账核对。

(4)记账控制点

资金的凭证和账簿是反映企业资金流入和流出的信息源,如果记账环节出现管理漏洞,很容易导致整个会计信息处理结果失真。记账活动的控制点包括:出纳人员根据资金收付凭证登记日记账,会计人员根据相关凭证登记有关明细分类账;主管会计登记总分类账。

(5)对账控制点

对账是账簿记录系统的最后一个环节,也是报表生成的前一个环节,对保证会计信息的真实性起到重要作用。对账活动的控制点包括:账证核对、账账核对、账表核对、账实核对等。

(6)银行账户管理控制点

企业应当严格按照《支付结算办法》等国家有关规定,加强对银行账户的管理,严格按规定开立账户,办理存款、取款和结算。银行账户管理的控制点包括:银行账户的开立、使用和撤销是否有授权,是否存在账外账等。

(7)印章保管控制点

印章是明确责任、表明业务执行及完成情况的标记。印章的保管要贯彻不相容职务分离的原则,严禁将办理资金支付业务的相关印章和票据集中于一人保管,印章要与空白票据分管,财务专用章要与企业法人章分管。

5.4.3 资金日常监督检查重点

(1)是否严格实行内部牵制

按照内部牵制的原则,货币资金收支与记账的岗位应分离,货币资金收支的经办人员与货币资金收支的审核人员应分离，即办理货币资金业务的不相容岗位应当分离，相关机构和人员应当相互制约，以确保货币资金的安全。审批人应当根据货币资金授权批准制度的规定，在授权范围内进行审批，不得超越审批权限。经办人员应当在职责范围内，按照审批人的批准意见办理货币资金业务。对于审批人超越授权范围审批的货币资金业务，经办人员有权拒绝办理，并及时向审批人的上级授权部门报告。

(2)是否有合法的原始凭证作为依据

经办人员根据合法的原始凭证填列必要的内部凭证，在预算范围内根据授权原则由各级负责人对收入、支出的合法性、真实性、合理性进行审批后，到财务部门办理收入和支出手续。

财务部门主管会计人员应对业务部门的收入、支出原始凭证的合法性、真实性和合理性进行复核。对于非法支出，会计人员应拒绝办理；对于合法但明显不合理的支出，应报告企业负责人处理。会计人员将经过审核的原始凭证编制的记账凭证作为出纳员办理收付的依据。

(3)是否实行预算管理

由企业负责人根据经营计划提出年度预算要求，由各职能部门提出本部门预算，经财务部门审核、综合平衡后，报企业负责人批准并下达各部门执行。

在预算内的支出，可以根据授权范围，由业务部门负责人审核批准使用；超过预算的支出，应由业务部门提出追加预算，按预算批准程序批准后执行。

对于投资和融资，另按有关内部控制制度编制可行性研究报告，经审核、批准后纳入预算管理。

(4)是否实行授权批准控制

各级负责人的批准权限应根据其责任大小确定，正常经营活动收支批准限额大于非正常经营活动收支批准限额。部门负责人的权限由企业负责人决定，企业负责人的权限由董事会或投资人决定。

(5)是否序时逐笔进行会计记录

企业必须设置订本式现金日记账和银行存款日记账，并应按银行账户、币种分别核算货币资金的收入、付出和结存余额。全部收支应及时、准确地入账。

日记账必须序时逐笔登记，做到日清月结；应及时掌握银行存款余额，防止透支。

出纳员应每日盘点现金，并与现金日记账余额核对相符；应控制现金坐支，当日收入的现金应及时送存银行。月末，会计人员必须将现金、银行存款、其他货币资金总账余额与出纳员的银行存款日记账、现金日记账、其他货币资金日记账核对相符。银行存款日记账应与银行存款对账单核对，若有未达账项的，应编制银行存款余额调节表。如果经过调整，账单仍然不相符的，应查明原因，及时处理。对于未达账项，应查明原因，督促有关责任人员及时处理。外埠存款、银行本票存款、银行汇票存款、信用卡存款、信用证保证金存款等其他货币资金，应参照银行存款进行管理。

出纳员应将以企业名义开设的信用卡对账单与其他货币资金的信用卡存款明细账按月核对。对于已支用而尚未报销的费用，应督促信用卡使用人及时报账。

(6)是否按照规定的程序办理支付手续

企业对于重要货币资金支付业务，应当实行集体决策和审批，并建立责任追究制度，防范贪污、侵占、挪用货币资金等行为。

企业应当严禁未经授权的机构或人员办理货币资金业务或直接接触货币资金。

对监督检查过程中发现的资金内部控制中的薄弱环节，应当及时采取措施，加以纠正和完善。

经典案例评析

18 岁的黄某中专毕业后被分配进某工程公司第三分公司财务科工作，出任某项目部出纳兼会计。某天，他与公司另一项目负责人一起吃饭时，对方轻声告诉他："我们项目部有人冒充领导签字报销没有被发觉。"黄某听后心里顿时一动。之后，他陆续拿来自己和朋友、同学吃饭的发票，依葫芦画瓢，描上领导的签名后就给报销了。几次"小打小闹"竟无人察觉，他胆大起来，干脆从饭店讨来空白发票，一报就是几千元。黄某以"业务招待费"名义，先后十多次假冒领导签字，虚报了 2 万余元费用。黄某参与赌博输钱以后并没有悬崖勒马，而是又想到了公款，他认为"还是以开支票套现的办法比较安全，公司一般不查账，不会被发觉的"。于是，黄某利用支付正常的施工费，涂改了工程付款会签单，虚加了 1.95 万元金额，在假冒总经理签名后，将单子分别交给公司近 10 个部门的负责人审批。总经理签了名，整个审批过程就像一条顺畅的流水线，无遮无拦。凭着这张手续齐备的会签单，黄某堂而皇之地从公司财务部门开取了支票，又到自己朋友开的一家装潢公司套取了第一笔现金——1.95 万元。1.95 万元在投进赌场后没多久又输光了。失去理智和判断力的黄某如法炮制，先后套取现金 80 余万元，且数额一次比一次大，其中最大的一笔达 40 万元！除此之外，他还挪用了由他保管的 10 余万元备用金。一笔笔公款先后被黄某投进了赌场，但却屡战屡败，他输光了 90 多万元公款。

千里之堤毁于蚁穴。黄某的堕落固然有其虚荣心膨胀、法律意识淡薄等诸多因素，但财务管理与资金控制形同虚设，缺乏必要的监督检查，致使黄某一错再错。

企业在资金控制流程中应当特别关注下列控制要点及相应控制措施的落实情况：

第一，审批。业务经办人员办理现金收支业务，须得到一般授权或特殊授权。经办人员须在反映经济业务的原始凭证上签章；经办部门负责人审核原始凭证，并签字、盖章。审查原始凭证，可以保证现金收支业务按照授权进行，增强经办人员和负责人员的责任感，保证现金收付的真实性和合法性，避免乱收乱支、假收假支及现金舞弊等问题的发生。

第二，审核。会计主管人员或其指定人员审查现金收支原始凭证，主要审核原始凭证反映的现金收支业务是否真实、合法，原始凭证的填制是否符合规定；审核无误后，签章批准方可办理现金收付。审核原始凭证，可以保证现金收支凭证真实、合法，提供正确的现金支付和核算依据，保证出纳人员支付现金正确、合法。

在审批或审核环节，每个签署者必须独立审核相关事项，认真而不是草率地签字。在上述案例中，黄某就是利用了签署漏洞大行其弊。签署过程一般是从下级到上级层层往上审批，如果发现最高层或最后签署者在其他签署者之前签署，就可能存在错弊，因为这有悖于审批签署常理。事实上，如果每个签署者都尽到职责，在签署之前仔细审核，那么，黄某假冒总经理签名、涂改工程付款会签单，虚加1.95万元金额的行为就不会得逞。

第三，收付。出纳人员复核现金收支记账凭证及所附原始凭证，按照凭证所列数额收付现金并在凭证上加盖“收讫”或“付讫”戳记及私章。为了加强对现金收付的控制，必须建立严格的出纳岗位责任制，并实施不相容职务分离控制，谨防贪污、挪用、私存现金，以及重付、漏收现金等行为的发生。

第四，复核。稽核人员审核现金收支记账凭证及所附原始凭证，并签字、盖章。复核记账凭证可以保证现金收支业务的正确性和会计核算的真实性，防止记账失实，及时纠正收付错误。

第五，记账。出纳人员根据现金收付凭证登记现金日记账，分管会计人员根据收付凭证登记现金对应科目相关明细账，总账会计登记总分类账。分工登记现金账簿可以保证现金收支业务有据可查，并保证各账之间相互制约，及时提供准确的现金核算会计信息。

第六，核对。稽核人员或其他非记账人员核对现金日记账、有关明细账和总分类账；如有误差，报批准后予以处理；稽核人员签字、盖章。核对现金记录可以保证账账相符，现金核算信息正确和现金实物安全、完整。

第七，清点。出纳员每日清点库存现金，并与日记账余额进行核对；发现现金短缺或溢余，应及时查明原因，报经审批后予以处理。每天清点现金，能够防止现金丢失和收支、记账发生差错，经常保持账实相符。

第八，清查。由财务部主管、审计人员和稽核人员组成清查小组，定期或不定期清查库存现金，核对现金日记账。清查时，须有出纳人员在场，核对账实；根据清查结果编制现金盘点报告单，填制账存与实存的符合情况；如有误差，须报批准后予以调整处理。

上述资金控制要点中，“审批”“核对”和“清查”最为重要。由业务部门审批原始单据，可以保证经济业务的真实性、合理性和合法性，是控制的第一关卡；由财会部门进行账账核对，可以保证现金收付和会计核算的正确性，是及时发现现金收付和现金账务记录错误的主要环节，对于保证资金收付工作质量具有重要作用；由清查人员进行资金清查，可以保护资金安全、完整，是保护资金安全的最后一环。

第 6 章　采购控制

采购控制的具体目标是：实行采购与付款职责分工、预算和审批等流程控制，正确核算采购与付款业务，定期结算款项，确保采购与付款合法、有效以及在财务报告上的正确披露。

6.1　采购控制概述

6.1.1　采购控制的重要性

采购主要是指企业外购商品并支付价款的行为。采购物资的质量和价格、供应商的选择、采购合同的订立、物资的运输和验收等供应链状况影响着企业的生存与可持续发展。

采购既是企业重要的实物流，又与资金流密切关联。采购业务流程涉及编制需求计划和采购计划、请购、选择供应商、确定采购价格、订立框架协议或采购合同、管理供应过程、验收、退货、付款、会计控制和采购业务的后评估等环节（如图 6.1 所示）。

为了引导企业加强对采购业务的内部控制，防范采购过程中的差错和舞弊，企业应当贯彻执行《企业内部控制应用指引第 7 号——采购业务》。

6.1.2　采购管理风险

采购失控的常见情形主要有采购事先缺乏预算，没有严格的计划与审批制度，往往是领导一人说了算或想到采购什么就去采购什么；对采购人员的管理与要求不严，采购人员收受客户贿赂的现象存在；采购人员可能身兼数职，如货物的请购、询价、采购、储存等；保管员、使用人担任有关账务的记录工作，容易导致绕过验单或验货环节的控制；采购员、付款审批人和付款执行人同时办理寻求供应商和索价业务，职责不清；采购与付款业务凭证流转不通畅，有随意性，甚至流于形式或无人

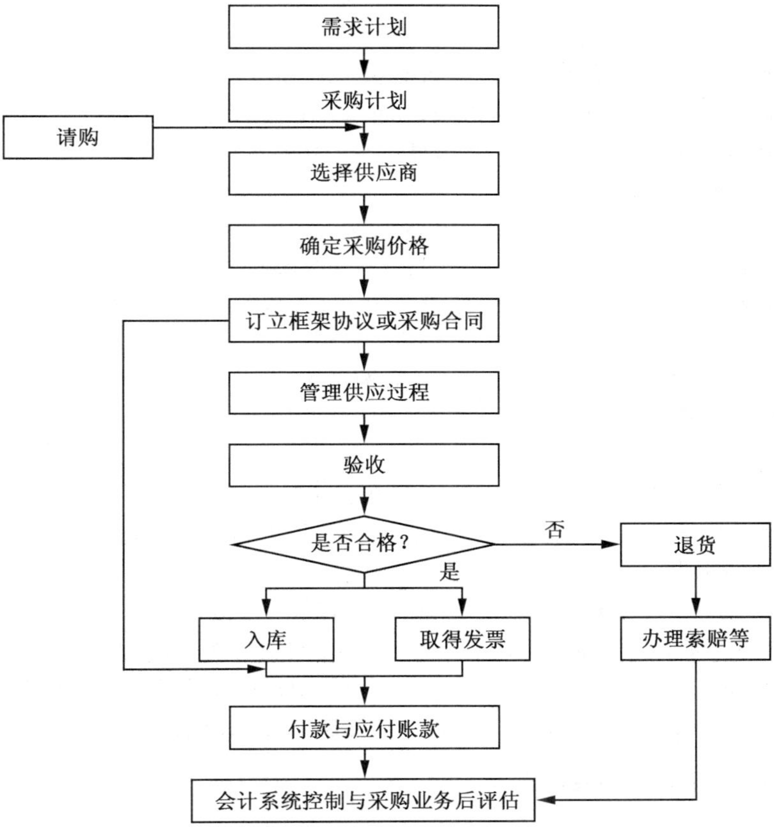

图 6.1 采购业务控制流程

管理；结算账户记录不全，对应关系不明，债权债务混淆，账情不清；没有定期清理往来账户，结清的应付款项长期挂账；等等。

采购不实的问题时有发生，如将应计入外购材料成本中的有关进货费用计入当期损益。在存在购货折扣的情况下，对购货折扣的处理不正确或前后各期不一致，影响商品购进成本的真实性和可比性。有的利用“应付账款”骗取回扣，表现为已支付货款并符合现金折扣条件，然后将折扣私分或留存小金库，或者不及时将现金折扣入账而挪作他用。有的对存货购进过程中发生的溢缺、毁损的会计处理不正确、不合理，如把应由责任人赔偿的短缺、毁损损失作为企业的“营业外支出”或“销售费用”“管理费用”处理，把属于供货方多发等原因造成的商品溢余私分或账外出售后作为小金库处理等，造成企业资产流失和浪费。

实证分析 6.1 | 明亮的路灯下为什么会一片漆黑？

近年来，多地曝出路灯工程腐败案，涉及市政管理、建设部门以及乡、镇、村委的干部和工作人员。一方面，路灯工程及其管理频现小官巨贪；另一方面，从招标到验收都得花钱疏通。

利用材料质量差异，抬高供货成本获取差价牟利成为行业内"公开的秘密"。湖北荆门市城区路灯管理局沈某、张某两人采取注册"空壳"公司，制造虚假供货合同抬高价格，4 年间共侵占货款差价近 500 万元，其中最大一单套取现金高达 230 万元。

一盏成本近万元的路灯，合同价能做到两三万元，其中差价就被主管领导、承办人员、承包商层层瓜分了。

导致采购管理失控与风险事故发生的原因至少包括以下几个方面：①采购行为违反国家法律法规，可能遭受外部处罚、经济损失和信誉损失；②采购未经适当审批或超越授权审批，可能因重大差错、舞弊、欺诈而导致损失；③请购依据不充分、不合理，相关审批程序不规范、不正确，可能导致企业资产损失、资源浪费或发生舞弊；④采购行为违反法律法规和企业规章、制度的规定，可能受到有关部门的处罚而造成资产损失；⑤验收程序不规范，可能造成账实不符或资产损失；⑥付款方式不恰当，执行有偏差，可能导致企业资金损失或信用受损。

6.1.3 采购控制关键点

第一，职责分工、权限范围和审批程序应当明确、规范，机构设置和人员配备应当科学、合理。

第二，请购事项应当明确，请购依据应当充分、适当。

第三，采购行为应当合法、合规，采购与验收流程及其控制措施应当明确、规范。

第四，付款方式和程序、与供应商的对账办法应当有明确规定。

6.2 职责分工与授权批准

6.2.1 采购业务的岗位责任制

企业应当建立采购业务的岗位责任制，明确相关部门和岗位的职责、权限，确保办理采购业务的不相容岗位相互分离、制约和监督。

企业采购业务的不相容岗位至少包括：①请购与审批；②供应商的选择与审批；③采购合同、协议的拟订、审核与审批；④采购、验收与相关记录；⑤付款的申请、审批与执行。

企业除小额零星物资或服务外，不得安排同一机构办理采购业务的全过程。

6.2.2 办理采购业务的人员配备

企业应当配备合格的人员办理采购与付款业务。办理采购与付款业务的人员应当具备良好的业务素质和职业道德。

企业可以根据具体情况对办理采购业务的人员实行定期岗位轮换，防范采购人员利用职权和工作便利收受商业贿赂，损害企业利益。

企业应当按照请购、审批、采购、验收、付款等规定的程序办理采购业务，并在采购与付款各环节设置相关记录，填制相应的凭证，建立完整的采购登记制度，加强请购手续、采购订单或采购合同、验收证明、入库凭证、采购发票等文件和凭证的相互核对工作。

6.2.3 授权制度和审核批准制度

企业应当建立采购业务的授权制度和审核批准制度，并按照规定的权限和程序办理采购业务。

在完善采购与付款授权批准制度的过程中，应当明确审批人对采购与付款业务的授权批准方式、权限、程序、责任和相关控制措施，规定经办人办理采购与付款业务的职责范围和工作要求。

审批人应当根据采购与付款业务授权批准制度的规定，在授权范围内进行审批，不得超越审批权限。

经办人应当在职责范围内，按照审批人的批准意见办理采购与付款业务。对于审批人超越授权范围审批的采购与付款业务，经办人员有权拒绝办理，并及时向审批人的上级授权部门报告。

对于重要和技术性较强的采购业务，应当组织专家进行论证，实行集体决策和审批，防止出现决策失误而造成严重损失。严禁未经授权的机构或人员办理采购与付款业务。

企业应当通过合理设置采购与付款业务的机构和岗位，建立和完善采购与付款的会计控制程序，加强请购、审批、合同订立、采购、验收、付款等环节的会计控制，堵塞采购环节的漏洞，减少采购风险。

企业的物资采购应遵循集中的权利分散化与隐蔽的权利公开化原则，根据采购物资的不同等级，分权管理，做到决策程序的民主化和公开化。在采购过程中，要做到以销定购、比价择优；同时，询价、比价、审核、采购、检验等职责必须分设，以互相制衡，使整个采购管理流程规范化，便于企业加强管理，向管理要效益。

有条件的企业或企业集团，采购职责权限应当尽量集中，以提高采购效率，堵塞管理漏洞，降低成本和费用。

6.3 请购与审批控制要点

6.3.1 采购申请制度

企业应当建立严格的请购与采购审批制度。对于超预算和预算外采购项目，应当明确审批权限，由审批人根据其职责、权限以及企业的实际需要对请购申请进行审批。

第一，企业应当建立采购申请制度，依据购置商品或服务的类型，确定归口管理部门，授予相应的请购权，明确相关部门或人员的职责权限及相应的请购程序。

企业采购需求应当与企业生产经营计划相适应，具有必要性和经济性等。

需求部门提出的采购需求，应当明确采购类别、质量等级、规格、数量、相关要求和标准、到货时间等。例如，按最低存量及经济订货批量控制的原材料等的采购，可由仓储部门提出采购申请。

第二，采购申请均应得到适当的授权审批。

第三，采购应由采购部门根据经过批准的请购单进行采购。

企业各部门应根据生产进度计划和用料计划编制请购单，申请进货。请购单是用料部门通知采购部门进货的一种业务凭证，该凭证经用料部门负责人签字后送交采购部门。采购部门应审核请购单上的下列事项：要求购入材料的用途明确（包括哪个部门使用、何时要用）；根据生产进度计划编制的用料数量计算正确；库存数量已低于最低储备量；等等。

采购部门批准请购单后，据此编制采购计划。采购计划控制包括：采购计划应提前做出，以避免临时采购；采购计划中金额的估计不能指定单一供应商或某些特定供应商而排斥其他竞争者（垄断性、特殊性商品除外）；申请采购方负责核实订购货物的及时性和材料成本的大小。

第四，采购申请应按不同种类的采购分别采用不同的方法进行控制。

第五，有条件的企业应当设置专门的请购部门，对需求部门提出的采购需求进行审核，并进行归类汇总，统筹安排企业的采购计划。

6.3.2 订货报价控制

订货报价可能是采购业务中的核心业务，其中，对供应商品的选择又是保证材料成本和质量目标实现的重中之重。采购一般应按询价、选择供应商、订立合同等几个环节进行控制。

（1）询价

采购部门接到经财务部门审批后的请购单，根据请购单对请购物品数量和质量的要求向不同供应商（通常要求两家以上）询价。询价的内容至少应包括价格、质量指标、折扣、付款条件及交货时间。

（2）选择供应商

根据不同供应商所提供的资料，选择有利于企业生产和成本最低的供应商，即进行比价择优。

专题讨论 6.1 ｜ 如何进行比价择优控制？

第一，供应部门应广泛收集采购物资的质量、价格等市场信息，及时掌握主要采购物资信息的变化。比价信息要做到规范化、有宽度，且要编制采购物资的价格分析表，提供近几年的市场价、国际价、国内价、最高价、最低价、每年平均价等价格要素资料。比价信息应由企业有关部门和总经理室共享。

企业应对所有采购物资按品种建立比价表，包括比价要素、比价择优工作时限、市场预测。大宗采购应有 3 个以上供货单位的情况，以便比质、比价采购和供核价部门审核。

第二，主要物资的采购应由总经理室和相关业务部门负责人根据比价表和比价信息进行比价择优集体决策，确定供应商和限定的价格。

企业对于大宗物资的采购要采用招标的方式，从质量、技术性能、价格、售后服务、付款方式等多方面综合评估，进行优选，按规定的决标工作程序确定中标单位，并公开招标方案。

日常物资采购由采购部门按批准的计划，在限价范围内详细填写"物资采购申报单"，按比价择优原则提出初选供应商和价格的意见，并由部门领导审核后报核价部门核准。

第三，物资采购价格应当由企业价格核定部门根据比价信息和比价表进行核定；采购价格超出核定价格的，必须重新审批；在核定的价格内并经质量检验合格的物资，才可办理采购结算手续。价格监督抽查部门应随时进行抽查和监督。

企业应当充分掌握供应商的信誉、供货能力等有关情况，采取由采购、使用等部门共同参与比质、比价的程序，并按规定的授权批准程序确定供应商。小额零星采购也应由经授权的部门事先对价格等有关内容进行审查。企业每年应对供应商进行评估,优胜劣汰,并补充新的供应商进行新一轮的比价择优循环工作。评估和择优工作应有非采购部门参加。

(3)订立合同

向确定的供应商发出订购单并签订购货合同。订购单应事先顺序编号,列示内容应适当。订购单应分送请购部门、收货部门及财务部门,购货合同应分送财务部门。

企业除小额零星杂项物品之外,大宗进货均应采用订货制度。采购部门批准了请购单,编制采购计划之后,即可与客户签订采购合同或发出订货单。

对于零星物料用品的购买,通常不必采用订货单程序,而是采用市场采购的方式,但在发票上必须由购货人、收货人和部门负责人签字。

6.3.3 采购审批控制

企业应当建立健全采购决策程序,根据采购物资的类别和所需资金量的大小,实行分级、分权管理,明确各级管理者、各有关部门及人员的权限,根据授权,逐级审批。企业应指定非采购的专门部门承担审核、抽查和监督工作。

审批人应当根据采购与付款业务授权批准制度的规定,在授权范围内进行审批,不得超越审批权限。经办人应当在职责范围内,按照审批人的批准意见办理采购与付款业务。对于审批人超越授权范围审批的采购与付款业务,经办人员有权拒绝办理,并及时向审批人的上级授权部门报告。

企业对于重要和技术性较强的采购业务,应当组织专家进行论证,实行集体决策和审批,防止出现决策失误而造成严重损失。严禁未经授权的机构或人员办理采购与付款业务。

对企业大宗生产物资,倡导集约化采购。采购部门应处理好服务企业与经营利益的关系,提高采购效能。要选定长期合作的供应商来保证供货价格和质量(每年应对供货商进行评审)。

在确定年度经济目标时,应科学地制定每年降低采购成本的目标,并纳入对直接管理的企业的考核。

第一,采购部门应按以销定产和以产定购的要求,根据生产计划、材料采购周期、最佳库存和当前库存制订采购计划。整个采购计划应随订单的变化及时调整。

第二,月度采购计划和月度采购资金计划应由生产、采购、财务等部门会审后报总经理室审核批准。

第三,月度采购总资金一般不得超额,特殊情况下的超额应有审批制度。

6.3.4 采购预算管理

企业应当加强采购业务的预算管理。对于预算内的采购项目，具有请购权的部门应当严格按照预算执行进度办理请购手续；对于超预算和预算外的采购项目，应当由审批人对请购申请进行审批。设置请购部门的，应当由请购部门对需求部门提出的申请进行审核后再行办理请购手续。

6.4 采购与验收控制要点

6.4.1 采购与验收管理制度

企业应当建立采购与验收环节的管理制度，对采购方式的确定、供应商的选择、验收程序及计量方法等做出明确规定，确保采购过程的透明化以及所购商品在数量和质量方面符合采购要求。

6.4.2 供应商评价制度

企业应当建立供应商评价制度，由企业的采购部门、请购部门、生产部门、财会部门和仓储部门等相关部门共同对供应商进行评价，包括对所购商品的质量、价格、交货及时性、付款条件及供应商的资质、经营状况、信用等级等进行综合评价，并根据评价结果对供应商进行调整。

企业可以根据商品或服务等的性质及其供应情况确定采购方式。大宗商品或服务等的采购应当采用招投标方式并签订合同或协议。一般物品或服务等的采购可以采用询价或定向采购的方式并签订合同或协议。小额零星物品或服务等的采购可以采用直接购买等方式。企业应当对例外紧急需求、小额零星采购等特殊采购的处理程序做出明确规定。

6.4.3 采购价格形成机制

企业应当明确采购价格形成机制。例如，大宗商品或劳务采购采用招投标方式确定采购价格，应明确招投标的范围、标准、实施程序和评标规则。其他商品或劳务的采购，应当根据市场行情制定最高采购限价，不得以高于采购限价的价格采购。以低于最高采购限价的价格进行采购的，可以适当方式予以奖励。企业应根据市场行情的变化适时调整最高采购限价。委托中介机构进行招投标的，应当加强对中介机构的监督。

企业应当充分掌握有关供应商信誉和供货能力等方面的信息，由采购、使用等部门共同参与比质比价，并按规定的授权批准程序确定供应商。小额零星采购也应当由经授权的部门事先对采购价格等有关内容进行审核。对单价高、数量多的物资采购，企业应当制定严格的比质比价采购制度。

企业应当根据规定的验收制度和经批准的订单、合同等采购文件，由专门的验收部门或人员、采购部门、请购部门以及供应商等各方共同对所购物品或服务等的品种、规格、数量、质量和其他相关内容进行验收，出具检验报告、计量报告和验收证明。对验收过程中发现的异常情况，负责验收的部门或人员应当立即向有关部门报告。有关部门应当查明原因，及时处理。

6.4.4 退货管理制度

企业应当建立退货管理制度，对退货条件、退货手续、货物出库和退货货款回收等做出明确规定，及时收回退货货款。

6.5 付款控制要点

6.5.1 合同财务审核制度

企业采购部门在办理付款业务时，应当对采购合同约定的付款条件以及采购发票、结算凭证、检验报告、计量报告和验收证明等相关凭证的真实性、完整性、合法性及合规性进行严格审核，并提交付款申请，财务部门依据合同、发票等对付款申请进行复核后，提交企业相关权力机构或人员进行审批，办理付款。

《企业财务通则》要求企业建立合同财务审核制度，明确业务流程和审批权限，实行有效财务监控。合同是对双方权利义务的约定。签订合同可能是权利的源头之一。合同一经签订，会影响企业的收益、资金流量、成本费用、税收等诸多方面的事项。合同通常由业务人员签订。但是，业务人员对财务管理、会计核算不一定精通，因此，企业必须建立合同的财务审核制度，这样可以促使企业将财务风险管理的关口前移，通过合理安排资金、规范支出事项，有效防止不规范行为的发生，发挥财务"提前参与"的监督作用。

6.5.2 加强对预付账款和定金的管理

企业应当建立预付账款和定金的授权批准制度，加强对预付账款和定金的管理。

企业应当加强对大额预付账款的监控，定期对其进行追踪核查。对预付账款的期限、占用款项的合理性、不可收回风险等进行综合判断；对有疑问的预付账款及时采取措施，尽量降低预付账款的资金风险和形成损失的可能性。

6.5.3 加强对应付款项的管理

企业应当加强对应付账款和应付票据的管理，由专人按照约定的付款日期、折扣条件等管理应付款项。

企业应当定期与供应商核对应付账款、应付票据和预付账款等往来款项，如有不符，应当查明原因，及时处理。

往来账款是企业在经济业务活动中发生的应收、应付、暂收、暂付款，是企业资产、负债的组成部分。随着市场经济的发展和社会竞争的加剧，企业为了扩大市场占有率，越来越多地运用商业信用进行促销；然而，市场的信用危机又使得企业间相互拖欠的现象越来越严重，造成企业的往来账款增加。又由于企业财务及经营管理上的原因，许多不属于往来账款的其他经济内容也体现在往来账款中，造成往来账款的增加。特别是在商业企业中，往来账款所占的比重越来越大，不仅造成企业资金周转困难，而且也使企业的会计信息失真。加强对企业往来账款的管理，对减少企业资金占用，创造良好的企业内部经营管理环境是十分重要的。

专题讨论 6.2 | 往来账款可能存在哪些共性问题？

第一，不定期对账。有些企业由于疏于对往来账款的管理，不能做到定期与相关单位核对账目，特别是欠款企业，往往对债权人的对账要求持抵触态度，长此以往，必然造成往来账款账目不清，为今后的催款、清理带来困难。

第二，往来账款不定期清理。有些名存实亡的往来账款长期挂账，如坏账不及时报损、处理，无须支付的债务不及时报批转账等，均造成往来账款账目的混乱。

第三，对已销账的往来款管理不善。例如，已作坏账的应收款，收回时作为账外小金库，甚至中饱私囊；无须支付的款项，私自付出作为账外资金或被个人贪污。

第四，利用往来账款调节损益，尤其是一些没有能力消化的费用挂在往来账上，造成企业财务状况与盈亏核算失真。

第五，出租出借账户或为他人套取现金。个别企业往来账中有些一进一出的款项无明确经济内容，实际是出借账户为他人转款；有些业务员利用职务之便，多次以备用金名义领取现金，然后通过银行转账还款，实际也是为他人套取现金的违规行为。

第六，往来款账务处理不规范，往来账户之间不按业务内容记账。例如，有些与正常经营业务无关的款项被计入应收账款或应付账款，随意将暂时无法查清的应收、应付款余额相对冲，私自将不同户名的往来款项轧抵或对冲等，其中的某些行为存在营私舞弊的嫌疑。

往来账款涉及企业日常经营及管理活动的各个方面，往来账中出现的问题还可能与经营管理中存在的缺陷相关，如缺乏相应的控制政策及控制程序，或有了这些政策和程序却没有执行。这些政策与程序主要是指岗位分离、授权批准、文件记录、预算控制、实物保全等。要解决以上问题，加强企业自身的内部会计控制显得尤为重要。

6.5.4 货款支付制度

货款支付制度（包括预付款的支付）的监督检查主要包括以下几个方面：

第一，发票价格、运输费、税款等必须与合同复核无误，凭证齐全后才可办理结算、支付货款；对于预付款的支付，不仅要与合同核对、履行审批手续，还要关注支付风险，如有销售折扣与折让或部分退货，应注意从原发票中扣除后再办理结算。会计部门有责任检查所购的货物，并在应付账款中记录。会计部门收到采购发票时，应将发票上所记的规格、价格、数量、条件及运费等与合同或订单上的有关资料相核对，并与验收单上的内容进行比较。

第二，除了向不能转账的集体企业或个人购买货物以及不足转账起点金额的可以支付现金外，货款一般须通过银行办理转账，不得违反结算纪律，擅自支付现金或现金支票。货款支付前应由企业授权人签字；未经签字，不得向外支付货款。支票签章人签章时应仔细审核有关单据。

第三，购货发票以外增加购货成本的各种费用、损失，如保管、装卸、搬运而支出的费用以及在途损耗等，必须经过会计部门的凭证审查和损耗原因分析，以确定其合法性和合理性。

第四，控制储备定额以保证生产需要、节约资金使用为原则，严防超储积压，确保购入的货物是企业生产经营所需的，并且每次采购都在预定的水平之中。

第五，应付账款的明细分类账和总分类账应经常核对，确保账账相符。

实证分析 6.2 | 盲目付款的惨痛教训

深圳某公司向港商订购彩电，港商要求预付半数定金，该公司求货心切，合同签订以后，立即支付 800 万元定金。结果因港商远离香港，潜逃无踪而上当受骗，血本无归。

上海某无线电厂生产彩电，因缺少显像管，在不了解供货方的情况下，向深圳某公司一次订货 20 000 个显像管，并预付定金 1 750 万元。结果该供货公司无货供应，后几经交涉，并通过法院、工商行政管理部门的处理，该无线电厂才将 1 750 万元预付款收回。

在上述案例中，企业因求货心切，在不了解供货方信用状况与是否有货供应的情况下就盲目预付款(定金),教训令人深思。在类似的案例中,也不排斥企业内部人员利用职权,营私舞弊,内外勾结,假借预付定金的名义将资金抽走,占为己有,或化公为私,予以侵吞。由此看来,在纷繁复杂的市场经济中,加强对采购环节中预付款的内部会计控制是非常重要的。

(1)应当建立严格的订货控制制度

订货是整个进货过程的核心,通过对订货的控制,可以控制企业整个进货过程。订货控制常采用的方法有:①慎重选择供货单位,必要时派人到供货单位调查其设备状况、技术水平和产品质量;②审核供货单位的供货条件,包括价格、运费、运货能力以及维修服务能力等;③调查了解有关供货单位的信誉和财务状况。

企业只有在充分考虑上述因素后,采购部门才可以择定供货单位,签订合同或发出订货单。

(2)应当建立严格的合同审核制度

财务部门应根据生产进度计划、采购计划、请购单、采购合同以及经批准的预付款项办理预付款的支付手续。尤其要认真审查预付款的合同,必要时聘请法律顾问参与审查。如果是分期预付款项的,应严格分期支付手续。

(3)应当建立后续检查制度

采购部门在发出订货单并办妥预付款手续以后,应关注供货单位的备货情况及本企业的生产进度,以确保供货单位的交货能够满足本企业的生产需要。

(4)应当建立与健全及时报告制度

采购人员一旦发现供货单位有异常情况或有上当受骗的可能,应及时报告上级主管部门并及时处理,尽量减少与挽回损失。

6.6 采购控制的监督检查

6.6.1 采购监督检查的主要内容

企业应当建立对采购内部控制的监督检查制度,明确监督检查机构或人员的职责和权限,定期或不定期地进行检查。

监督检查机构或人员应通过实施符合性测试和实质性测试检查采购与付款业务的内部控制制度是否健全,各项规定是否得到有效执行。

采购内部控制监督检查的内容主要包括以下几个方面:①采购与付款业务相关岗位及人员的设置情况,重点检查是否存在采购与付款业务不相容职务混岗现象;②采购与付款业务授权批准制度的执行情况,重点检查大宗采购与付款业务的授权批准手续是否健全,是否存在越权审批的行为;③应付账款和预付账款的管理，重点审查应付账款和预付账款支付的正确性、时效性和合法性；④有关单据、凭证和文件的使用和保管情况，重点检查凭证的登记、领用、传递、保管、注销手续是否健全，使用和保管制度是否存在漏洞；等等。

6.6.2 采购执行情况的监督检查

第一，企业是否将比价和订货的职责与操作分离，并指定未参与比价的人员按核定的价格执行采购计划。订货人员与供货单位就购销合同的谈判，应有两人以上参加。合同应有规范的格式、明确的标的且符合法律法规。经审核批准后的合同应由专人管理。大宗合同应事先听取企业法律部门或法律顾问的意见。

第二，企业是否根据物品或劳务等的性质及其供应情况确定采购方式。一般物品或劳务等的采购应采用订单采购或合同订货等方式，小额零星物品或劳务等的采购可以采用直接购买等方式。企业还应当制定例外紧急需求的特殊采购处理程序。

第三，对超额采购的处理方式：①除特殊情况外，对未经同意越权超额采购的物资，采购人员应按超额采购部分的总金额承担银行利息及相应的经济责任；②采购物资入库应物、单（入库凭证）相符，仓库按单验收。采购（管理）部门应按库存管理超存（过期）的报警制度确定合理库存，对存货盘点及状态进行控制。一旦发现物资压库，企业应立即采取措施，抵扣采购或代用。

第四，企业是否建立采购物资质量检验制度和对供应商索赔的制度。质量检验部门应严格按标准和程序对采购物资进行检验，按检验结果出具检验报告。对因质量问题而降级使用或退换给企业造成损失的，应按合同约定的原则处理。未经质量检验的物资，不能办理入库和结算手续。

6.6.3 后续控制的监督检查

采购部门在发出订货单以后，供应单位是否能按订货单所定的条件交货，需采购部门经常关注。采购人员在必要时可到供货单位查看产品的生产进度并检查质量，以保证供货单位按条件发货；同时，采购人员还应掌握本企业的生产进度，以确保供货单位的交货能够满足本企业的生产需要。采购部门对所进行的后续检查工作应做记录，以全面掌握材料的供应情况。在采购过程中，若发现异常情况，应及时报告，及时处理。

由于采购业务对企业的生存与发展具有重要影响，《企业内部控制应用指引第7号——采购业务》强调企业应当建立采购业务后评估制度。就此，企业应当定期对物资需求计划、采购计划、采购渠道、采购价格、采购质量、采购成本、协调或合同签约与履行情况等物资采购供应活动进行专项评估和综合分析，及时发现采购业务的薄弱环节，优化采购流程；同时，将物资需求计划管理、供应商管理、储备管理等方面的关键指标纳入业绩考核体系，促进物资采购与生产、销售等环节的有效衔接，不断防范采购风险，全面提升采购效能。

对监督检查过程中发现的采购与付款内部控制中的薄弱环节，企业应当采取措施，及时加以纠正和完善。

经典案例评析

W 公司是一家家具生产企业，下设财务部、采购部、销售部、生产部和仓储部，由总经理全面负责。近年来，随着公司规模的不断扩大，销售业绩大幅增长，但公司的利润增长却比较缓慢。经过分析，发现 W 公司的采购成本不仅高于行业内同等规模的其他企业，而且其增长明显高于销售收入的增长。

经过调查，发现 W 公司在采购与付款业务循环中存在以下情况：

W 公司采购的物资主要是原材料和五金配件，包括木板、塑板、玻璃板、螺栓、金属把手等。采购申请由各个生产车间提出，经生产部经理批准后，送采购部。

W 公司规定采购金额在 10 万元以下的，由生产部经理批准；采购金额超过 10 万元的，由总经理批准。由于总经理出差而生产车间又急用，生产部经理多次批准了超过 10 万元的采购申请。

采购部有 4 名员工，其中，经理 1 名，采购员 3 名（以下简称甲、乙、丙）。甲和乙负责原材料的采购，丙负责五金配件的采购。自企业成立至今 5 年，以上人员一直负责这项工作。

W 公司目前有两个固定的原材料供应商，供应商由采购部选择，报总经理批准；对于五金配件，则根据需要由丙在市场上购买，价格和供应商由丙自行决定。

物资采购后，由采购部内部人员验收，出具验收证明后交仓储部保管。

采购发票经采购部经理签字后送财务部，财务部据此付款。

采购退货由采购部负责，由于业务繁忙，为减轻工作量，采购部一般集中在每个季度末向财务部提供一份退货清单。

归纳分析 W 公司的采购与付款业务至少存在以下缺陷：

第一，没有严格遵循不相容职务相互分离控制的要求。询价与确定供应商属于不相容岗位，W 公司由丙负责五金配件的询价并确定供应商，不符合内部控制有关“不相容职务相互分离控制”的要求。W 公司应建立采购与付款岗位责任制，明确相关部门和岗位的职责、权限，确保不相容岗位相互分离、制约和监督。

第二，没有严格遵循授权批准制度。按规定，审批人应在授权范围内审批，不得超越审批权限。生产部经理未得到总经理的授权，不应批准 10 万元以上的采购申请。W公司对采购业务应建立严格的授权批准制度，明确审批人对采购与付款业务的授权批准方式、权限、程序、责任和相关控制措施；当总经理不在时，可授权副总经理或有关人员负责审批采购申请。

第三，对办理采购与付款业务的人员没有建立和执行岗位轮换制度。采购部的4名人员在现有岗位上已工作多年，企业应考虑对他们进行岗位轮换。

第四，验收制度及其做法不符合内部控制的要求。W公司的采购物资由采购部指定人员负责验收不妥。W公司应建立采购与验收环节的管理制度，对采购方式的确定、供应商的选择、验收程序等做出明确规定，确保采购过程透明化。企业应当由独立的验收部门或指定专人对所购物资进行验收，出具验收证明。

第五，货款支付环节的内部控制存在缺陷。公司应当建立完整的采购登记制度，加强采购订单、验收证明、入库凭证、采购发票等文件和凭证的相互核对。财会部门在办理付款业务时，应当对采购发票、结算凭证、验收证明等相关凭证的真实性、完整性及合规性进行严格审核。财务部仅凭采购部经理的签字即支付货款不符合上述要求。

第六，退货的管理和控制存在缺陷。W公司应当建立退货管理制度，对退货条件、退货手续、货物出库、退货货款回收等做出明确规定，及时收回退货货款。采购部办理退货，应及时通知财务部，保证货款及时回收。

第 7 章　存货控制

存货控制的具体目标是:实行存货管理职责分工、预算和审批,以及收、发、领、退等流程控制,正确核算存货业务,确保存货安全、完整,以及在财务报告上的正确披露。

7.1　存货控制概述

7.1.1　存货控制的重要性

存货是指企业在日常活动中持有以备出售的产成品或商品、处在生产过程中的在产品、在生产或提供劳务过程中耗用的材料和物料,主要包括各类原材料、在产品、半成品、产成品、商品、周转材料等。存货的主要作用是备销、待销,是企业生产经营必备的物质资料。

存货在企业资产中所占的比重一般较大,而且直接影响成本的高低。随着企业生产经营过程的进行,有的存货被耗用后形成在产品成本、产成品成本等,有的存货被销售后形成产品或商品的销售成本,有的存货以营业费用的形式被耗用,有的存货仍以原有形态存在。存货的多少与主营业务成本的高低变化有着密切的关系,并影响与主营业务收入是否配比的问题。存货生成的会计信息是否真实、可靠,不仅影响资产的价值是否准确,同时也影响损益的确定是否正确、可靠。

存货的业务循环主要包括存货计划、存货收入、存货保管和存货发放等环节。

7.1.2　存货管理风险

目前,存货管理失控的常见情形主要有:盲目采购,缺乏预算;采购员不比价采购,甚至高价采购拿回扣;验收、保管、发货、盘点、记账的职责不清;存货超储备造成浪费;存货短缺、霉烂、变质、毁损、无人处置;存货不定期盘点,不及时办理盘盈、盘亏手续;随意改变计价方法,随意调节计划(标准)成本与差异;人为多计、少计、不计存货发出成本；盘亏存货和改变存货用途后不结转进项税额；捐赠存货形成账外资产；账实不符，账目不清，管理混乱；计提秘密准备或人为调节存货跌价准备。尤其是虚构存货和存货盘点操纵，其行为带来的灾害是致命的。

实证分析 7.1 | 法尔莫公司高估存货的深刻教训

米奇·莫纳斯拥有一种无法抑制的求胜欲望。他首先设法获得了位于(美)俄亥俄州阳土敦市的一家药店，在随后的十年中他又收购了另外 299 家药店，从而组建了全国连锁的法尔莫公司。但这一切辉煌都是建立在资产造假——未检查出来的存货高估和虚假利润的基础上的，这些舞弊行为最终导致了莫纳斯及其公司的破产。

莫纳斯及其公司炮制虚假利润长达十年之久。他和他的几位下属编制了两套账簿，一套用以应付注册会计师的审计，另一套则反映糟糕的现实。他们仿造购货发票，编制增加存货并减少销售成本的虚假记账凭证，确认购货却不同时确认负债，多计或加倍计算存货的数量。财务部门之所以可以隐瞒存货短缺是因为注册会计师只对 300 家药店中的 4 家进行存货监盘，而且他们会提前数月通知法尔莫公司他们将检查哪些药店。管理人员随之将那 4 家药店堆满实物存货，而把那些虚增的部分分配到其余的 296 家药店。这项审计失败使会计师事务所在民事诉讼中损失了 3 亿美元。公司财务总监被判 33 个月监禁，莫纳斯本人则被判入狱 5 年。

导致存货管理失控与风险事故发生的原因至少包括以下几个方面：①存货业务违反国家法律法规，可能遭受外部处罚、经济损失和信誉损失；②存货业务未经适当审批或超越授权审批，可能因重大差错、舞弊、欺诈而导致资产损失；③请购依据不充分，采购批量、采购时点不合理，相关审批程序不规范、不正确，可能导致企业资产损失、资源浪费或发生舞弊；④验收程序不规范，可能导致资产账实不符和资产损失；⑤存货保管不善，可能导致存货损坏、变质、浪费、被盗和流失等；⑥存货盘点工作不规范，可能由于未能及时查清资产状况并做出处理而导致财务信息不准确，资产和利润虚增。

7.1.3 存货控制的关键点

第一，职责分工、权限范围和审批程序应当明确、规范，机构设置和人员配备应当科学、合理。

第二，存货请购的事项应当明确，请购的依据应当充分、适当。

第三，存货管理控制流程应当清晰、严密，存货管理原则及程序应当明确、规范。

第四,存货的确认、计量和报告应当符合国家统一的会计准则和制度的规定。

7.2 职责分工与授权批准

7.2.1 存货业务的岗位责任制

企业应当建立存货业务的岗位责任制,明确内部相关部门和岗位的职责、权限,确保办理存货业务的不相容岗位相互分离、制约和监督。存货业务的不相容岗位至少包括:①存货的请购、审批与执行;②存货的采购、验收与付款;③存货的保管与相关记录;④存货发出的申请、审批与记录;⑤存货处置的申请、审批与记录。

存货业务应当实行严格分离控制,存货的计划、验收、保管、发货、盘点、记账不能由一人包办。为此,企业应当配备合格的人员办理存货业务。办理存货业务的人员应当具备良好的业务知识和职业道德,遵纪守法,客观公正。企业要定期对员工进行相关法律、政策及业务培训,不断提高他们的业务素质和职业道德水平。

7.2.2 授权批准制度

企业应当对存货业务建立严格的授权批准制度,明确审批人对存货业务的授权批准方式、权限、程序、责任和相关控制措施,规定经办人办理存货业务的职责范围和工作要求。

审批人应当根据存货授权批准制度的规定,在授权范围内进行审批,不得超越审批权限。

经办人应当在职责范围内,按照审批人的批准意见办理存货业务。

企业内部除存货管理部门及仓储人员外,其余部门和人员接触存货时,应由相关部门特别授权。对于属于贵重物品、危险品或需保密的物品,应当规定更严格的接触限制条件,必要时,存货管理部门内部也应当执行授权接触。

企业可以根据业务特点及成本效益原则选用计算机系统和网络技术实现对存货的管理和控制,但应注意计算机系统的有效性、可靠性和安全性,并制定防范意外事项的有效措施。

7.3 请购与采购控制要点

7.3.1 存货采购申请管理制度

企业应当建立存货采购申请管理制度,明确请购相关部门或人员的职责权限及相应的请购程序。请购通常应当由使用部门书面提出申请,并履行授权审批程序。

7.3.2 存货预算管理

企业应当根据仓储计划、资金筹措计划、生产计划、销售计划等制订采购计划,对存货的采购实行预算管理,合理确定材料、在产品、产成品等存货的比例。

企业应当根据预算的有关规定,结合本系统的业务特点编制存货年度、季度和月份的采购、生产、存储、销售预算,并按照预算对实际执行情况予以考核。

7.3.3 经济采购批量

企业应当指定专人逐日根据各种材料的采购间隔期和当日材料的库存量,分析确定应采购的日期和数量,或者通过计算机管理系统重新预测材料需要量、安全存货水平和经济采购批量,据此进行再订购,尽可能降低库存或实现零库存。

企业确定采购时点、采购批量时,应当考虑企业需求、市场状况、行业特征和企业实际情况等因素。

企业应当对采购环节建立完善的管理制度,确保采购过程的透明化。企业应根据预算或采购计划办理采购手续,预算外或计划外采购需经严格审批。

7.4 验收与保管控制要点

7.4.1 存货验收程序

存货的价值确定涉及数量和价格等因素。企业应当对入库存货的质量、数量、技术规格等方面进行检查与验收,确保存货符合采购要求。

外购存货入库前一般应经过下列验收程序:①检查订货合同、入库通知单、供货企业提供的材质证明、合格证、运单、提货通知单等原始单据与待检验货物是否相符;②对拟入库存货的交货期进行检验,确定外购货物的实际交货期与订购单中的交货期是否一致;③对货物进行数量复核和质量检验,必要时可聘请外部专家协助进行;④验收后数量相符、质量合格的货物,应办理相关入库手续;对经验收不符合要求的货物,应及时办理退货、换货或索赔;⑤经仓储直接投入生产或使用的存货,应当采取适当的方法进行检验。

拟入库的自制存货,生产部门应组织专人对其进行检验,只有检验合格的产成品才可以作为存货办理入库手续。

由生产车间发出至客户、实物不入库的产成品,以及采购后实物不入库而直接发至使用现场的外购存货,应当采取适当方法办理出入库手续。

7.4.2 存货保管制度

企业应当建立存货保管制度,仓储部门应当定期对存货进行检查,加强存货的日常保管工作:①因业务需要分设仓库的,应当对不同仓库之间的存货流动办理出入库手续;②按仓储物资所要求的储存条件储存,并建立健全防火、防潮、防鼠、防盗和防变质等措施;③物品、生产用关键备件、精密仪器和危险品的仓储,应当实行严格审批制度;④应当重视生产现场的材料、低值易耗品、半成品等物资的管理控制,防止浪费、被盗和流失。

7.4.3 存货入库管理

第一,存货管理部门对入库的存货应当建立存货明细账,详细登记存货类别、编号、名称、规格型号、数量、计量单位等内容,并定期与财会部门就存货品种、数量、金额等进行核对。

入库记录不得随意修改,如确需修改入库记录,应当经有效授权批准。

对于已售商品退货的入库,仓储部门应根据销售部门填写的产品退货凭证办理入库手续,经批准后,对拟入库的商品进行验收。因产品质量问题而发生的退货,应分清责任,妥善处理。对于劣质产品,可以选择修复、报废等措施。

第二,企业应当根据自身的生产经营特点制订仓储总体计划,并考虑工厂布局、工艺流程、设备摆放等因素,相应制定人员分工、实物流动、信息传递等具体管理制度。

第三,存货的存放和管理应指定专人负责并进行分类编目,严格限制其他无关人员接触存货,入库存货应及时记入收发存登记簿或存货卡片,并详细标明存放地点等。

第四,存货采购应当按照会计准则或会计制度的规定进行初始计量,正确核算存货采购成本。

7.5 领用与发出控制要点

7.5.1 存货领用流程及制度

企业应当建立严格的存货领用流程及制度。

企业生产部门、基建部门领用材料,应当持有生产管理部门及其他相关部门核准的领料单;超出存货领料限额的,应当经过特别授权。

7.5.2 存货发出流程及制度

企业应当建立严格的存货发出流程及制度。

存货的发出需要经过相关部门批准,大批商品、贵重商品或危险品的发出应当得到特别授权。仓库应当根据经审批的销售通知单发出货物,并定期将发货记录与销售部门和财会部门相核对。

存货发出的责任人应当及时核对有关票据和凭证,确保其与存货品名、规格、型号、数量、价格一致。

企业财会部门应当针对存货种类繁多、存放地点复杂、出入库发生频率高等特点,加强与仓储部门的经常性账实核对,避免出现已入库存货不入账或已发出存货不销账的情形。

专题讨论 7.1 | 存货抽查应当关注哪些重点?

第一,大额存货的采购是否签订购货合同,有无审批制度。

第二,存货的入库是否严格履行验收手续,对名称、规格、型号、数量、质量和价格等是否逐项核对,并及时办理。

第三,存货有无发出手续,是否按规定办理,是否及时登记仓库账,并核对相符。

第四,存货的采购、验收、保管、运输、付款等职责是否严格分离。

第五,存货的分拣、堆放、仓储条件等是否良好。

第六,是否建立定期盘点制度,发生的盘盈、盘亏、毁损、报废是否及时按规定审批处理。

第七,抽取购货合同,对购货合同及请购单的下列内容进行核对:货物名称、规格、型号、请购量;授权批准、批准采购量、采购限价;单价、合计金额;等等。

7.6 盘点与处置控制要点

7.6.1 存货盘点制度

证实存货数量最有效的途径是对其进行整体盘点。企业应当制订详细的盘点计划,并选择适当的存货盘点制度,明确盘点范围、方法、人员、频率和时间等。

账面盘点就是把每天入库及出库货品的数量及单价记录在计算机或账簿上,而后不断地累计算出账面上的库存量及库存金额,又称为永续盘点。现货盘点就是实际去清点、调查仓库内的库存数,再依货品单价计算出实际库存金额的方法,又称实地盘点。实务上采取账面盘点和现货盘点平行的方法，当账面数与实存数发生差异时，应查清误差出现的原因。

盘点内容包括数量盘点、重量盘点、账实核对、账表核对与账账核对等，可分定期盘点和临时盘点等。定期盘点（全面盘点）是指在一定时间内，一般是每季度、每半年或年终财务结算前进行一次全面的盘点；临时盘点是指认为有必要盘点对账时（如仓库发生货物损失事故，保管员更换等）组织一次局部性或全面的盘点。

盘点方法有盲盘和明盘之分。盲盘是指在盘点时不看商品库存报表，直接核查实物，抄录编号和数量，抄录完毕后才与报表对比的方法。明盘法是指拿着报表点实物。

存货盘点应当及时编制盘点表，对于盘盈、盘亏情况要分析原因，提出处理意见，经相关部门批准后，在期末结账前处理完毕。

仓储部门应通过盘点、清查、检查等方式全面掌握存货的状况，及时发现存货的残、次、冷、背等情况，并选择有效的处理方式，经相关部门审批后做出相应的处理。

单靠监盘并不能发现所有重大舞弊行为，管理人员必须执行分析程序等，对存货流程控制的有效性进行客观、冷静的分析。

7.6.2 存货盘点流程控制

如何将内部控制制度实实在在地运用于实践中，业务流程管理很重要。如果把各种规章制度、岗位职责等要求比作散落于盘中的珍珠，那么，业务流程管理就像丝线一样，把这些珍珠有机地串联起来，成为珍珠项链，既自成一体，又相互交叉，像护身符一样，为企业营运的效率、效果和会计信息的可靠性提供合理的保障。

某公司设计的存货盘点流程如图 7.1 所示。该流程图中列示了控制的职能部门、流程要点与控制关键点，值得借鉴。

存货盘点流程说明如下：

①存货会计在盘点前 3 天向生产部、仓库、销售部及财务部下发盘点通知。

②生产部及仓库的盘点协调人在收到计划的 1 天内去存货会计处签字领取带序号的盘点表。

③生产部及仓库的盘点协调人在盘点前 1 天将盘点表交给生产部及仓库人员并签收。

④根据盘点计划规定的时间，所有车间及仓库停止生产及物料领用，开始盘点，将盘存数写在盘点表上并签字确认。

盘点完毕后，生产部及仓库的盘点协调人应立即通知财务部进行抽查盘点，抽查范围由存货会计确定；如抽查差错率超过一定范围，则现场全部重新盘点。

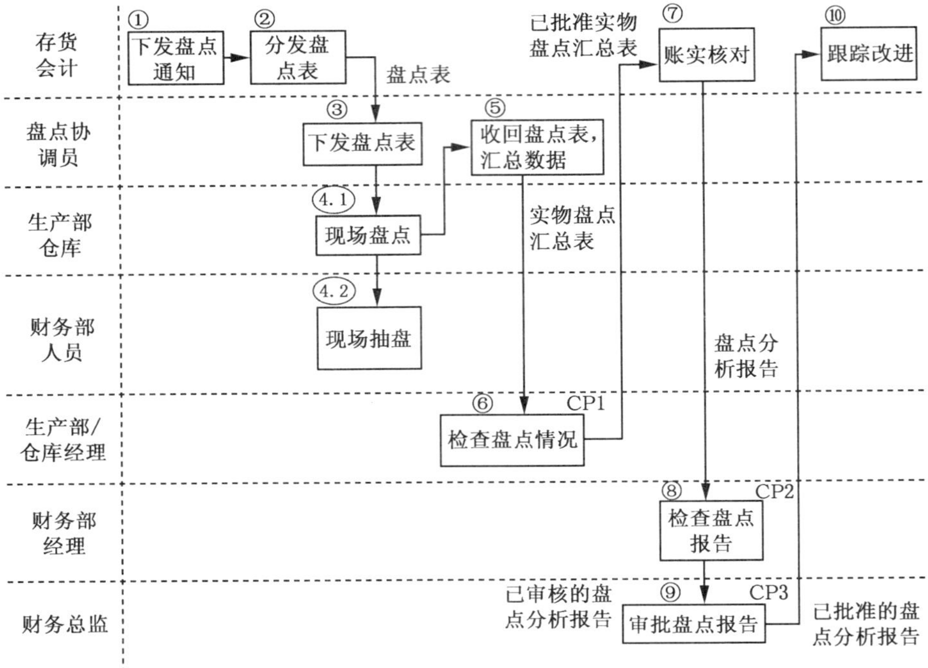

图 7.1　存货盘点控制流程与关键控制点

⑤生产部及仓库的盘点协调人根据回收的盘点表在盘点完成后的第二个工作日，完成存货盘点汇总表。

⑥生产部及仓库经理检查盘点汇总表。

关键控制点 1(CP1)：如果盘点汇总表上各物料数量和部门内部物料流水账一致或在允许的误差范围内，或已找出差异原因并制定了解决办法，则签字后将盘点汇总表交存货会计；否则，将盘点汇总表退回盘点协调人。

⑦存货会计在盘点结束后的第二个工作日收到盘点表后，做好以下工作：清点盘点表数量，确保发出数与回收数一致；按物料编号汇总盘点表，并与盘点汇总表核对；将实际盘点数与会计系统中的账面数核对；编写盘点分析报告。

⑧财务部经理检查盘点分析报告。

关键控制点 2(CP2)：分析报告如对差异原因进行了正确分析，并提出了跟踪解决方法，签字后交财务总监；若未达到以上要求，则将分析报告退给存货会计。

⑨财务总监批准盘点分析报告。

关键控制点 3(CP3)：分析报告如对差异原因进行了正确分析，并提出了跟踪解决方法，则签字批准；若未达到以上要求，则将分析报告退给存货会计。

仓储部门与财会部门应结合盘点结果对存货进行库龄分析，确定是否需要计提存货跌价准备。经财务总监审批后，方可进行会计处理，并附有关书面记录材料。

⑩对盘点中出现的问题进行跟踪处理，并在下次报告中说明结果。

上述盘点流程的运用明确了盘点过程中的职责范围，制定了具体实施盘点的方法，规定了盘点差异的处理方法，设立了跟踪反馈环节；同时，分析盘点中可能出现问题的环节，有效地保证了盘点的质量。

7.7 存货控制的监督检查

7.7.1 存货监督检查的主要内容

企业应当建立对存货业务的监督检查制度，明确监督检查人员的职责权限，定期和不定期地进行检查。存货监督检查的内容主要有以下几个方面：①存货业务相关岗位及人员的设置情况，重点检查是否存在存货业务不相容职务混岗现象；②存货业务授权批准制度的执行情况，重点检查存货业务的授权批准手续是否健全，是否存在越权审批的行为；③存货预算制度与管理制度的执行情况，重点检查存货收发的真实性、合理性、合法性和是否超出预算范围。④存货核算制度的执行情况，重点检查存货记录、报告的真实性和完整性；等等。

7.7.2 存货内部控制制度的检查与测试

监督检查机构或人员应当通过实施符合性测试和实质性测试检查存货内部控制制度是否健全，各项规定是否得到有效执行。

对存货的监督检查，首先应当从研究和评价企业有关存货的内部控制制度入手，然后根据评价结果，确定存货监督检查的适当程序。存货的内部控制一般包括两大系统：一是存货的实物流转程序控制；二是对价值流转记录和程序的控制。两大系统互相影响，相辅相成。存货实物流转程序的内部控制主要涉及采购、验收、存储、发货、发运等各项职能。存货价值流转记录主要由会计部门执行。会计部门应根据企业存货的特点，建立健全成本会计控制和永续盘存制度，从原材料采购成本到产成品加工成本进行全过程控制。

调查了解的方式主要有调查问卷、现场询问和查阅内部资料等。在实际调查中，应结合企业的实际情况，把不同的方式结合起来使用，并着重把握好以下几个步骤：①索取有关资料；②走访有关人员；③现场观察存货的流动与控制；④编制存货内部控制备忘录或绘制流程图。

此外，还应当测试与存货相关的成本会计控制制度的执行情况，一般包括：主营业务成本计价方法是否符合会计准则和企业会计制度的规定，是否发生了重大变更；如果采用计划成本、定额成本、标准成本，计算主营业务成本时所分配的材料成本差异和会计处理是否正确。

最后，评价存货内部控制是否有效，包括：①评价存货内部控制制度是否建立健全并完善，是否得到认真、有效的执行；②评价存货内部控制对审计的依赖性及存货内部控制风险；等等。

7.7.3　实物管理的监督检查

实物管理的监督检查重在对存货实物形态的安全、完整进行保护，具体包括以下内容：

第一，存货保管部门对入库存货的数量应及时记入收发存登记簿，并标明它们的存放地点、仓号和仓位。收入的存货应分类编目，以便同类物品集中存放和保管。

第二，存货的实物应由专职保管员控制，应设置分离且封闭的仓库区域，只有经授权批准的人才能进入，严格限制接触存货。

第三，存货保管部门应经常对存放的实物进行检查，查看有无损坏、变质或呆滞的情况。如发现有损坏、变质的情况，应及时填制专门的报告单，说明数量、原因，并经有关人员批准后，由保管部门和财会部门分别调整数量和金额记录。

第四，验收部门收到货物后，应检查货物的数量和质量，填制验收单，验收完毕后立即将货物转运至保管部门，并将验收单分送采购部门、保管部门和财会部门。保管部门在收到货物时，应对其数量进行验点，并将验点结果与验收单相核对，如核对无误，应填制入库通知单。该通知单应事先连续编号，并由交接各方留存。存货发出时要有经审核批准的凭证为依据，如批准的生产通知单或材料领用单等。保管部门应在仔细检查申请领用存货部门的领导或其他被授权人的签字后，方能发放存货。发货人应根据收到的生产通知单和材料领用单及时登记存货收发存登记簿，并填制存货出库单或者将一式多联的领料单及时送交财会部门做有关会计处理。

7.7.4　实物盘点的监督检查

定期对存货实物盘点数量与账目核对是常见的控制方法之一，而且非常有效。对盘点数和账面数之间的差异应查明原因，采取改正措施。

存货控制制度是企业（尤其是制造业和商品流通企业）整个内部控制制度中的

重点内容和中心环节。企业制定存货内部控制制度并加以监督检查的根本目的在于保障存货资金的安全，加速存货资金的周转，提高存货资金的使用效益。

对监督检查过程中发现的存货内部控制中的薄弱环节，应当采取措施，及时纠正和完善。

经典案例评析

K公司的规模较小，存货管理集中在一个大仓库内，里面分设原材料、低值易耗品、产成品三个仓库，有简易的隔离设施。每个仓库有一个保管员专人负责存货的验收、入库、记账、发出、盘点等日常存货管理工作。

由于仓库人手少，管理松懈，因而存在账实不符和串货情况，而公司财务科只要求每个仓库每年末盘点一次，并以各仓库的保管员年末编制的盘点表上的实盘数为准，调整财务上有关存货的账面记录。

年报审计时，审计人员发现，盘点表上只有保管员一人的签字，实际盘点数与财务账面期末数的差异均作为盘盈、盘亏处理后计入当期损益，既没有原因分析，也没有报批手续和领导签字，财务账务处理的依据就是仓库保管员年末编制的盘点表。据说这样的做法已成习惯，所以也没有人提出过异议。但是，K公司每年的盘亏大于盘盈，而且数额较大。询问财务人员，说不清原因；询问仓库保管员，说是有时候生产领用存货没有及时办理手续造成的，究竟是什么原因，具体数额多少，却含糊其词。

K公司的存货管理不符合内部控制的要求，以下漏洞应引起关注：

第一，保管员专人负责存货的验收、入库、记账、发出、盘点等日常存货的管理工作，不符合不相容职务应当分离的要求；每年只盘点一次，并且盘点表上只有保管员一人的签字，不符合定期盘点、内部审核与内部牵制的要求；该公司仓库保管员对每年发生的盘亏大于盘盈而且数额较大的原因说不清楚，是管理人员失职与内部管理失控的具体表现。

第二，公司财务科只要求每个仓库每年末盘点一次，并以各仓库保管员年末编制的盘点表上的实盘数为准，调整财务上有关存货的账面记录，实际盘点数与财务账面期末数的差异均作为盘盈、盘亏处理后计入当期损益，既没有原因分析，也没有报批手续和领导签字，财务账务处理的依据就是仓库保管员年末编制的盘点表，不符合现行对盘盈、盘亏账务处理的规范要求，未查明原因也未经领导批准，财务就计入当期损益，既不符合会计处理的规定，也是一种越权行为，不符合定期盘点财产物资的要求。

财务科至少应当按照财产清查的规范要求，在抽查核实的基础上，才能以保管员年末编制的盘点表上的实盘数为准，经过分析并报经批准后调整财务上有关存货的账面记录，这是对财务科内部会计控制的起码要求。

第三，公司每年的盘亏数都大于盘盈数，可能是管理上存在漏洞，应予关注而不能转账了事。盘亏数大于盘盈数的情况存在可能有多方面的原因，如仓库的材料物资发生被盗窃、挪用、少开领料单、账实不符等情况，应当查明原因，按规定及时处理。

建议保管人员经常对存货实物进行检查，发现存在损坏、变质或长期积压的存货时，应及时汇报，待批准后做出处理。

企业应制定存货定期盘点制度、抽查制度和监盘制度。具体盘点时需详细制订盘点计划，合理安排人员，有序摆放存货，保持完整的盘点记录，并按规定程序及时处理盘盈、盘亏；必要时，也可安排临时突击盘点。实施存货盘点的目的是确保账实、账表相符，确保存货等财产物资的安全、完整。

第 8 章　固定资产控制

固定资产控制的具体目标是：实行固定资产职责分工、预算和审批等流程控制，控制建设规模与投资效益，正确核算固定资产业务，确保固定资产安全、完整，以及在财务报告上的正确披露。

8.1　固定资产控制概述

8.1.1　固定资产控制的重要性

固定资产是指为生产商品、提供劳务、出租或经营管理而持有的，使用寿命超过一个会计年度的有形资产，是企业生存与发展必备的劳动资料。

固定资产与工程项目之间有着一定的内在联系，工程项目竣工验收以后会形成固定资产。工程项目是指自行或者委托其他单位进行设计、建造、安装和修护，以便形成新的固定资产，或维护、提升既有固定资产性能的活动。

固定资产业务循环主要包括固定资产与工程项目投资规划、资本预算、购建验收、资产计价，按规定定期计提固定资产折旧，定期盘点、清理、处置与报废固定资产等环节。工程项目投入资源多、占用资金大、建设工期长、涉及环节多、多种利益关系错综复杂，其立项、设计、招标、建设、竣工验收和后评估流程如图 8.1 所示。

图 8.1 中显示出工程项目控制涉及业务流程、投资控制、质量控制和进度控制。其中，工程立项属于项目决策过程，是对拟建项目的必要性和可行性进行技术经济论证，对不同建设方案进行技术经济比较并做出判断和决定的过程。立项决策正确与否直接关系到项目建设的成败，是最关键的控制点之一。

8.1.2　固定资产管理风险

固定资产业务管理失控的常见情形主要有：盲目购建，盲目发展；工程项目预算失控，造成经济损失；资本化利息计算不正确，资本性支出挤占生产成本；固定资

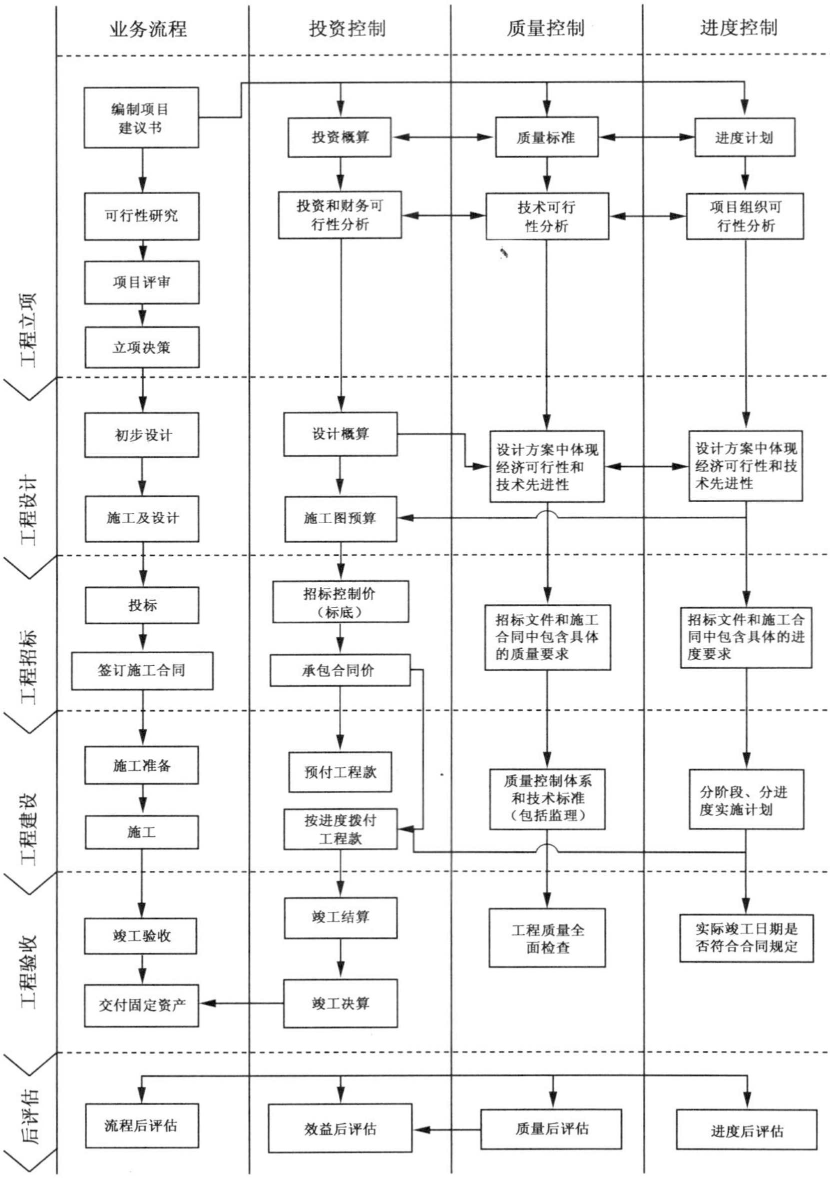

图 8.1　工程项目控制流程

产盘盈不入账，存在账外资产；固定资产不清理，账情不清；固定资产变价收入或残值收入不入账；随意改变折旧的计算方法，虚增（减）折旧；虚列工程项目支出与维修费用支出；捐赠固定资产不入账，形成账外资产；等等。尤其是在审查固定资产减少业务时，一定要高度重视非正常情况，特别是非陈旧、落后固定资产的意外减少，通过仔细分析经济业务的实际情况与账务处理之间的关系，可以发现问题。

实证分析 8.1　异常业务的舞弊信号

某企业查账人员在查账时发现，该企业发生两台进口空调提前报废的业务。这类报废业务做了一张转账凭证，会计分录为“借：营业外支出——非常损失 12 000 元，借：累计折旧 3 000 元，贷：固定资产 15 000 元”。经查询，在此期间企业并未发生盗窃、火灾等情况，另外，从这两台空调的净值看，除非发生意外，不应该这么早就报废。

查账人员怀疑这笔业务有问题，于是进行了跟踪查证。查账人员首先调阅了这两台空调的固定资产卡片，发现均仅使用两年多一点，且没有修理记录，说明它们仍处于完好状态。查账人员又反复与该企业财务主管人员及空调的使用负责人交谈，了解该项业务的真实情况。最后证实，该项业务是虚报固定资产毁损，实则是将两台空调机送给了关系单位的两个主要负责人，因而在账务处理上产生了上述奇怪的现象。

导致固定资产管理失控与风险事故发生的原因至少包括以下几个方面：①固定资产业务违反国家法律法规，可能遭受外部处罚、经济损失和信誉损失；②固定资产业务未经适当审批或超越授权审批，可能因重大差错、舞弊、欺诈而导致资产损失；③固定资产购买、建造决策失误，可能造成企业资产损失或资源浪费；④固定资产使用、维护不当和管理不善，可能造成企业资产使用效率低下或资产损失；⑤固定资产处置不当，可能造成企业资产损失；⑥固定资产会计处理和相关信息不合法、不真实、不完整，可能导致企业资产账实不符或资产损失。

8.1.3　固定资产控制关键点

第一，职责分工、权限范围和审批程序应当明确、规范，机构设置和人员配备应当科学、合理。

第二，固定资产取得依据应当充分、适当，决策过程应当科学、规范。

第三，固定资产取得、验收、使用、维护、处置和转移等环节的控制流程应当清晰、严密。

第四，固定资产的确认、计量和报告应当符合国家统一会计准则或制度的规定。

8.2 职责分工与授权批准

8.2.1 固定资产业务的岗位责任制

企业应当建立固定资产业务的岗位责任制，明确相关部门和岗位的职责、权限，确保办理固定资产业务的不相容岗位相互分离、制约和监督。同一部门或个人不得办理固定资产业务的全过程。

固定资产业务不相容岗位至少包括：①固定资产投资预算的编制与审批；②固定资产投资预算的审批与执行；③固定资产的采购、验收与款项支付；④固定资产投保的申请与审批；⑤固定资产处置的审批与执行；⑥固定资产取得与处置业务的执行与相关会计记录。

对固定资产应当实行职务分离控制，从工程项目开始到固定资产投入使用的全部业务过程绝不能由一人包办到底。

为了切实履行固定资产业务的岗位责任制，企业应当配备合格的人员办理固定资产业务。办理固定资产业务的人员应当具备良好的业务素质和职业道德。

8.2.2 授权批准制度

企业应当对固定资产业务建立严格的授权批准制度，明确授权批准的方式、权限、程序、责任和相关控制措施，规定经办人的职责范围和工作要求。

审批人应当根据固定资产业务授权批准制度的规定，在授权范围内进行审批，不得超越审批权限。

经办人在职责范围内，按照审批人的批准意见办理固定资产业务。对于审批人超越授权范围审批的固定资产业务，经办人员有权拒绝办理，并及时向上级部门报告。

企业应当严禁未经授权的机构或人员办理工程项目与固定资产的相关业务。

为了切实履行授权批准制度，企业应当制定固定资产业务流程，明确固定资产投资预算编制、取得与验收、使用与维护、处置等环节的控制要求，并设置相应的记录或凭证，如实记载各环节业务的开展情况，及时传递相关信息，确保固定资产业务的全过程得到有效控制。

8.3 取得与验收控制要点

8.3.1 固定资产预算管理制度

企业应对固定资产、在建工程的购置、建造或处置实行预算管理，这是企业全面预算的一个重要组成部分。企业应当根据固定资产的使用情况、生产经营发展目标等因素拟定固定资产投资项目，对项目的可行性进行研究、分析，编制固定资产投资预算，并按规定程序审批，确保固定资产投资决策科学、合理。

预算的编制应由使用部门、固定资产管理部门、财务部门及企业负责人等共同参加。其中，对于重大的固定资产投资项目，应当考虑聘请独立的中介机构或专业人士进行可行性研究与评价，并由企业实行集体决策和审批，防止因决策失误而造成严重损失。

企业必须严格执行固定资产投资预算。对于预算内的固定资产投资项目，有关部门应严格按照预算执行进度办理相关手续；对于超预算或预算外的固定资产投资项目，应由固定资产相关责任部门提出申请，经审批后再办理相关手续。

专题讨论 8.1 ｜ 如何实施工程项目与固定资产的预算控制？

第一，企业应当建立工程项目与固定资产预算环节的控制制度，对预算的编制、审核等做出明确规定，确保概预算编制科学、合理。

第二，应当检查是否组织工程、技术、财会等部门的相关专业人员对编制的概预算进行审核，重点审查编制依据、项目内容、工程量的计算、定额套用等是否真实、完整、准确。

第三，预算的编制应在每一年度开始之前进行。一般由使用部门提出固定资产等购置需求，交固定资产管理部门。预算的编制应考虑下列因素：本年度生产经营总体目标和计划；上一年度预算执行情况；生产使用实际需要；投资预算额，该投资的机会成本，投资的资本成本，预计现金净流入，资本投资回报率；今后若干年度企业的整体发展规划。

第四，企业一般应由固定资产管理部门汇总审核各部门的需求。预算的编制程序主要包括：由固定资产管理部门编制固定资产、在建工程预算草案；财务部门从资金和效益等角度对预算草案进行审核并提出意见；财务部门及总经理审核通过预算；董事会通过预算方案。

第五，对于投资额较大的项目，资本支出预算应有各分项投资预算额，以便日后对投资实际支出额进行控制。应严加控制资本支出预算的批准程序。首先，资本支出预算的编制者应与该预算的审批者分离；其次，由于资本支出预算的编制主观成分较多，因此，应由独立职员对资本支出预算的各种数据、资料及预算意见进行复核；最后，对于预算金额较大或对企业未来经营有重大影响的投资项目，管理当局还应请与投资利益无关的第三者（如专门的咨询机构、工程技术人员、会计师等）对资本支出预算进行研究与评价。只有经过数据资料的复核审查或取得有关专家认为可行的书面意见后，管理部门才能批准资本支出预算。有权批准资本支出的人员应由制度规定，且预算金额越大，被授权人的级别应越高。对于将对企业产生重大影响的资本支出预算，通常规定必须由董事会批准才能执行。任何批准应形成书面文件，并须编号归档控制，以便日后控制支出总额和追查责任。

第六，在业务的具体执行过程中，除有特殊需要，企业应遵照预算计划执行。对于预算外的资产购置申请，应根据金额的重大性及授权权限范围报有关部门、有关人员审批同意。

第七，年度终了，上一年参与制定预算的各部门应共同召开预算总结会议，对预算执行情况进行检查，分析实际执行情况与预算存在的差异，为下一年度预算的编制打下基础。

8.3.2 固定资产请购与审批制度

企业对于外购的固定资产应当建立请购与审批制度，明确请购部门（或人员）和审批部门（或人员）的职责权限及相应的请购与审批程序。固定资产采购过程应当规范、透明。对于一般固定资产采购，应由采购部门充分了解和掌握供应商的情况，采取比质比价的办法确定供应商。对于重大的固定资产采购，应采取招标方式进行。

企业应当按照会计准则或会计制度的规定，区分融资租赁和经营租赁，并根据风险和报酬的转移情况，明确固定资产租赁业务的审批和控制程序。

8.3.3 项目决策与审批制度

企业应当建立工程项目决策环节的控制制度，对项目建议书和可行性研究报告的编制、项目决策程序等做出明确规定，确保项目决策科学、合理。应当组织工程、技术、财会等部门的相关专业人员对项目建议书和可行性研究报告的完整性、客观性进行技术经济分析和评审，出具评审意见。

企业应当检查是否建立工程项目的集体决策制度，决策过程是否有完整的书面记录。严禁任何个人单独决策工程项目或者擅自改变集体决策意见。

任何企业都应当建立工程项目决策及实施的责任制度，明确相关部门及人员的责任，定期或不定期地进行检查。

8.3.4 工程项目流程的控制制度

实证分析 8.2 | 基建工程舞弊案呈高发态势

企业基建环节中的职务犯罪一直居高不下。据某市检察院统计，2003 年查处的国有企业贪污贿赂犯罪案中，涉及基建环节的有 36 件，约占总数的 10％，大部分发生在实力雄厚的国有骨干建筑企业中。宝山区检察院在某工程公司连续侦破 9 起重大贪污贿赂案，涉案 9 人，总案值高达 80 余万元。其中，受贿人员从供销科科员到公司副经理，全部是对工程（劳务）分包、结算工程款和材料采购有决定权的“人物”。

2003 年 3 月初，宝山区检察院接到举报：某工程公司供销科科长张某在外购买高档房，与其收入明显不符。调查后发现张某权力很大，每年公司的供应材料几乎由他一手操办。按内部规定，一次性采购款超过 30 万元的应由上级领导审批，但只要“把好尺度”不“上线”，所有业务都由科长一人说了算。2000 年 4 月至案发，张某当科长近 10 个月受贿达 17 余万元。而追根溯源，拉张某下水的是供销科采购员李某。张某上任之初，李某就授意某商行经理，为了多接业务，在张某的办公室里给其 1 万元“见面礼”。同样，经李某介绍，张某收了某私营物资公司 1 万元，以购买 450 万元的供应材料作为交换。而在此前后，李某本人也利用采购权受贿 9.21 万元。随着案件调查的深入，与工程分包、材料采购有关的高层领导也纷纷落马。熊某，加工科科长，主管钢结构外发加工业务。“身居要职”的他透露想买家具后，客户立刻开车送其夫妇到外地家具城挑选。自 1998 年起，他先后收受数家加工单位 6.6 万元贿赂。俞某，金属结构厂副厂长，利用负责外发加工项目的职务便利，收受承包人“感谢费”4 万元。朱某，金属结构厂厂长，在购买设备等方面“做手脚”，捞进不义之财 6.4 万元。徐某，副经理，主管公司所有工程项目的施工。在麻将桌上，业务单位的 5 万元借款不明不白成了“礼金”。同案牵扯出来的还有公司下属原压力容器厂副厂长陈某和公司机械部部长祝某，两人在 2000 年 7 月至 2001 年 3 月初，通过截留、套现等方式，贪污数万元。

基建环节的职务犯罪案件从建设方的工程发包环节转至承建方的工程分包和材料采购环节，有以下特点：

其一，基本上发生在具有相当资质、实力雄厚的国有骨干建筑企业中。这些企业能承接到大型的建筑工程项目，都有数目可观的工程（劳务）分包量和材料采购量。据了解，劳务分包金额一般要占承包金额的 20％～30％。

其二，劳务和工程分包商一般都为个人承包、挂靠或规模较小的施工队伍。为了承接到分包项目，在工程结算时得到优惠，个别分包商不惜采用贿赂手法，贿赂数额一般是利润的10%～50%。

其三，行贿目标明确，受贿人员集中在对工程（劳务）分包、结算工程款和材料采购有决定权的人员身上。目前，相当一部分建筑公司的这部分权力直接掌握在分公司、工程部和项目经理手中。

在发生案件的国有建筑企业中，分包和采购环节都没有建立起有效的监督制约机制，或者建立了也未认真执行。为了保证施工进度，有时认为监督是束缚手脚，管理是自找麻烦。据此，浦东新区检察院从机制上预防国有建筑企业干部职务犯罪，率先提出招投标制度不仅要在工程（劳务）发包环节实行，而且要向分包和材料采购领域渗透。

据统计，实行招投标采购材料后，平均价格下降了2～3个百分点，劳务人工费用节约了工程造价的2%～4%；同时，分包方和材料供应商也认为，实行招投标后，公关及各项应酬费用明显下降，工期缩短10%左右。

上述案例的发生促使我们反思内部控制制度的设计和执行，究竟是哪些环节、哪些部门出现了问题？我们认为，企业至少应当从以下几个方面入手，加强相关流程的内部控制，以杜绝此类案件的再次发生：

（1）实行工程材料采购业务的职务分离

工程承建企业在接到项目以后，即着手进行材料的采购。由于工程项目标的额一般比较大，因此，对工程材料采购这个环节的控制尤为重要。上述案例中，某工程公司每年的材料供应几乎都由供销科科长张某一手操办，采购的申请和批准没有进行分离，以至于张某利用这个控制漏洞大肆收受贿赂，损害了企业的利益。

（2）材料采购批准后，应由专门的采购部门进行采购

采购时，应货比三家。违法犯罪分子就是利用手中的采购权，与供应商串通一气，以损害企业利益为代价，行贿受贿。

（3）对材料采购业务的审批实行授权和复核

上述案例中，企业在审批环节上存在漏洞。一般而言，采购业务的审批按照金额的大小分级进行，金额较小的采购由部门经理或项目经理审批，金额较大的采购需要总经理甚至董事会审批。但这种刚性的分级审批很容易被绕过而钻空子。就上述案例而言，按企业的内部规定，一次性采购款超过30万元的应由上级领导审批，但只要“把好尺度”不“上线”，所有业务都由科长一人说了算。所以，除了授权以外，必须设置独立的第三者对审批进行复核，对审批的业务进行再监督，防止在审批环节出现漏洞，造成损失。

（4）对工程分包和材料采购业务实行招投标方式

如果采用招投标方式，可以在选择供应商方面公开、公平、公正，保证材料成本

和质量。上述案例中的“掌权者”在选择供应商和接包方时丝毫没有监督,甚至收取回扣、贿赂,以至于在价格、质量等方面不能完全保证企业价值最大化。招投标制度不仅要在工程(劳务)发包环节实行,而且要向分包和材料采购领域渗透。

工程分包、发包和材料采购环节在国有企业中是事故高发“地带”,相关内部控制漏洞给不法分子提供了舞弊的机会。案例中揭露的事实不能不引起我们的深思,反省内部控制的设计和执行是不是真正有效。

(5)完善工程项目的日常控制流程

①使用部门根据在建工程项目投资预算提出在建工程支出申请,交固定资产管理部门、财务部门审核同意。

②固定资产管理部门应将该申请与工程支出预算核对,如果属于预算内项目,在其权限范围内可直接审核批准;如果属于预算外项目,应交财务部门及企业管理当局审批同意。

③固定资产管理部门应向工程建造商询价,将各商家的报价及其他条件进行比较,编写询价报告,并交财务部门审核批准。

④由固定资产管理部门编制工程项目施工计划及造价预算,并报财务部门审核批准。

⑤由固定资产管理部门对外签订在建工程施工合同。对金额巨大的项目,工程合同应报经企业管理当局审核同意。重要的合同或协议应经有关专业人员如公司律师审核。

⑥设备管理部门提出付款申请,财务部门应逐笔核对工程合同、施工计划及造价预算,审核是否同意其付款申请。对于与合同或预算内容不符的支出,应根据审批权限报批。

⑦在建工程开工后,固定资产管理部门应随时控制工程进度和施工质量。

⑧工程用物资的领用必须由专人填写领用单,经有关部门或人员签字核准后方可实施。

⑨对工程物资应视同企业存货管理,每年度至少盘点一次,对于盘盈、盘亏,应查明原因,经批准后及时处理。

⑩企业应定期对在建工程逐一进行清理,核实是否有已完工而未办理竣工结算的工程,是否有已投入使用而未转作固定资产的工程,是否有实际进度大大低于计划进度的工程,是否有建造成本大大超过预算的工程。

⑪规模较大的工程项目完工后,财务部门应负责会同其他有关部门对工程造价进行审核。

⑫每一项在建工程都必须办理竣工验收手续,对于大型在建工程项目,应对该项目下的几个分项目分别办理竣工验收手续,在工程整体完工后,再对在建工程整

体项目进行验收。

8.3.5 价款支付的控制制度

企业应当建立各项工程进度价款支付环节的控制制度，对价款支付的条件、方式以及会计核算程序做出明确规定，确保价款支付及时、正确。

会计人员应对工程合同约定的价款支付方式、有关部门提交的价款支付申请及凭证、审批人的批准意见等进行审查和复核。复核无误后，方可办理价款支付手续。会计人员在办理价款支付业务的过程中发现拟支付的价款与合同约定的价款支付方式及金额不符，或与工程实际完工情况不符等异常情况，应当及时报告。

因工程变更等原因造成价款支付方式及金额发生变动的，应提供完整的书面文件和其他相关资料。会计人员应对工程变更价款支付业务进行审核。

应当加强对工程项目资金筹集与运用、物资采购与使用、财产清理与变动等业务的会计核算，真实、完整地反映工程项目资金的流入、流出及财产物资的增减变动情况。

8.3.6 竣工决算的控制制度

企业应当建立竣工决算环节的控制制度，对竣工清理、竣工决算、竣工审计、竣工验收等做出明确规定，确保竣工决算真实、完整、及时。

应当检查是否建立竣工清理制度，明确竣工清理的范围、内容和方法，如实填写并妥善保管竣工清理清单。

企业应当依据国家法律法规的规定及时编制竣工决算。应当组织有关部门及人员对竣工决算进行审核，重点审查决算依据是否完备、相关文件资料是否齐全、竣工清理是否完成、决算编制是否正确。

企业还应当建立竣工决算审计制度，及时组织竣工决算审计。未实施竣工决算审计的工程项目，不得办理竣工验收手续。

企业应当及时组织工程项目竣工验收，确保工程质量符合设计要求。对竣工验收进行审核，重点审查验收人员、验收范围、验收依据、验收程序等是否符合国家的有关规定。凡验收合格的工程项目，应当及时编制财产清单，办理资产移交手续，并加强对资产的管理。

从外部购入的设备，其验收程序可按照存货验收程序进行，所不同的是固定资产一般要求有较高的技术来检查其质量或精密程度，故购入设备必须经过专职工程师的检查，并在收货报告单上签字同意。通过建筑或安装取得的设备在正式向承包商签发验收合格证书前，应做全面和综合性的测试检查工作。

各种监督和测试工作应当以文字记录，并作为工程验收合格证书的附件妥善保管，验收合格证书必须由指定的授权人审核并签字。

8.3.7 固定资产交付使用验收制度

企业应当建立严格的固定资产交付使用验收制度，确保固定资产的数量、质量等符合使用要求。固定资产交付使用的验收工作由固定资产管理部门、使用部门及相关部门共同实施。

第一，企业外购固定资产，应当根据合同、供应商发货单等对所购固定资产的品种、规格、数量、质量、技术要求及其他内容进行验收，出具验收单或验收报告，验收合格后方可投入使用。

第二，企业自行建造的固定资产，应由制造部门、固定资产管理部门、使用部门共同填制固定资产移交使用验收单，验收合格后移交使用部门投入使用。

第三，企业对投资者投入、接受捐赠、债务重组、企业合并、非货币性资产交换、其他企业无偿划拨转入以及其他方式取得的固定资产，均应办理相应的验收手续。

第四，企业对经营租赁、借用、代管的固定资产应设立登记簿记录备查，避免与本企业财产混淆，并应及时归还。

第五，对验收合格的固定资产，应及时办理入库、编号、建卡、调配等手续。

企业财会部门应当按照国家统一的会计准则或制度的规定，及时确认固定资产的购买或建造成本。

对需要办理产权登记手续的固定资产，企业应及时到相关部门办理。

8.4 使用与维护控制要点

8.4.1 固定资产日常管理工作

企业应设置专门管理固定资产的机构，加强对固定资产的维修和保养。该机构的职责包括：每年制订各类房屋、设备等的维修计划，实施维修计划或根据使用中出现的应急情况采取修理措施；监督使用部门的使用情况；对使用、维修和保养的结果进行记录；等等。

企业应根据国家及行业的有关要求和自身经营管理的需要，确定固定资产分类标准和管理要求，并制定和实施固定资产目录制度。

固定资产管理部门应对各种房屋和设备分别设置有关表单来记录使用、维修和保养情况，或者直接在房屋、设备明细账的卡片或者表单上记录这些情况，并对记录情况定期检查，保证固定资产的安全与完整。

企业应当定期或不定期检查固定资产明细及标签，确保具备足够详细的信息，以便对固定资产的有效识别与盘点。

固定资产移动应当得到授权。未经授权的机构或人员不得办理固定资产移动的相关业务。

固定资产技术改造应组织相关部门进行可行性论证,审批通过后予以实施。

企业应当根据固定资产的性质和特点,确定固定资产的投保范围和政策。投保范围和政策应足以应对固定资产因各种原因而发生损失的风险。企业应当严格执行固定资产投保范围和政策,对应投保的固定资产项目按规定程序进行审批,办理投保手续。对于重大固定资产项目的投保,应当考虑采取招标方式确定保险公司。已投保的固定资产发生损失的,应当及时办理相关的索赔手续。

8.4.2 固定资产折旧制度

企业应依据国家的有关规定,结合企业实际,确定计提折旧的固定资产的范围、折旧方法、折旧年限、净残值率等折旧政策。

折旧控制的主要作用在于保证固定资产使用年限及残值估计的合理、正确。为此,企业应广泛征求有经验的工程技术人员和会计人员的意见,收集类似设备的各种历史资料,参照税务部门规定的相关标准。

折旧方法一经选定,不得随意变更。改变折旧政策与核算方法,不仅要履行投资者决策程序进行报批,还应报税务部门备案,并在财务报告上说明变更的理由及其对损益和所得税的影响情况。

8.4.3 固定资产修理制度

对固定资产进行修理是保持固定资产性能完好与有效使用的重要手段。但在实际中存在着固定资产修理业务和支出不真实、固定资产修理费用的列支不合理等问题。为此,企业应当建立固定资产维修、保养制度,保证固定资产的正常运行,提高固定资产的使用效率。

固定资产使用部门负责固定资产的日常维修和保养,定期检查,及时消除隐患。固定资产大修理应由固定资产使用部门提出申请,按规定程序报批后实施。对于维修和保养所发生的费用应全部计入当期或分期摊入各期成本费用中。财会部门应根据编制的维修和保养费用表分析各月之间费用重大波动的原因。

8.4.4 固定资产清查盘点制度

企业应当定期对固定资产进行盘点,确保固定资产的安全、完整。企业应至少在每年年末由固定资产管理部门和财会部门对固定资产进行检查、分析。检查、分析应包括定期核对固定资产明细账与总账,并对差异及时分析与调整。

盘点前，固定资产管理部门、使用部门和财会部门应当进行固定资产账簿记录的核对，保证账账相符。

企业应组成固定资产盘点小组对固定资产进行盘点，根据盘点结果填写固定资产盘点表，并与账簿记录相核对，对固定资产盘盈、盘亏的，编制固定资产盘盈、盘亏表。

固定资产发生盘盈、盘亏，应由固定资产使用部门和管理部门逐笔查明原因，共同编制盘盈、盘亏处理意见，经企业授权部门或人员批准后由财会部门及时调整有关账簿记录，使其反映固定资产的实际情况。

固定资产存在可能发生减值的迹象的，应当计算其可收回金额；可收回金额低于账面价值的，应当按照国家统一的会计准则或制度的规定计提减值准备、确认减值损失。

对于未使用、不需用或使用不当的固定资产，固定资产管理部门和使用部门应当及时提出处理措施，报企业授权部门或人员批准后实施。

对封存的固定资产，应指定专人负责日常管理，定期检查，确保资产安全、完整。

8.5 处置与转移控制要点

8.5.1 固定资产处置制度

企业应当建立固定资产处置的相关制度，确定固定资产处置的范围、标准、程序和审批权限。固定资产的处置应由独立于固定资产管理部门和使用部门的其他部门或人员办理。固定资产处置价格应报经企业授权部门或人员审批后确定。对于重大的固定资产处置，应当考虑聘请具有资质的中介机构进行资产评估。固定资产处置涉及产权变更的，应及时办理产权变更手续。

对于重大固定资产的处置，应当采取集体合议审批制度，并建立集体审批记录机制。

企业应区分固定资产的不同处置方式，采取相应控制措施：①对使用期满、正常报废的固定资产，应由固定资产使用部门或管理部门填制固定资产报废单，经企业授权部门或人员批准后对该固定资产进行报废清理。②对使用期限未满、非正常报废的固定资产，应由固定资产使用部门提出报废申请，注明报废理由、估计清理费用、可回收残值和预计出售价值等。企业应组织有关部门进行技术鉴定，按规定的程序审批后进行报废清理。③对拟出售或投资转出的固定资产，应由有关部门或人员提出处置申请，列明该项固定资产的原价、已提折旧、预计使用年限、已使用年限、预计出售价格或转让价格等，报经企业授权部门或人员批准后予以出售或转让。④出租、出借固定资产，应由固定资产管理部门会同财会部门按规定报经批准后予以办理并签订合同，对固定资产出租、出借期间所发生的维护保养、税负责任、租金、归还期限等相关事项予以约定。

对固定资产处置及出租、出借收入和发生的相关费用，应及时入账，保持完整的记录。

8.5.2 固定资产内部调拨制度

企业对于固定资产的内部调拨，应填制固定资产内部调拨单，明确固定资产的调拨时间、调拨地点、编号、名称、规格、型号等，经有关负责人审批通过后，及时办理调拨手续。

固定资产调拨的价值应由企业财会部门审核批准。

8.5.3 固定资产报废、清理制度

固定资产报废、清理环节可能存在如下风险：资产的出售、废弃、停用、重新定价或转由个人使用并未得到批准；本可以用于其他方面的资产被出售或废弃；由于资产清理未通知财务部门而造成记录有误；等等。

为此，企业应制定严格的程序处置固定资产，在未经审批之前不得擅自处理。首先，应编制固定资产报废通知单，内容包括：固定资产卡片上记载的所有内容、报废理由、估计清理费用、估计残值回收等；其次，固定资产报废通知单须由不同级别的管理人员审批；金额较大的固定资产（主要生产流水线、建筑物等）报废须经董事会批准，金额较小的固定资产报废经部门经理或其他授权人员批准即可。

固定资产报废通知单至少一式三联，一联由审批人留底备案，一联作为执行报废工作的授权证明，一联交财务部门。财务部门收到执行完毕的报废通知单后，应审查通知单是否经执行部门主管签字认可，并应及时注销固定资产的账面价值。

实证分析 8.3 | 清理业务背后的真相

审计人员在对某公司进行审计时，发现该公司某年 6 月份一台原值为 10.5 万元的车床，累计提取折旧额 9.7 万元，已报废清理，共发生清理净损失6 000元，却一直挂在“固定资产清理”账户中，至第二年 11 月份才转入“营业外支出”科目。这看似是为调剂盈亏，但该公司当年账面盈余高达×××万元。审计人员认为，只有查清该车床清理过程中所发生的清理收支情况，才能明白这 6 000 元挂账的缘由。

在清理有关账户的过程中，审计人员发现与该车床有关的两笔总额为8 000元的清理支出记入费用账户，仅有一笔清理收入为 2 000 元的记录反映在“固定资产

清理”账户上。审计人员发现这 2 000 元的付款单位为一乡镇企业。审计人员认为，花费 8 000 元的代价仅换来 2 000 元的收入是很不正常的，于是就到该乡镇企业查证，发现该企业共分两次支付 2.2 万元购置了这台车床（已投入正常生产）。在真相面前，公司领导道出了其中缘由：因该车床已不能适应企业的生产要求，且已接近报废期限，于是就花费了 8 000 元更换了关键部件，然后高价出售给这家乡镇企业，并将其中的 2 万元私存银行，备做职工福利，从而形成账外账。

8.6 固定资产控制的监督检查

8.6.1 固定资产监督检查的主要内容

企业应当建立对固定资产内部控制的监督检查制度，明确监督检查机构或人员的职责权限，定期或不定期地进行检查。固定资产内部控制监督检查的内容主要包括：①固定资产业务相关岗位及人员的设置情况，重点检查是否存在不相容职务混岗现象；②固定资产业务授权批准制度的执行情况，重点检查重要业务的授权批准手续是否健全，是否存在越权审批行为；③固定资产决策责任制的建立及执行情况，重点检查责任制度是否健全，奖惩措施是否落实到位；④概预算控制制度的执行情况，重点检查概预算编制的依据是否真实，是否按规定对概预算进行审核；⑤各类款项支付制度的执行情况，重点检查工程款、材料设备款及其他费用的支付是否符合相关法规、制度和合同的要求；⑥竣工决算制度的执行情况，重点检查是否按规定办理竣工决算、实施决算审计；⑦固定资产的验收、使用、维修、折旧、清理、报废的管理情况；等等。

8.6.2 固定资产核算情况的监督检查

固定资产应分类设置各种账户分别记录。其分类有房屋、机器设备、家具、办公设备和运输设备等。各类资产应附有单独的卡片或表单，记录各种详细、有用的资料。每张卡片或表单应记录每项资产的简要说明、存放地点、购入或建造日期、相应的凭单或工作单号码、资产的价值、规定的计量单位、折旧计算方法、估计残值、每个会计期间应提折旧及累计已提折旧金额。此外，固定资产记录还应表明该项财产的维修和保养情况。所有卡片或表单应编上交叉索引号码，以便与控制账户或其他记录相核对。

明细分类账的记录应定期与总分类控制账户相核对。控制制度应规定核对中发现的差异应用适当的方法加以揭示。对差异做出任何调整前，应由一名指定的企业高级管理人员负责对差异进行调查，并对调查结果进行审批。

财会部门在登记各类资产明细账时，应有适当的复核程序来验证各种应计入资产价值的费用成本，防止多计或少计财产价值。

8.6.3 固定资产盘点的监督检查

固定资产与存货相比，遗失或被盗的可能性较小，但由于长期存在，其物质实体与账面记录不一致，或者物质实体已处于不正常使用的状态，或者被遗忘的可能性也存在。定期盘查固定资产是保护财产安全、完整的必要控制手段。

企业应定期组织盘点固定资产实存情况。盘点工作应由负责保管、记账等不同职能的人员以及与厂房、设备无关的其他局外人共同担任。盘点结果记录在盘点清单上，清单内容包括固定资产的名称、类别、编号、存放地点、目前使用状况和所处状态等。盘点人员（一般要求两人以上）应在盘点清单上签字。实地盘点结束后，应将盘点清单上的内容与固定资产卡片相核对，如发现差异或固定资产已处于不能正常使用状态，应由固定资产保管部门负责审查其原因，经过一定的批准程序，才能进行账面调整。每次盘点的清单应归档保存。

对监督检查过程中发现的工程项目与固定资产内部控制中的问题和薄弱环节，企业应当采取措施，及时纠正和完善。

经典案例评析

某年5月，某工商所根据举报，查获位于香花桥路30号的某大楼在施工中安装假冒的松日开关和插座，藏匿在地下室尚未使用的近千只假冒开关和插座全部被查扣。

经调查，承担该大楼建筑的是浙江一家上市建设公司，这家公司为了节省工程造价，通过一个名叫石某的福建人，于该年3月向某电器有限公司经营部购进了共计5 000只假冒的松日开关和插座，其中4 000只已经安装在大楼的各个房间内。

这个案例揭露出来的主要是建筑承包商在生产过程中为了节省成本，使用假冒产品偷工减料，给建筑质量和人身安全埋下隐患。如果这类事故不通过相关的控制将之消灭在萌芽状态，造成的后果将不堪设想。一般而言，在固定资产购建过程中，验收人应与采购或承建人、款项支付人在职务上相分离。其中，验收人的控制责任主要是在收到货物的数量和质量两个方面。

在固定资产的验收制度方面，建筑物、生产线、机器设备等一般要求有较高的专业技术来检查其质量或精密程度，控制制度应当规定，购入的设备必须经过使用部门工程师的检查，并在收货报告单上签字同意。

本案中,该大楼在建造过程中应该指派专门的职员,根据大楼建造的进度,逐步地监督其质量,但他们没有这么做,导致了4 000只假冒的松日开关和插座已经安装在大楼各个房间内的质量事故。固定资产使用部门及管理部门应共同组织实施固定资产的验收工作,对购置和建造完工的资产进行验收并填制(竣工)验收单。验收单由资产使用部门根据验收结果填写。只有验收合格的资产或工程,才能投入使用。这种事故带来的返工损失原本可以通过相关的控制避免。可见,内部控制在任何一个关键的环节存在漏洞,都可能给企业带来损失。建立健全完善的固定资产内部控制制度并确保其得以真正发挥,对企业来说是至关重要的。

第 9 章　销售控制

销售控制的具体目标是：实行销售与收款职责分工、预算和审批等流程控制，正确核算与定期分析销售、应收款项、坏账情况，确保销售与收款合法、有效，以及在财务报告上的正确披露。

9.1　销售控制概述

9.1.1　销售控制的重要性

销售主要是指企业销售商品并取得货款的行为，其业务流程主要包括销售计划（预算）管理、客户开发与信用管理、销售定价、销售谈判、订立销售合同、发货、收款、客户服务和会计系统控制等环节（如图 9.1 所示）。

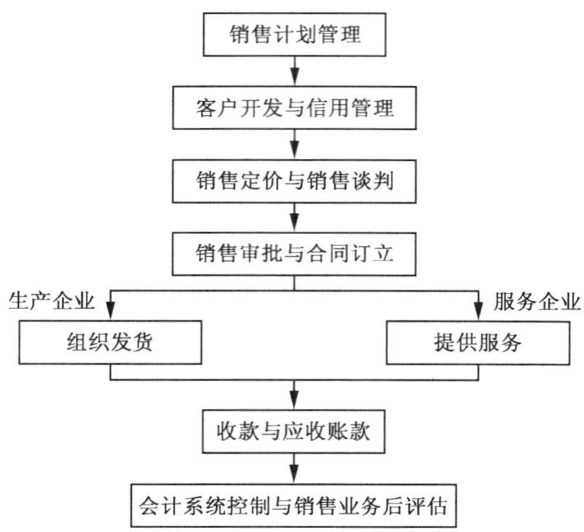

图 9.1　销售业务控制流程

为了引导企业加强对销售业务的内部控制，防范销售过程中的差错和舞弊，企业应当贯彻执行《企业内部控制应用指引第 9 号——销售业务》。

9.1.2 销售管理风险

目前，销售失控常见的情形主要有：销售定价不合理，结算方式选用不当；销售费用支出失控，回扣严重；销售税金少计、错计、漏计；销售发票管理松懈，销售凭证保管不严；销售信息反馈延迟或不畅，应收账款账情不清；应收账款入账金额不实，不函证对账；应收账款坏账准备计提不合理；坏账的确认与处理不符合规定；资产负债表日后发现销售核算有误；等等。尤其是虚开发票、虚计销售收入，销售成本与相关费用结转不实、与收入不配比等问题，造成报表严重失真。

实证分析 9.1 | 黎明股份胆敢假账真做的事实分析

黎明股份通过虚拟购销业务、编制虚假购销合同和虚假出入库单等手段，虚假核算。经核实，黎明股份 1999 年度的利润总额由 5 231 万元调整为−3 448万元。其会计报表中 90%以上的作假金额都是人为编造的。

第一，对开增值税销售发票，即利用增值税抵扣制度，通过与关联企业或业务往来企业虚拟购销业务，对开增值税发票，在不增加税负的情况下，虚增收入和利润。黎明股份所属的黎明毛纺织厂通过与省内外 10 余户企业对开增值税发票，虚增主营业务收入 1.07 亿元，虚转成本 7 812 万元，虚增利润2 902万元、存货 2 961 万元。

第二，虚开产品销售发票，即虚拟销售业务和销售对象，不惜付出真纳税的代价，虚开销售发票。黎明股份所属的营销中心虚拟沈阳红尊和宜昌盛泰两家服饰公司作为购货方，虚开普通销售发票，虚增主营业务收入 2 269 万元、主营业务成本 1 124 万元、管理费用 105 万元、利润 1 039 万元，相应虚增应收账款 1 748 万元、坏账准备 105 万元、应交税金 224 万元。

第三，乱用出口货物优惠政策。1999 年 6 月，黎明股份所属的进出口公司利用出口货物免税和可以自制销售发票的条件，虚拟外销业务，虚增主营业务收入 582 万元，虚增利润 63 万元。

第四，人为扩大销售业务核算范围，将非销售业务人为调整到销售科目核算。黎明股份擅自将本应在“委托发出材料”科目核算的委托加工服装业务，通过与被委托方对开发票的形式进行销售核算，虚增销售收入 888 万元。

尤其应当引起关注的是，黎明股份之所以能够利用对开增值税发票编造业绩，与相关企业“主动响应、积极应和”分不开。参与黎明股份会计造假的企业类型齐全，这透视着当今经济领域里，为了共同的利益，不同的企业会利用会计造假手段来达到各自不同的目的。这种情况恐怕还有一定的普遍性,并且在较长时期内难以消除。因此,严查会计造假,以维护社会经济秩序,任重而道远。

导致销售管理失控与风险事故发生的原因至少包括以下几个方面:①销售行为违反国家法律法规,可能遭受外部处罚、经济损失和信誉损失;②销售未经适当审批或超越授权审批,可能因重大差错、舞弊、欺诈而导致损失;③销售政策和信用政策管理不规范、不科学,可能导致资产损失或资产运营效率低下;④合同签订未经正确授权,可能导致资产损失、舞弊和法律诉讼;⑤应收账款和应收票据管理不善,账龄分析不准确,可能由于未能收回或未能及时收回欠款而导致收入流失或法律诉讼。

9.1.3 销售控制关键点

第一,职责分工、权限范围和审批程序应当明确、规范,机构设置和人员配备应当科学、合理。

第二,销售政策和信用管理应当科学、合理,销售与发货控制流程应当规范、严密。

第三,应收账款应当有效管理,及时催收;往来款项应当定期核对,如有差错,及时改正。

第四,销售的确认、计量和报告应当符合国家统一的会计准则或制度的规定。

9.2 职责分工与授权批准

9.2.1 销售业务的岗位责任制

企业应当建立销售与收款业务的岗位责任制,明确相关部门和岗位的职责权限,确保办理销售与收款业务的不相容岗位相互分离、制约和监督。

为了保证销售循环业务的有效性和可靠性,企业不得由同一部门或个人办理销售与收款业务的全过程,即在销售和收款业务操作中应建立明确的职责分工,开票、发货、收款、记账职务应当分离。

为此,企业应按各相关业务环节进行明确分工,如接受客户订货单、填制销货通知单、批准信用、发运商品、结算开单、办理销货折让与退回、收取货款、会计记录及核对账目等,必须由不同的人员分别负责办理,加强内部牵制,防止错误及舞弊行为的发生。尤其应当将办理销售、发货、收款三项业务的部门(或岗位)分别设立。销售部门(或岗位)主要负责处理订单、签订合同、执行销售政策和信用政策、催收货款。发货部门(或岗位)主要负责审核销售发货单据是否齐全,并办理发货的具体事宜。财会部门(或岗位)主要负责销售款项的结算和记录,监督、管理货款回收。

适当的职责分离应注意以下几点:①接受销售订单、收款应与发货职能相互分离;②批准赊销、开出发票和收取货款的职能应相互分离,发货通知单的编制人不能同时执行存货的提取、产品的包装和托运工作;③销售和收款应与记账职能相互分离;④填制发票的人员不能同时复核发票;⑤办理退货实物验收的人员必须与退货账务记录相互分离;⑥应收账款记录员不能担任该账目的核实工作;⑦应有独立人员定期审核销售和收款业务的合规性、合理性以及会计记录的正确性、及时性。

实证分析 9.2 | 盛某胆大妄为的舞弊事实

某生物制品厂厂长盛某通过将大量销售货款截留在代理出口单位甚至转移,贪污销售款 400 多万元。调查发现,盛某采用的手段是少开发票、截留收入,通过代理出口单位将贪污的货款转移到了其私人开的企业等。调查中还发现,该厂财务管理混乱,为盛某贪污打开了方便之门。财务科根据盛某的指令开具销售发票;仓库里没有库存明细账及货物进出库记录,销售成本按估算的毛利率计算;产成品因为只有总账,所以产品存货应该是多少,谁也说不清,以至于通过库存盘点,实物结存数与按产成品总账计算出的产品单位成本大大超过售价。检查人员也正是通过这些不正常现象,顺藤摸瓜,查清了盛某利用职务之便少计收入与成本贪污货款的事实。

这是一个典型的缺乏内部控制制度的案例。盛某的手法并不高明,如果相关岗位能够落实职责,各个环节稍加控制,盛某就不至于如此胆大妄为。

第一,按照内部控制规范的规定,企业应当建立实物资产管理的岗位责任制度,对实物资产的验收入库、领用、发出、盘点、保管及处置等关键环节进行控制,防止实物资产被盗、毁损或流失。但上述案例中的企业,从成品出库到销售发货直至货币回笼,都缺乏稽核与监控。如果案例中的仓储部门发货人员根据加盖现金收讫章、银行收讫章的发货凭证或经授权批准的赊销通知书发货,发货时对商品的品种、规格、数量等进行认真复核,大宗的、大额的发货还有第三人进行复核,并及时将赊销通知书及盖有货币收讫章的发货凭证返回财务部门,作为记录应收账款或销售款的依据,那么,盛某随心所欲地发货就能得到抑制。如果财务部门能根据发货凭证逐笔登记存货明细账,并定期与销售部门的销售业务登记簿相核对,与仓储部门的存货明细账、存货收发存日报表或月报表相核对,那么,盛某发出的货与收到的货款对不拢的问题当时就会暴露出来。

第二,盛某之所以能轻易地偷逃销售收入,随意地转移资金,把应属于企业的大笔钱款捞进自己腰包,与该企业没有建立应收账款管理机制和货币资金周转的严格控制有直接的关系。

第三，在销售与收款环节转移或隐匿收入进行违法乱纪的手段很多，而开具发票时没有以客户的购货订单、发货通知单等凭证为准，蓄意让销售款“飞过海”的手段最为常见。例如，填制发票上的数量没有依据发货通知单上载明的实际发运货物的数量记录，开票金额与实际数额有意不符等。其实，只要有心监管，将发货运单与订货单、销售单一一核对，就能发现其中的蹊跷，或者加强开票过程中的授权批准与职务分离，而不是“睁一只眼，闭一只眼”，犯罪分子就不会那么肆无忌惮了。

9.2.2 信用管理岗位与信用政策

有条件的企业可以设立专门的信用管理部门或岗位，负责制定企业的信用政策，监督各部门信用政策的执行情况。信用管理岗位与销售业务岗位应分设。

内部牵制适用于预防企业所有业务环节的舞弊风险，销售循环也不例外。长期以来，销售循环过程一直由销售部独立负责，这种独家控制销售一直到收款业务的好处是能够提高工作效率，但也增加了潜在的舞弊风险。例如，销售人员出卖企业信息资料、制造虚假销售冒领销售提成奖励、侵吞市场推广费、自己开公司销售本企业和竞争对手的产品、参与制造仿冒本企业的产品、贪污挪用销售货款，以及滥用公关交际费用等。为了预防这些问题，具有一定规模的企业纷纷将销售业务循环中的业务环节进行拆分。例如，将前期的市场拓展和销售合同签订、客户信用评估以及售后服务进行分割，销售人员的业务主要集中于市场拓展和签订销售合同，客户服务由质量管理部负责，信用评估则由独立的信用管理部或财务部信用管理人员负责，销售发货则由物流部组织安排，货款回收由财务部主要负责办理等。实践证明，这种业务拆分的办法起到了牵制和预防销售舞弊的作用。

专题讨论 9.1 | 什么是信用政策？

信用政策是指授信方制定的应收账款管理政策，即对应收账款投资进行规划与控制而确立的基本原则与行为规范，包括信用标准、信用条件和收账政策三部分内容。

信用标准是企业评价客户等级，决定给予或拒绝客户信用的依据，其旨在解决两个问题：一是确定客户拒付账款的风险，即坏账损失率。信用标准一般是客户获得企业商业信用所应具备的最低条件，通常以预期的坏账损失率表示。二是根据对客户信用资料的调查分析，根据评价信用优劣的数量标准等，具体确定客户的信用等级，以此作为给予或拒绝信用的依据。

信用条件是指企业接受客户的信用订单时所提出的付款要求，主要包括信用期限、折扣期限及现金折扣率等。

收账政策是指当客户违反信用条件，拖欠甚至拒付账款时企业所采取的收账策略与措施。一般而言，企业加强收账管理，及早收回货款，可以减少坏账损失，减少应收账款上的资金占用，但会增加收账费用。因此，制定收账政策就是要在增加收账费用与减少坏账损失、减少应收账款机会成本之间进行权衡，若前者小于后者，则说明制定的收账政策是可取的。

客户既是企业财富的来源，又是企业风险的来源。企业要设立专门的人员或机构，以客户资信管理为核心，实行客户管理制度。企业在授信之前先要对每位客户进行信用分析，包括审核客户已审计的财务报告、银行资信证明和资信评估机构的证明等。由于我国信用体系还不完善，对企业而言，重视与客户交往多年的历史还款记录并配合最近该客户的动态资料具有一定的可比性和说服力。

在发货前，客户的赊销应被授权批准。企业为此应正确制定信用政策，使赊销客户在信用额度内赊销。销售部门应对每位客户进行信用调查，包括（但不限于）获取信用评审机构对客户信用等级的评定报告，并根据客户的信用情况提出其信用期限和信用额度，经企业负责人或其授权人批准。销售、收款经办人员必须根据批准的信用期限和信用额度控制赊销金额。客户信用期限和信用额度的调整必须经相应权限的审批人员审核批准。

专题讨论 9.2 | 如何有效实施信用管理？

第一，企业应当建立科学的客户信息分类标准，从逾期收款情况、总资产、资产负债率、速动比率、应付款支付周期、利润率、销售能力、市场占有率、行业信誉、合作时间、管理质量、组织结构等方面全面评估，制定客户信用等级评分标准，建立客户信息系统。对客户资信状况的调查应滚动或经常进行，并严格按信用等级加以管理。

第二，评估客户的信用程度后，应确定每位客户的信用额度，每次赊销和未还欠款之和不得超过额度。

第三，具体实施过程中，对于符合赊销信用评定的客户，应由信用部门主管在销售通知单上批准赊销数量和金额并签字，不符合标准的不予批准赊销。

第四，对每位客户的授信额度应定期审查归档，必要时须做调整，并经有关人员复核。

第五，对以赊销为结算方式的销售合同，必须根据客户资信管理数据库的信息，确定客户的信用等级，按照授信限额和放账期限进行分级授信管理。企业应制定具体的分级授信管理规定。

第六,企业应根据销售及资金回笼情况对客户的资信额度进行动态管理。应编制应收账款账龄清单,进行账龄分析。对资信下降的客户,要及时采取减少发货、加强催收和实行担保等预防和减少风险的措施。对资信差并拖欠货款的客户,要停止发货。

第七,企业应当合理采用科学的信用管理技术,不断收集、健全客户的信用资料,建立客户信用档案或者数据库。

第八,企业可以运用计算机信息网络技术集成分公司、子公司或业务分部的销售发货信息与授信情况,防止向未经信用授权的客户发出货品,并防止客户以较低的信用条件同时与企业两家或两家以上分、子公司进行交易而损害企业利益。

第九,有条件的企业可以利用国家政策性出口信用保险机构的政策支持,防范风险。

9.2.3 授权制度和审核批准制度

企业应当建立销售业务授权制度和审核批准制度,并按照规定的权限和程序办理销售业务。

审批人应当根据销售与收款授权批准制度的规定,在授权范围内进行审批,不得超越审批权限。

经办人应当在职责范围内,按照审批人的批准意见办理销售与收款业务。对于审批人超越授权范围审批的销售与收款业务,经办人员有权拒绝办理,并及时向审批人的上级授权部门报告。

对于超过企业既定销售政策和信用政策规定范围的特殊销售业务,企业应当进行集体决策,防止决策失误而造成严重损失。严禁未经授权的机构和人员经办销售与收款业务。

企业应当配备合格的人员办理销售与收款业务。办理销售与收款业务的人员应当具备良好的业务素质和职业道德。企业应当根据具体情况对办理销售与收款业务的人员进行岗位轮换或者管区、管户调整。

9.3 销售与发货控制要点

9.3.1 销售预算管理制度

企业对销售业务应当建立严格的预算管理制度,制定销售目标,建立销售管理责任制。

企业应根据市场情况、目标利润、企业生产经营能力制定销售与收款预算，并应将销售与收款预算细化到各产品系列和各有关销售部门与销售人员。

销售与收款预算应当由企业最高管理当局直接或授权销售部门制定和修订，并经企业最高管理当局批准。

销售和收款业务应按照适当的授权进行。企业管理层应根据自身特点针对不同的销售业务设置不同的授权范围。销售价格及其折扣、付款条件、运费的确定、销售退回和销货折让、应收账款的坏账准备及坏账核销应经适当审批。

9.3.2 销售定价控制制度

企业应当建立销售定价控制制度，制定价目表、折扣政策、收款政策，定期审阅并严格执行。

定价政策对企业是极为重要的。定价失误将导致企业利润减少，失去市场竞争力和降低市场份额。在法制逐步完善的今天，轻率定价可能使企业违反有关价格法的规定，招致惩罚。因而定价控制十分必要。

第一，定价策略要考虑营销能力、销售成本、市场状况等众多因素。标准定价一旦确立，应对同一层次的客户公平对待；对于标准定价，须定期评价。

第二，在新产品投入市场之前应建立目标价格，并将该价格与市场替代产品(如果有替代品的话)的价格做比较，参考本产品的特点及市场潜力，必要时进行调价。当然，调价信息应及时传递给有关分销商、承销商和客户。

第三，对销售折扣、折让等优惠政策的给予，应由有关主管人员审核批准。对于折扣、折让给予的实际数量、金额，应有所记录，并且反映给予的原因。以上文件要归档，便于以后核查。

第四，实施折扣、折让前应做预测，并确定该政策给企业带来的目标利润；事后要将实际销售和收益的情况与目标利润相比较，并且报告有关部门。

9.3.3 销售和发货业务流程控制

(1)销售谈判

企业在销售合同或协议订立前，应当指定专门人员就销售价格、信用政策、发货及收款方式等具体事项与客户进行谈判。对谈判中涉及的重要事项，应当有完整的书面记录。谈判人员应至少有两人以上，并与订立合同的人员相分离。

(2)审批销售合同或协议草案

企业应当建立健全销售合同或协议草案审批制度，明确说明具体的审批程序及所涉及的部门和人员，并根据企业的实际情况明确界定不同合同或协议草案金额审批的具体权限分配等。审批人员应当对销售合同或协议草案中提出的销售价格、信用政策、发货及收款方式等进行严格审查并建立客户信息档案。重要的销售合同或协议草案，应当征询法律顾问或专家的意见。

(3)订立销售合同或协议

销售合同或协议草案经审批同意后，企业应当授权有关人员与客户签订正式的销售合同或协议。签订销售合同或协议，应当符合我国《合同法》的规定。合同须由双方法人代表签字；委托签字的，须附委托书。合同必须特别明确付款条款、销售价格、付款期限和违约责任等。

合同文本一般由业务承办部门起草、法律部门审核。重大合同或法律关系复杂的特殊合同应当由法律部门参与起草。国家或行业有合同示范文本的，可以优先选用，但对涉及权利义务关系的条款应当认真审查，并根据实际情况做适当修改。

合同管理可以划分为合同订立阶段和合同履行阶段。合同订立阶段包括合同调查、合同谈判、合同文本拟定、合同审批、合同签署等环节；合同履行阶段涉及合同履行、合同补充和变更、合同解除、合同结算、合同登记等环节。

专题讨论 9.3 │ 合同管理有哪些总体要求?

企业需要建立一系列制度体系和机制保障，促进合同管理的作用得到有效发挥。

一是建立分级授权管理制度和合同分级管理制度。属于上级管理权限的合同，下级单位不得签署。对于重大投资类、融资类、担保类、知识产权类、不动产类合同，上级部门应加强管理。下级单位认为确有需要签署涉及上级管理权限的合同的，应当提出申请，并经上级合同管理机构批准后办理。上级单位应当加强对下级单位合同订立、履行情况的监督检查。

二是实行统一归口管理。企业可以根据实际情况指定法律部门等作为合同归口管理部门，对合同实施统一规范管理，具体负责制定合同管理制度，审核合同条款的权利义务对等性，管理合同标准文本与合同专用章，定期检查和评价合同管理中的薄弱环节，采取相应控制措施，促进合同的有效履行等。

三是明确职责分工。企业各业务部门作为合同的承办部门负责在职责范围内承办相关合同，并承担合同调查、谈判、订立、履行和终结责任。企业财会部门侧重于履行对合同的财务监督职责。

四是健全考核与责任追究制度。企业应当健全合同管理考核与责任追究制度，开展合同后评估，对合同订立、履行过程中出现的违法违规行为，应当追究有关机构或人员的责任。

(4)销售发票

首先，销售人员在接到客户的书面订单或口头订货要求后，应及时对销售产品的品种、规格、数量、销售价格及其折扣率、付款条件、结算方式、预收账款余额、尚可使用的信用额度等进行审查。对于数额大、交货条件复杂的重要销售业务,必须按照授权范围签订书面销售合同,以明确购销双方的权利和义务。销售人员在审查后,对于可以接受的销售订单,填制连续编号的销售通知单,交销售部门负责人审核。销售部门负责人在授权范围内对销售通知单进行审批。销售部门根据经批准的销售通知单开具连续编号的发货凭证。发货凭证至少一式二联,其中一联交客户作为向仓库提货的凭证,另一联销售部门留底;必要时,增加一联作为商品出门的凭证。

接着,根据经过批准的销售通知单、销售合同等,财务部门应根据企业的性质(一般纳税人或小规模纳税人)、客户及商品的性质,正确开具增值税专用发票或普通发票。发票各联的记载内容均不得涂改;有错误需要更正的,应加盖公章及更改人的私章;但金额有错误的,必须重开。财务部门的会计主办人员应对所开具发票的各要素进行复核,经核对无误后加盖发票专用章,根据审核合格的发票记账联、销售通知单及其他必要的原始凭证编制记账凭证,通知出纳收款。如为预收或赊销的,则应编制转账凭证,在发货凭证和发票上加盖转讫章后交给客户。

出纳员应根据记账凭证办理收款,现销在收妥现金、支票或其他银行结算凭证后,将加盖现金收讫章或银行收讫章的发货凭证和发票交给客户。

仓储部门发货人员必须根据加盖现金收讫章、银行收讫章或转讫章的发货凭证发货。发货时应对商品的品种、规格、数量等进行认真复核,大宗的、大额的发货还应有第三人进行复核。仓储部门应根据发货凭证逐笔登记存货明细账,并定期与销售部门的销售业务登记簿相核对。仓储部门还应根据存货明细账编制存货收发存日报表或月报表,提供给销售部门和财务部门核对。

企业安保部门对于客户自提商品应根据出门联或者发票核对装运商品的数量、品种、规格等。对于代办托运的,商品出门时,销售部门也须提供出门联或发票,由企业安保部门进行核对。

销售发票控制的基本流程如图 9.2 所示。

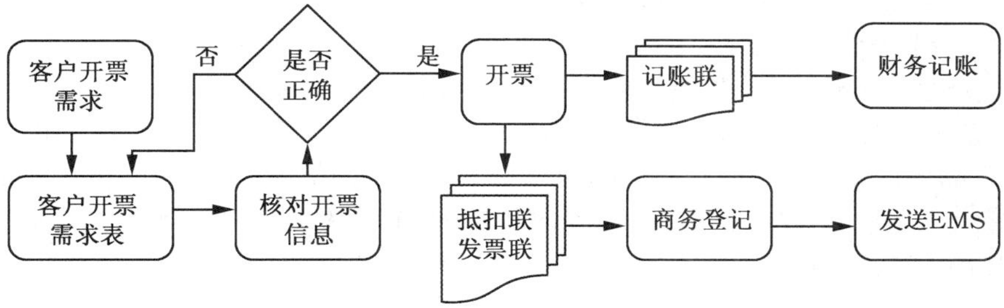

图 9.2　销售发票控制的基本流程

上述过程中涉及的重要凭证，如销售通知单、发货凭证、发票等应由专人保管并办理领用登记手续。

销售发票是会计正式记录销售收入的标志，若对其控制不严，会导致企业财务状况反映不实和舞弊行为的发生。

专题讨论 9.4 | 销售发票控制要点分析

第一，开票时要以有关单据为依据，如客户的购货订单、发货通知单等。

第二，发货通知单应编号，以保证所有发出货物均开单。

第三，发票上的客户名称应与主要客户一览表或客户购货订单相对照，以防止不开发票、虚开发票。

第四，发票上的数量必须以发货通知单上载明的实际发运货物数量记录或完成的劳务数量记录为依据，并应经过记录发运数量以外人员的复核，以防范“阴阳发票”。

第五，发票上的价格必须以销售部门批准的金额或价格目录表为依据，并应受独立于销售职能的其他人员的检查，以防范差错。

第六，发票上算出的金额和其他内容应受独立于发票编制人的其他人员的复核，以防范“阴阳发票”。

第七，对发票总额应加以控制，即所有发票应加出合计金额，以便与应收账款或销货合计数相核对，以防范“阴阳发票”、假发票等。

发票应向主管税务机关统一领购，领购后应当设立发票登记簿，并定期向税务机关报告发票使用情况。已经开具的发票的存根联和登记簿应当保存 5 年，保存期满报经税务机关查验后销毁。规范发票领购和使用等手续，可以有效防范虚开发票、“阴阳发票”、黑市交易、以假乱真和“金蝉脱壳”等非法行为。

发票不仅是纳税的重要依据，而且是财务工作的重要原始凭证。就内部控制体系而言，发票控制应当是融合在销售的动态控制和票据管理的静态控制之中的。

(5)组织销售

企业销售部门应当按照经批准的销售合同或协议编制销售计划，向发货部门下达销售通知单，同时编制销售发票通知单，并经审批后下达给财会部门，由财会部门或经授权的有关部门在开具销售发票前对客户的信用情况及实际出库记录进行审查无误后，根据销售发票通知单向客户开出销售发票。其中，编制销售发票通知单的人员与开具销售发票的人员应相互分离。

专题讨论 9.5 | 如何有效组织销售发货?

销售人员接到客户订单后,初审其条款是否符合本企业的规定。对符合本企业规定的订单,如系现销的,直接开出销售通知单;如系赊销的,由销售部门对其信用状况进行审查。

对于赊销业务,销售部门应审查该客户的信用期限和累计欠款余额(包含本次拟销售金额在内)是否超过本企业的规定。如未超过,可由销售部门自行确定是否接受订单;如超过信用期限或信用额度,须由企业负责人或其授权人审批。如销售部门或企业负责人(含其授权人)批准销售的,开出销售通知单,并通知该客户;如不批准,则将不批准的情况告知该客户。销售通知单一式二联,其中第一联由销售部门留存,第二联作为财会部门入账的原始凭证。

销售部门根据其留存的销售通知单第一联,填制销售台账。销售部门设置的销售台账应及时反映商品、劳务等销售的开单、发货、收款情况。销售台账应当附有客户订单、销售合同、客户签收回执等相关购货单据。

销售部门根据销售通知单填开发货单一式多联,其中第一联由销售部门留存,第二联交给顾客,经财会部门办理收款手续并盖章后作为提货凭证。

(6)组织发货

企业发货部门应当对销售发货单据进行审核,严格按照销售通知单所列的发货品种和规格、发货数量、发货时间、发货方式、接货地点组织发货,并建立货物出库、发运等环节的岗位责任制,确保货物的安全发运。

9.3.4 销售退回管理制度

企业应当建立销售退回管理制度。企业的销售退回必须经销售主管审批后方可执行。

销售退回的货物应当由质检部门检验、仓储部门清点后方可入库。质检部门应当对客户退回的货物进行检验并出具检验证明。仓储部门应当在清点货物、注明退回货物的品种和数量后填制退货接收报告。财会部门应当对检验证明、退货接收报告以及退货方出具的退货凭证等进行审核后办理相应的退款事宜。企业应对退货原因进行分析并明确有关部门和人员的责任。

9.3.5 销售核算与管理

企业应当在销售与发货各环节做好相关的记录,填制相应的凭证,建立完整的销售登记制度,并加强销售订单、销售合同、销售计划、销售通知单、发货凭证、运货凭证、销售发票等文件和凭证的相互核对工作。

销售部门应当设置销售台账，及时反映各种商品、劳务等销售的开单、发货、收款情况，并由相关人员对销售合同的执行情况进行定期跟踪审阅。销售台账应当附有客户订单、销售合同、客户签收回执等相关购货单据。

9.4 收款控制要点

9.4.1 收款业务控制流程与控制要点

收款业务控制流程是资金控制流程的一个重要组成部分，其控制要点如下：

第一，企业应当按照《现金管理暂行条例》《支付结算办法》和《资金指引》等的规定，及时办理销售收款业务。对以银行转账方式办理的销售收款，应当通过企业核定的账户进行结算。

企业应当将销售收入及时入账，不得账外设账，不得擅自坐支现金。

企业应当避免销售人员直接接触销售现款。

第二，财务会计部门在审核无误后，根据销售部门提供的销售通知单开出销售发票。会计主办人员应在发票审核无误后，加盖发票专用章。根据发票记账联和销售通知单编制记账凭证，通知出纳员办理收款手续。经过审核的赊销或预收账款业务，在发货单和发票上加盖转讫章。

第三，出纳员根据记账凭证，分别办理现金收款和银行收款，在发货单和发票上加盖现金收讫章和银行收讫章。

第四，保管员根据加盖财务收讫章或转讫章的发货单发货。销售部门应根据发货单逐笔登记存货明细账（卡），按月（日）编制存货收发存月（日）报表。

第五，对于赊销客户偿付货款的支票，由财务会计部门审核无误后送存开户银行，并根据银行进账单填制记账凭证，据以登记应收账款明细账和银行存款日记账。

第六，总账会计根据记账凭证逐笔或汇总登记总分类账。总账应按月与明细分类账核对。

第七，财务会计部门定期根据客户的应收账款明细账和营业收入明细账编制往来户对账单，寄送客户供核对之用。

上述销售与收款的各个环节一旦失控，贪污舞弊的行为就有可能滋生。

实证分析 9.3 | 收款失控的严重后果

某中药店下属 7 个门市部，主管会计肖某统辖这些门市部的财务账目。凭着手中的权力和职务上的便利，肖某萌生了犯罪歹念。他以门市部人手紧缺为由，要求下属部门将报表、现金解款单交来由他统一做账，并代为解款。于是，肖某以“助人为乐”之名，行贪污舞弊之实，将一笔又一笔本该解到银行的销售款扣留，占为私有。就是利用这种少解或不解银行的手法，肖某先后贪污 37 次，计 5.9 万元人民币，竟然做得神不知鬼不觉。

为保持账目平衡，肖某在制作各门市部销售汇总表时，减少销售现金数目，虚增“应收账款”项目，继而再以商品进销差价予以冲抵。肖某还假借各种名义开具现金发票，从银行提取现金予以侵吞。然后，肖某又将现金支票存根抽出，换上相同金额的转账支票，冒充记账凭证的附件，从而使提取的现金不通过现金日记账，在做账时假列应付款或减少商品进销差价或增加商品进销差价予以冲抵。肖某利用此法作案 34 次，贪污人民币 21.1 万元，而这些造假手法竟然很久没被发现。

肖某的贪污犯罪为何能持续两年多而不为人所察？当法院深究其原因时，发现该企业负责人缺乏内部控制的观念，企业的内部会计控制形同虚设，分管经理对财务不监督、不管理、不审查，财务审核制度形同虚设。

篱笆扎不紧，野狗钻得进。管理失控，后患无穷！

9.4.2 定期核对销售业务

企业应当定期抽查、核对销售业务记录、销售收款会计记录、商品出库记录和库存商品实物记录，及时发现并处理销售与收款中存在的问题；同时，还应定期对库存商品进行盘点。

企业应当定期与往来客户通过函证等方式核对应收账款、应收票据、预收账款等往来款项；如有不符，应当查明原因，及时处理。

企业可以将建立客户访问制度和应收账款对账制度作为控制和预防销售舞弊风险的重要措施。

企业除了管理层要定期或不定期访问供应商外，内部控制人员或者内部审计人员也可以对客户进行随机抽查访问。内部控制人员访问客户可以直接了解客户对企业销售人员的看法，以及对企业客户服务水平的反馈意见。通常，客户对内部控制人员的访问持欢迎的态度。内部控制人员在访问客户的过程中，可以从另一个角度核实、验证销售过程中的管理情况，并对本企业销售人员遵守企业规定起到监督和威慑作用，自然也可以对销售与收款业务中的舞弊风险起到预防作用。

财务部应收账款主管人员以及信用部人员应当与客户定期对账。通过与客户对账，可以及时发现双方之间的未达账项和存在的问题，这无疑对销售循环与相关的业务人员也是一种有效的监督。

9.5 应收账款控制要点

9.5.1 应收账款控制风险

目前，应收账款的入账金额不实，应收账款记录的内容不真实、不合理、不合法，已经成为有些企业调节收入、营私舞弊的“调节器”，成为掩盖各种不正常经营行为的“防空洞”；更为严重的是，有的企业竟利用同户名甚至不同户名私自将应收账款与其他往来账户轧抵，从而形成账外账；还有的企业采用应收票据背书或者利用应收账款长期挂账私设小金库。如此种种应当予以严控。

9.5.2 应收账款控制流程与控制要点

在应收账款的管理过程中，企业应遵循职务分设、相互制衡的原则，各部门应承担相应的责任。

销售部门应与财务部门建立每月财务对账制度，对账过程和结果应留有书面记录，对账差异应限期查明、调整。对应收账款管理过程中有法律追索权的原始凭证，应归档并由专人保存。销售部门应建立与客户的定期对账制度，年度应由规定的非销售部门对重点客户进行函证。对账和函证结果应当留有记录，差异应及时报告和处理。

财务部门提供应收账款账龄清单及有关的财务报告，情况异常时发出警报。

销售部门根据批准的授信额度和期限执行销售流程，对客户超额授信的请求，销售部门认为应当满足客户要求的，应提出超额授信的理由和书面申请，按规定程序和权限，报请有关领导书面批准。

审计部门控制合同的执行过程和结果，必要时发出警报，及时调整客户资信资料，加强对客户资信的管理。对于发现的违规、越权、失职问题以及了解到的有关部门的整改措施，应当向分管领导报告。

决策者对各级管理层授权审批，审核企业重大信用政策的调整。决策者应牢固树立“以效益为中心”的观念，不能轻易改变应收账款控制的程序，遇有特殊情况需做重大调整时，必须按原决策程序及相关环节加以制衡。

企业应将应收账款的管理责任明确落实到相关部门和人员，在考虑销售效益时应考虑应收账款成本。企业必须将产品的销售业绩与资金回笼结合起来，把销售货款回笼率作为考核相关部门和业务人员的主要依据之一，并与其收入挂钩。对于逾期应收账款的催讨要落实到人，责任人应承担逾期利息等相应的经济责任直至刑事责任。

企业应努力建立一支高素质的业务员队伍。为提高销售人员的业务水平和有效监督，企业可在业务部门实行轮岗制。业务员根据工作需要进行调整时，新老交接必须做到账务核对清楚、交接手续规范。

专题讨论9.6 | 如何防范业务员自行离职的风险？

针对业务员自行离职的现象，企业应有防范，一般可采用以下措施：

第一，客户管理制度。业务人员应按企业的规定将客户资料归档，纳入客户资信管理系统。

第二，设立风险基金。可事先缴纳，也可将业务人员的收入提取一定比例作为风险基金，根据销售和资金回笼情况按年度结算。

第三，定期轮岗。定期对不同地区产品的销售人员进行业务范围调整。

第四，针对离职业务员形成的应收账款，企业应有明确的认定标准，并制定专门的清欠措施，由专人负责催讨。

如此等等。

9.5.3 建立应收款项台账管理制度

企业应当建立应收账款账龄分析制度和逾期应收账款催收制度。

销售部门应当负责应收账款的催收，催收记录（包括往来函电）要妥善保存。

财会部门应当督促销售部门加紧催收。对催收无效的逾期应收账款，可通过法律程序予以解决。

应收账款应分类管理，针对不同性质的应收款项，采取不同方法和程序。应严格区分并明确收款责任，建立科学、合理的清收奖励制度以及责任追究和处罚制度，以有利于及时清理、催收欠款，保证企业营运资产的周转效率。

企业应当按客户设置应收账款台账，及时登记并评估每一客户应收账款余额的增减变动情况和信用额度使用情况，详细反映内部各业务部门以及各个客户应收款项的发生、增减变动、余额及账龄等财务信息；同时，加强对合同的管理，对债务人执行合同的情况进行跟踪分析，防止坏账风险的发生。

企业财务管理部门应当定期编制应收款项明细表，向企业管理人员和有关业务部门反映应收款项的余额和账龄等信息，及时分析应收款项管理情况，提请有关责任部门采取相应的措施，减少企业资产损失。

企业业务部门应尽可能运用计算机实行逻辑程序客观化控制，准确反映应收款的形成、回收及增减情况，加强客观控制。财务部门每月应向销售部门提供基于每笔销售合同的应收账款账龄分析清单，清晰反映应收账款的客户名称、金额及逾期应收账款的拖欠时间、原因等详细情况，及时将有关信息反馈到相关客户资信系统。

销售合同必须由专人管理，并根据应收账款账龄分析清单实时控制合同的执行情况，重视货款到期日的控制工作，一旦出现逾期，应责成有关业务人员做出有时间限期的书面催讨计划，并落实有效监督。

9.5.4 建立应收款项催收责任制度

对到期的应收款项，企业应当及时提醒客户依约付款；对逾期的应收款项，应当采取多种方式进行催收；对重大的逾期应收款项，可以通过诉讼方式解决。

企业应当有专人保管应收票据。对于即将到期的应收票据，应当及时向付款人提示付款；已贴现但仍承担收款风险的票据，应当在备查簿中登记，以便日后追踪管理。企业应当制定逾期票据追索监控和冲销管理制度。

企业应当落实内部催收款项的责任，将应收款项的回收与内部各业务部门的绩效考核及其奖惩挂钩。对于造成逾期应收款项的业务部门和相关人员，企业应当在内部以恰当方式予以警示，接受员工的监督。对于造成坏账损失的业务部门和责任人员，企业应当按照内部管理制度扣减其奖励工资。

企业在追索逾期应收款项的过程中，按照内部财务管理制度的规定支付给专门收账的机构或人员的劳务费用和诉讼费用，作为当期费用处理，不得挂账。

企业为了减少坏账损失而与债务人协商，对逾期应收款项按一定比例折扣后收回的，根据企业董事会或者经理（厂长）办公会审议决定和债权债务双方签订的有效协议，可以将折扣部分作为损失处理。

9.5.5 建立应收款项年度清查制度

每年年终，企业必须组织专人全面清查各应收款项，并与债务人相核对，做到债权明确、账实相符、账账相符。

企业在清查应收款项时，相对应的应付款项应当一并清查。对既有债权又有债务的同一债务人，应付该债务人的款项应当从应收款项中抵扣，以确认应收款项的真实数额。

企业对于债权人没有追索并超过诉讼时效的逾期应付款项，应当一并清查，并按照国家规定处理。

9.5.6 建立坏账核销管理制度

企业在清查核实的基础上，对确实不能收回的各种应收款项，应当作为坏账损失，并及时进行处理。属于生产经营期间的，作为本期损益；属于清算期间的，作为清算损益。坏账损失处理后，应当依据税法的有关规定向主管税务机关申报，按照会计制度规定的方法进行核算。

企业清查出来的坏账损失，应当按照以下程序处理：①企业内部有关责任部门经过取证，提出报告，阐明坏账损失的原因和事实；②企业内部审计（监察）部门经过追查责任，提出结案意见；③涉及诉讼的损失，企业应当委托律师出具法律意见书；④企业财务管理部门经过审核后，对确认的坏账损失提出财务处理意见，按照企业内部管理制度提交董事会或者经理（厂长）办公会审定。

企业核销的坏账应当进行备查登记，做到账销案存。已核销的坏账又收回时，应当及时入账，防止形成账外款。

9.6 销售控制的监督检查

9.6.1 销售监督检查的主要内容

企业应当建立对销售与收款内部控制的监督检查制度，明确监督检查机构或人员的职责权限，定期或不定期地进行检查。监督检查机构或人员应通过实施符合性测试和实质性测试，检查销售与收款业务内部控制制度是否齐全，各项规定是否得到有效执行。

销售与收款内部控制监督检查的内容主要包括：①销售与收款业务相关岗位及人员的设置情况，重点检查是否存在销售与收款业务不相容职务混岗现象；②销售与收款业务授权批准制度的执行情况，重点检查授权批准手续是否齐全，是否存在越权审批行为；③销售的管理情况，重点检查信用政策和销售政策的执行是否符合规定；④收款的管理情况，重点检查销售收入是否及时入账，应收账款的催收是否有效，坏账核销和应收票据的管理是否符合规定；⑤销售退回的管理情况，重点检查销售退回手续是否齐全，退回货物是否及时入库；等等。

9.6.2 销售业务审批的监督检查

审批人应当根据销售与收款授权批准制度的规定，在授权范围内进行审批，不得超越审批权限。经办人应当在职责范围内，按照审批人的批准意见办理销售与收款业务。对于审批人超越授权范围审批的销售与收款业务，经办人员有权拒绝办理，并及时向审批人的上级授权部门报告。

对于超过企业既定销售政策和信用政策规定范围的特殊销售业务，企业应当进行集体决策，防止决策失误而造成严重损失。特别是较大的销售业务，必须经有关销售负责人员的审批。销货部门首先要认真审查收到的客户订单，确定其订购品种、数量是否可行,并且要审查客户的资信情况和赊销限额后,才可填制销货通知单,送往仓库经审核后发运商品。对销售折让、退回或坏账注销等业务,都要严加审核和控制。

9.6.3 销售处理的监督检查

所有已发生的销售业务均应及时记录。仓库根据销货通知单发运商品后必须如数填制发货单,分送结账部门和会计部门。结账部门要检查已发运商品是否已开具销售发票,会计部门则要检查发货单与销货发票的数量、金额是否一致,是否有遗漏,计算是否正确,并及时办理销售账务。在账务处理方面,会计部门要设立相应的会计科目和会计账簿,正确归集不同类型的销售业务(如赊销、现销、分期付款销售等),及时、正确地登账。有关日记账、明细分类账和总分类账应当分别由专人登记,定期核对,及时纠正登账或记录差错。

企业财务部门应在依法设置的会计账簿中统一登记、核算销售和收款业务。应设置现金日记账和银行日记账,序时、逐笔登记货款的收入情况;应设置营业收入明细账,逐笔或按日汇总登记各类(种)商品的销售情况;应按客户类别和名称设置应收/预收账款明细账,逐笔登记应收/预收账款的发生和回收情况;还应设置现金、银行存款、营业收入、应收/预收账款等的总分类账,根据会计凭证逐笔或汇总登记总账,并对相应的明细账予以控制。企业应按照会计制度的规定计提坏账准备,并在财务报告中按规定予以披露。

对监督检查过程中发现的销售与收款内部控制中的薄弱环节,企业应当采取措施,及时纠正和完善。

经典案例评析

2001年4月初,A公司派出检查组对设在外省的销售分公司B(以下简称B公司)进行检查,发现B公司存在多头开户、私设小金库等问题。正当检查组准备对有关问题进行深入检查时,A公司接到有关部门通报,A公司财会部经理许某、B公司经理赵某和副经理张某携巨款潜逃国外。A公司立即向公安机关报案,同时决定对B公司几年来的经营管理和财务会计工作进行全面检查。经过6个多月的检查,一桩作案多年、涉案金额高达近2 000万元的资金盗用案被揭开了面纱。

1998年,许某被任命为B公司经理,赵某担任B公司副经理,张某任会计兼出纳。当时,A公司出于开拓市场、扩大经营规模等考虑,授予B公司产品销售定价和对外投资自主权。由于尚未建立销售网络计算机控制系统,对各销售分公司的销售情况,A公司每月手工统计汇总一次,并要求各销售分公司每月末将当月销售款集中汇缴A公司账户,确认销售收入。许某等人利用A公司授予的销售定价权,采用高价销售、低价向A公司汇总报账的手法截留销货款形成小金库,并利用销售货款上缴的时间差,挪用销售货款由赵某负责炒股,非法所得也流入小金库,然后由会计兼出纳的张某将小金库款项源源不断地汇往境外许某等人控制的账户。

1999年,许某调任A公司财会部经理,赵某接任B公司经理,张某任副经理兼会计和出纳工作。此后的几年间,许某、赵某、张某三人继续采用上述手法大肆作案,直到2001年4月A公司检查组进驻。

案发后,A公司对此案高度重视。针对此案暴露出的分公司权力过大及内部控制方面存在的缺陷等问题,A公司董事会做出以下决定:建立健全公司的内部控制制度,由总经理组织制定与实施,今后如果内部控制方面再出现问题,应由总经理承担全部责任;加强对外投资的控制,收回各分公司的对外投资权,公司所有的投资均由A公司董事长审批;加强财务管理,会计和出纳人员分设,出纳人员不得兼任账目登记工作,A公司的银行预留印鉴等印章一律由总会计师统一保管;加强销售与收款的控制,所有销售业务(包括制定销售价格、签订销售合同、组织货物发运、结算销售货款等)均由A公司销售部统一负责,各销售分公司仅负责市场宣传推广,协助催收货款;加强计算机系统建设和内部审计工作,实现销售网点计算机控制,由A公司财会部每年组织对本公司及下属分、子公司内部控制制度的执行情况和会计资料进行审计。

上述公司的内部控制制度存在着以下重大缺陷:

第一,会计和出纳属于不相容岗位,B公司由张某一人兼任会计和出纳工作,不符合内部控制有关"不相容职务相互分离控制"的要求。

第二,B公司属于非独立法人,A公司授予其销售定价权和对外投资权,属于授权不当,不符合"授权批准控制"的有关要求。

第三,A公司对分公司销售收入的确认不及时、程序不健全,没有对分公司销售的原始凭证进行审查;同时,对分公司资金和银行账户控制不严,不符合"会计记录控制"和"财产保全控制"的有关要求。

第四,A公司董事会的决定有不当之处:企业负责人对本企业内部控制的建立健全及有效实施负责。A公司的负责人是董事长而不是总经理,因此,要求总经理对公司的内部控制制度负责不当。根据授权批准控制的方法和对外投资控制的要求,公司金额较大的对外投资应该由董事会集体决策,而不应由董事长一人审批。按照内部控制制度的要求,出纳人员只是不得兼任收入、支出、费用、债权债务账目的登记工作,但可以兼任现金日记账等账目的登记工作。公司规定由总会计师统一保管银行预留印鉴等印章不符合货币资金控制有关"银行预留印鉴管理"的要求。办理销售、发货、收款三项业务的部门应分别设立，A公司决定由销售部负责办理销售业务的全过程，违背了“不相容职务相互分离控制”的要求。企业的内部审计应当有相对的独立性，A公司决定由财会部门对本公司及下属分、子公司的会计资料进行审计有违这一原则。

第 10 章　成本费用控制

成本费用控制的具体目标是:实行成本费用职责分工、预算和审批等流程控制，正确核算与定期分析成本费用，合理节约各项支出，确保成本费用信息合法、有效，以及在财务报告上的正确披露。

10.1　成本费用控制概述

10.1.1　成本费用控制的重要性

成本费用是企业为了取得收入的必要支出，是一种物化劳动和活劳动的耗费。成本费用通常由营业成本和期间费用(包括销售费用、管理费用和财务费用)构成。营业成本应当计入所生产产品或所提供劳务的成本，期间费用应当直接计入当期损益。

在企业发展战略中，成本控制处于极其重要的地位，因为成本水平的高低直接决定着企业盈利能力的大小和竞争能力的强弱，所以，强化企业的成本管理与控制就成为企业生存和发展的必然选择。

我国不少企业尚存在成本控制观念落后的现象，主要表现在成本控制的范围、目的及手段等方面的认识存在偏差。有些企业仍将成本控制范围局限于企业内部，甚至只包括生产过程，而忽视了对其他相关企业及相关领域成本行为的管理，如供应方提供产品的价格是影响企业成本的最主要动因之一。从成本管理的目的来看，有些企业仅局限于降低成本，却较少从效益角度来看成本的效用，降低成本的手段主要依靠节约，很少运用成本效益原则。站在现代成本管理与控制的角度来看，成本降低是有条件和限度的，在某些情况下，控制成本费用可能会导致产品质量和企业效益的下降。有些企业在成本控制上缺乏全局观念，仅仅依靠财务人员去控制成本费用;在实施成本费用控制的过程中，只注重成本费用核算，只关注财务成本报表，利用报表中的数字去管理成本费用。这种做法虽然对降低成本起到了一定的作用，但归根结底还是事后控制，对成本没有做到预先控制和发生过程中的控制。企业不应以成本核算来代替成本管理与控制。

10.1.2 实施全面成本控制

（1）全过程控制

成本管理控制的目标首先是全过程的控制，不应仅控制产品的生产成本，而应控制产品寿命周期成本的全部内容。实践证明，只有当产品的寿命周期成本得到有效控制，成本才会显著降低。从全社会的角度来看，只有如此，才能真正达到节约社会资源的目的。

全过程成本控制是从传统的生产过程控制向前延伸到投产前的筹划过程，向后扩展到售后用户的使用过程等一切发生耗费而影响成本的活动过程。从时间控制上看，对筹划中的未来经济活动进行事前预测控制，称为前馈控制；对生产过程中正在发生的经济活动进行事中监督控制，称为实施控制；对产品形成到售后使用过程中已经发生的经济活动进行事后反映分析控制，称为反馈控制。从控制功能上看，前馈控制是在产品投产前的筹划过程，从成本控制的战略高度，对反馈和收集的经济信息进行综合分析、推理、判断和利用，从资金、质量、功能、工艺、设备、资源配置、售后服务、市场竞争等多方面进行可行性研究，以便选择最佳的成本方案，确定最佳的成本目标，约束和监督未来的经济活动，防患于未然。这是全过程成本控制的根本性控制，对控制效果起着决定性作用。

虽然前馈控制在全过程控制中占主导地位，但实施控制是前馈控制的具体实施行为，是对前馈控制目标值的有效保证。反馈控制既是对实施控制的综合反映，又是对前馈控制目标值预测程度的检验。三者是相互联系、相互制约的有机控制整体，既要突出重点控制，又要狠抓全过程控制，强化全过程控制的广度，从而形成前馈控制与实施控制、反馈控制互补并控的组合控制，实现全面控制与重点控制的统一。

（2）全系统成本控制

全系统成本控制是根据系统论，在实施控制的过程中，依据等级秩序原理，在经营者的领导下，建立以财会部门为中心，以车间为纽带，以班组或作业为中心，以作业岗位和个人为基础的纵向分级责任实体，以财会、供销、生产技术部门为主导的横向平行责任实体，形成纵横交错、上下连锁、相互依存的成本控制系统。由于企业各生产经营环境的作业相互联系，形成相互依存的“作业链”，因此，在控制系统内部要建立以作业中心为责任中心的作业控制体系，实现对“作业链”的整体作业控制。根据系统对象的可控空间和可控性，采用等级结构控制形式，对成本各层次作业划分责任和分解成本总目标，使具体的作业成本目标值层层细化落实到各职能部门、车间、班组、责任中心、岗位和个人。实行归口分级定岗作业成本控制，使压力、动力、活力同在，责任、权力、利益并存，充分调动各层次、各责任中心、各作业岗位和各类人员的积极性和创造性。针对各自的可控特征，优化控制方法，强化控制功能，硬化控制措施，促使责任实体完成各自的责任目标，确保总目标的实现。通过总目标的分解落实和实施，协调总体与局部、局部与局部之间的经济关系，使责任实体的经济行为有机地协作配合，强化系统控制的力度，以保证全系统控制的协调运行，从而提高空间控制的整体效应。

（3）全指标成本控制

全指标成本控制是在全系统成本控制的基础上，根据控制论，依据各责任层次所处的不同地位、权限和控制功能，采用不同的量度指标予以控制。企业财会部门结合各职能部门应用现代会计技术方法，根据目标利润等指标，上下结合，反复测算，在严格控制实物量和劳动量消耗的基础上，确定目标总成本，以把握企业经营总目标。各职能部门、车间、班组或责任中心既要执行企业决策和组织日常的生产活动，又要直接参加生产活动，因此，各作业中心和作业岗位是生产过程的主要控制点，由于控制功能所限，它们只能对资源消耗和组合进行自控，使实物量和劳动量控制更为直观、有效，以求达到低耗、优化、高质的目的，如原材料、燃料、动力消耗、工时消耗以及影响成本的废品率、等级品率等指标都应在控制的范围之内。全指标控制还要求运用现代管理会计的盈亏平衡点、经济订货量、边际分析法等技术方法，对各种数据进行科学测算和加工处理，揭示有关研究对象的相互变量关系及一定条件下的临界变量界限，进一步认识目标控制的质变过程，把量的活动控制在最佳的范围内，保持事物质的相对稳定，增强目标控制的量变应变力，使控制系统向质变有序转化，形成价值量与实物量、劳动量的多向制约组合控制。

10.1.3 成本费用管理风险

成本费用业务管理失控的常见情形主要有：成本费用不预算、不审批，缺乏严格的控制程序与方法；虚列费用，虚计成本，调节存货与利润；提前或延迟费用分摊，与会计期间不配比；成本费用结转不实，任意调节；费用分配方式选用不当，随意改变；成本费用支出失控；有关税金少计、错计、漏计；费用凭证不符合规范；产品退货、退料核算不正确；成本费用与收入不配比；成本费用信息反馈延迟或不畅；资产负债表日后发现成本费用核算有误；等等。

企业为了虚增、虚减利润或者说是为了搞虚盈实亏、虚亏实盈，除调节收入以外，大量的手法是调节成本费用。例如，有的企业为了调节当年损益，在成本费用账户中列支了不应计入成本费用的开支；不按规定的分配办法分配制造费用，造成费用分配不实；采取多分摊或少分摊费用的手段进行作弊；采取转移成本费用的手法，从本期发生的期间费用总额中转出一部分列作待摊费用；为了压低产品成本，期末在分配制造费用时，从制造费用总额中转出一部分作为期间费用；将发生的部分期间费用记入“制造费用”账户，然后分配记入“生产成本”账户，期末再有意少结转完工产品成本，从而实现虚增当年利润的目的；将本期发生的生产费用在盈利产品和亏损产品之间进行不合理分配，造成盈亏不实；等等。成本费用不配比方面的问题也很多，有些企业往往通过折旧的计提方式、存货的计价方式和其他跨期摊派项目来调节盈亏等。内部控制对此应当予以积极防范、有效监控。

实证分析 10.1 | 他是如何侵吞巨额钱款的?

某银行财务总监刘某在5年时间里虚构业务，以支付软件开发维护费用等名义，通过4家外部公司走账，蚂蚁搬家式地侵占银行资金5 800余万元，俨然把供职的机构当成了私人提款机。

在长达5年的时间里，刘某硕鼠般侵吞巨额钱款为什么没有案发？据其交代，其虽然受大中华区CEO和中国公司CEO的双重管辖，但由于前者在境外，实际上无法监管，后者对费用支付则无权监管；再加上中国区收入情况较为复杂，只要能盈利即可，对间接费用的控制较为松懈，也不纳入考核范围，最终导致其“一支笔说了算”。

刘某和周某分别作为财务总监和主管，串通一气，将侵吞的资金都做到了该银行中国区的IT费用账内。“这个账内数字实在很大，而我们每次侵占金额才几十万元，在里面并不起眼。”尽管银行亚太区的内审部门会对财务状况进行抽查，外聘的会计师事务所也会审计，但未必能在浩如烟海的账目中发现异常，“有问题的凭证事先都被我们抽走、销毁了”。

导致成本费用管理失控与风险事故发生的原因至少包括以下几个方面：①成本费用支出违反国家法律法规，可能遭受外部处罚、经济损失和信誉损失；②成本费用支出未经适当审批或超越授权审批，可能因重大差错、舞弊、欺诈而导致损失；③成本费用预测不科学、不合理，可能因成本费用支出超预算或者预算外支出导致企业权益受损；④成本费用的核算和相关会计信息不合法、不真实、不完整，可能导致企业财务报告失真。

10.1.4 成本费用控制关键点

第一，职责分工、权限范围和审批程序应当明确、规范，机构设置和人员配备应当科学、合理。

第二，成本费用定额、成本计划编制的依据应当充分、适当，成本费用事项和决策过程应当明确、规范。

第三，成本费用预测、决策、预算、控制、核算、分析、考核的控制流程应当清晰、严密，对成本费用核算、内部价格的制定和结算办法、责任会计及有关成本费用的考核等应当有明确的规定。

10.2 职责分工与授权批准

10.2.1 成本费用业务的岗位责任制

企业应当建立成本费用业务的岗位责任制，明确内部相关部门和岗位的职责、权限，确保办理成本费用业务的不相容岗位相互分离、制约和监督。同一岗位的人员应定期做适当调整和更换，避免同一人员长时间负责同一业务。

成本费用业务的不相容岗位至少包括：①成本费用定额、预算的编制与审批；②成本费用支出与审批；③成本费用支出与相关会计记录。

企业应当配备合格的人员办理成本费用的核算业务。办理成本费用核算的人员应当具备良好的业务知识和职业道德，遵纪守法，客观公正。企业应当通过培训，不断提高他们的业务素质和职业道德水准。

在制造业中，成本费用的发生与生产加工业务循环有着密切关系，其具体的职务分离表现在：①审批发料的人员不能同时担任仓库保管员；②生产计划的编制者应与其复核和审批人员适当分离；③产成品的验收部门应与产品制造部门相互独立，产成品的验收、保管、记账职务应当分离；④生产用物资的保管职务应与记录职务相分离，仓储部门的职责主要是记录各种入库材料、商品的种类、数量以及实物的保管，不能同时负责有关账户的会计记录；⑤存货盘点不能只由负责保管、使用或记账中的任何一人单独进行，而应由他们共同进行。

10.2.2 授权批准制度

企业应当对成本费用业务建立严格的授权批准制度，明确审批人对成本费用业务的授权批准方式、权限、程序、责任和相关控制措施，规定经办人办理成本费用业务的职责范围和工作要求。

审批人应当根据成本费用授权批准制度的规定，在授权范围内进行审批，不得超越审批权限。

经办人应当在职责范围内，按照审批人的批准意见办理成本费用业务。对于审批人超越授权范围审批的成本费用业务，经办人有权拒绝办理，并及时向审批人的上级授权部门报告。

企业应当做好成本费用管理的各项基础工作，制定成本费用标准，分解成本费用指标，控制成本费用差异，考核成本费用指标的完成情况，落实奖罚措施，降低成本费用，提高经济效益。

10.3 成本费用前馈控制要点

10.3.1 成本费用预测控制

企业应当根据本企业的历史成本费用数据、同行业同类型标杆企业的有关成本费用资料、料工费价格变动趋势、人力和物力资源状况，以及产品销售情况等，运用本量利分析、投入产出分析、变动成本计算、定量和定性分析、价值链成本比较分析等专门方法，对企业未来的成本费用水平及其发展趋势进行科学预测，制定科学、合理的成本费用管理目标。

开展成本费用预测，应本着费用最少、效益最大的原则，明确合理的期限，充分考虑成本费用预测的不确定因素，确定成本费用的定额标准。

10.3.2 成本费用决策控制

成本费用预测应当服从企业整体战略目标，考虑各种成本降低方案，从中选择最优成本费用方案。

企业对成本费用预测方案进行决策，应当对产品设计、生产工艺、生产组织、零部件自制或外购等环节，运用价值分析、生产工序、生产批量等方法，寻找降低成本费用的有效措施。

10.3.3 成本费用预算控制

企业应当根据成本费用预测、决策形成的成本目标，建立成本费用预算制度，将成本费用目标具体化，并加强对成本费用的控制管理。

(1)应发挥产品设计人员在成本控制中的主导作用

首先，产品设计的工程技术人员是产品制造成本的控制主体，除了必须全面掌握所设计产品的功能及性能外，还应通过各种渠道收集所设计产品功能的市场需求信息，准确把握产品功能的市场需求，减少产品设计功能过剩。其次，应通过物资采购人员或材料价格信息库及新材料、新工艺信息库，了解和查询所设计产品可采用的材料范围及价格，在保证产品设计要求的情况下采用性好价廉的先进材料。除了抓好以上两项工作外，还应经常与负责设计成本估算的管理会计人员取得联系，了解产品的设计成本，根据管理会计人员的建议对产品设计进行调整。此阶段的成本控制需要设计人员在产品研制、开发过程中牢牢树立经济、成本意识，发挥聪明才智，在保证市场竞争优势的前提下，将产品成本控制在最低水平。

(2)要充分发挥管理会计人员预测、决策的作用

管理会计人员作为产品研制、开发阶段成本决策的参与者，要在产品设计、工艺制定的同时进行产品成本估算，采用现代分析方法，对产品成本与市场价格信息，产品成本与市场竞争能力，产品成本与企业的长期、短期效益进行分析，提供产品研制的可行性报告，还要编制产品开发费用预算，对产品开发过程中发生的成本进行控制。尽管管理会计人员不是设计成本的决策者，但应掌握产品研制、开发的有关知识，努力积累经验，广泛收集、整理有关信息、资料，熟练掌握管理会计理论，灵活运用不同的成本性态分析方法，做出正确的财务评价，为设计成本决策者提供较优的建议方案。

(3)成本管理应针对产品生命周期的不同采用不同的策略

在产品投产期，由于客户对产品的功能、特点还不了解，为打开市场，企业必须投入充足的广告宣传费用。在这一阶段，广告、人员推销、营业推广等促销手段的成本效益最高。在产品成长期和成熟期，各种促销手段的成本效益减弱，应减少广告宣传费用。在产品衰退期，由于各种促销手段的成本效益最低，企业应把促销规模降至最低限度。另外，对市场成本的控制应坚持因地制宜、务实效益的原则，厉行节约，减少不必要的浪费。

(4)不可忽视环境成本与可持续发展

环境成本是指企业为保护环境而发生的各项支出，包括用于改善设备的支出、日常环保费用及开发环保产品和措施所发生的相关费用等。其具有支出的不可预知性、隐蔽性、连续性和不断增长性等特点。企业应当将环境成本纳入各项经济分析和决策过程，改变过去无偿使用环境并将环境成本转嫁给社会的做法。

10.4 成本费用实施控制要点

10.4.1 成本费用控制的基本步骤

成本控制是指在生产过程中将各项费用支出限制在规定的标准范围之内，保证达到降低成本的目标，是成本管理的关键环节，失控会导致浪费与损失，其要点在于是否符合成本核算与管控的规范要求，其重点在于监督各项经济活动是否按照目标、计划、预算或标准正常运行，其关键在于防错纠偏，其步骤大致分为以下四个阶段：

(1)确定控制标准

确定评价成本管理绩效的尺度,如制定各项消耗定额和费用开支标准,并将这些定额和指标层层分解落实到各个生产部门、车间、班组和个人,使各级都有明确的控制标准和责任。管理者应以目标、计划、预算、定额等为基础,制定出控制工作所需要的标准。

实行全面成本管理的具体做法可以是先测算出各项费用的最高限额,然后横向分解落实到各部门,纵向分解落实到小组与个人,并与奖惩挂钩,使责、权、利统一,最终在整个企业内形成纵横交错的目标成本管理体系。

(2)衡量工作成效

通过管理信息系统采集实际工作数据(与已制定的控制标准中所对应的要素),掌握工作的实际情况。在这一过程中,要监督生产费用的实际开支,建立严格的审核制度,包括限额领料和费用开支的审批等;要特别注意获取信息的质量问题,做到信息的准确性、及时性、可靠性和适用性。

(3)分析衡量的结果

将实际工作结果与标准进行对照,找出偏差并分析其发生的原因,为进一步采取管理行动做好准备。

(4)采取管理行动,纠正偏差

纠正偏差的方法不外乎两种:要么改进工作绩效,要么修订标准。控制就是要有行动。没有行动,再好的控制制度也会流于形式,或束之高阁,或形同虚设。

成本费用控制工作的正常运行,一靠制度,二靠文化。没有制度建设就不能固化成本控制运行,就不能保证成本控制质量。成本控制中最重要的制度包括定额管理制度、预算管理制度和费用审批制度等。制度建设既要从规范的角度出发,又要便于运行,才能使责任人找准位置,便于操作。制度建设要形成文化认同、上下共识,才不会形同虚设。

10.4.2 成本费用支出审批制度

第一,企业应当建立成本费用支出审批制度,根据费用预算和支出标准的性质,按照授权批准制度所规定的权限,对费用支出申请进行审批。财会部门会同相关部门对成本费用开支项目和标准进行复核。

第二,企业应当指定专人分解成本费用目标,记录有关差异,及时反馈有关信息。

第三,企业应当规范成本费用开支项目、标准和支付程序,从严控制成本费用支出。对未列入预算的成本费用项目,如确需支出,应当按照规定的程序申请追加预算。

对已列入预算但超过开支标准的成本费用项目，应由相关部门提出申请，报上级授权部门审批。

第四，企业内部相互提供劳务和转移产品零部件等，其成本费用确认方法应当本着有利于转出、转入双方和企业整体利益的原则，制定相应的控制制度。

第五，企业会计机构或人员在办理费用支出业务时，应当根据经批准的责任主体成本费用支出申请，对发票、结算凭证等相关凭据的真实性、完整性、合法性及合规性进行严格审核。

10.4.3 成本费用核算的基础工作

企业应当制定必要的消耗定额，建立和健全材料物资的计量、验收、领发、盘存以及在产品的移动管理制度，制定内部结算价格和结算方法，明确与成本费用核算有关的原始记录及凭证的传递流程和管理制度等。成本控制不从下列基础工作做起，成本控制的效果和成功的可能性将大受影响：

（1）定额制定

定额是企业在一定生产技术水平和组织条件下，人力、物力、财力等各种资源的消耗达到的数量界限，主要有材料定额和工时定额。成本控制主要是制定消耗定额，只有制定出消耗定额，才能在成本控制中起作用。工时定额的制定主要依据各地区收入水平、企业工资战略、人力资源状况等因素。在现代企业管理中，人力成本越来越大，工时定额显得特别重要。在工作实践中，根据企业的生产经营特点和成本控制需要，还会出现动力定额、费用定额等。定额管理是成本控制基础工作的核心，建立定额领料制度，控制材料成本、燃料动力成本，建立人工包干制度，控制工时成本，以及控制制造费用，都要依赖定额制度，没有很好的定额，就无法控制生产成本；同时，定额也是成本预测、决策、核算、分析、分配的主要依据，是成本控制工作的重中之重。

（2）标准化工作

标准化工作是现代企业管理的基本要求，是企业正常运行的基本保证，它促使企业的生产经营活动和各项管理工作达到合理化、规范化、高效化，是成本控制成功的基本前提。在成本控制过程中，标准化工作极为重要。

专题讨论 10.1 ｜ 如何实施标准化工作？

一是计量标准化。计量是指用科学的方法和手段，对生产经营活动中的量和质的数值进行测定，为生产经营尤其是成本控制提供准确数据。如果没有统一的计量标准，基础数据不准确，就无法获取准确的成本信息，更无从谈控制。

二是价格标准化。成本控制过程中要制定两个标准价格：一是内部价格，即内部结算价格，它是企业内部各核算单位之间、各核算单位与企业之间模拟市场进行“商品”交换的价值尺度；二是外部价格，即企业在购销活动中与外部企业产生供应与销售的结算价格。标准价格是成本控制运行的基本保证。

三是质量标准化。质量是产品的灵魂，没有质量，再低的成本也是徒劳。成本控制是质量控制下的成本控制，没有质量标准，成本控制就会失去方向，也谈不上成本控制。

没有数据进行标准量化，节俭和控制可能无从谈起。伴随着成本费用控制计划出台的是一份数据清单，包括可控费用和不可控费用等，每月、每季度都由财务汇总后发到管理者手中，超支和异常的数据用红色特别标识。在月底的总结会议中，相关部门需要对超支的部分做出解释。为了培养员工的成本意识，企业应编制《成本控制手册》。该手册从原材料、电、水、印刷用品、劳保用品、办公用品和其他易耗品方面提出控制方法。当然，有效的激励也是成本控制的好方法，所以，必要的奖励也是成本控制的一部分。

10.4.4 执行产品成本核算制度

随着市场经济体制的日益完善，企业由传统生产型向生产经营型和开拓经营型转变。企业产品成本核算的目的也发生了重大变化，不仅要满足政府、股东、债权人等利益相关方的外部信息需求，还要为企业内部管理服务，从而切实提高企业的经济效益。这在客观上要求企业建立起既能计算产品实际成本，又便于成本控制和成本预测、决策；既能满足宏观成本管理要求，又能满足企业内部管理要求的成本核算模式。

为了加强企业产品成本核算工作，保证产品成本信息真实、完整，促进企业和经济社会的可持续发展，根据《会计法》和企业会计准则等规定，2013 年 8 月 16 日财政部正式印发《企业产品成本核算制度(试行)》(财会〔2013〕17 号)，自 2014 年 1 月 1 日起在除金融保险业以外的大中型企业范围内施行，小企业参照执行。

进行成本计算，必须首先确定成本核算对象。成本核算对象是为了计算成本而确定的归集费用的各个对象(受益物)，即确定归集和分配生产费用的具体对象，是生产费用的承担客体。成本对象具体可以是一种产品、一项服务、一位客户、一张订单、一纸合同、一项作业或是一个部门等。例如，制造企业一般按照产品品种、批次订单或生产步骤等确定产品成本核算对象，通过设置直接材料、燃料和动力、直接人工和制造费用等成本项目进行成本核算；农业企业一般按照生物资产的品种、成长期、批别(群别、批次)、与农业生产相关的劳务作业等确定成本核算对象，通过设置直接材料、直接人工、机械作业费、其他直接费用、间接费用等成本项目进行成本核算。

企业可以根据生产经营特点和管理要求,确定成本核算对象,归集成本费用,进行产品成本核算。企业内部管理有相关要求的,还可以按照现代企业多维度、多层次的管理需要,确定多元化的产品成本核算对象。

多维度,是指以产品的最小生产步骤或作业为基础,按照企业有关部门的生产流程及其相应的成本管理要求,利用现代信息技术,组合出产品维度、工序维度、车间班组维度、生产设备维度、客户订单维度、变动成本维度和固定成本维度等不同的成本核算对象。

多层次,是指根据企业成本管理的需要,划分为企业管理部门、工厂、车间和班组等成本管控层次。

随着经济的发展,我国企业的产品生产制造环境发生了一定变化,直接生产成本的比重与传统制造环境相比有所下降,同时,制造费用剧增并呈现多样化,分摊标准如果只用产量、工时等单一成本动因已难以可靠地反映各种产品的成本。引入作业成本法,可以提高产品成本的科学化和精细化管理。

成本核算与管理需要持续改进、不断创新,包括实现成本管理观念、成本管理模式、成本管理方式的创新,这对成本的持续改进是有效的保证。尤其是全球竞争加剧、生存环境变化、信息技术飞跃,面对着竞争对手、潜在市场进入者、替代品、客户或供应商讨价还价的能力等,产品差异化战略、成本领先战略、价值链管理等新观念与新方法层出不穷,成本会计与管理会计的教学内容被不断刷新。尤其是成本会计与管理科学的有效结合拓宽了管理会计的研究范围,作业成本核算与管理、成本持续改进、全生命周期成本、环境成本、社会责任成本等都是更精细化的战略管理思想。①

10.5 成本费用反馈控制要点

10.5.1 成本费用分析制度

企业应当建立成本费用分析制度。企业可以运用比较分析法、比率分析法、因素分析法、趋势分析法等方法开展成本费用分析,检查成本费用预算的完成情况,分析产生差异的原因,寻求降低成本费用的途径和方法。

① 详见李敏主编的《成本会计学》和《管理会计学》的具体内容,上海财经大学出版社出版。

10.5.2 成本费用内部报告制度

企业应当建立成本费用内部报告制度，实时监控成本费用的支出情况，发现问题，应及时上报有关部门。

成本费用内部控制报告是成本会计的重要内容之一，又称业绩报告。其目的是将责任中心的实际成本与限额相比较，以判别成本控制业绩。

成本控制报告将使人们注意到偏离目标的表现，但它只是指出问题的线索，只有通过调查研究、找到原因、分清责任，才能采取纠正行动，收到降低成本的实效。企业发生成本费用偏差的原因有很多，概括起来可以分为三类：①执行人的原因，包括过错、没经验、技术水平低、责任心差、不协作等；②目标不合理，包括原来制定的目标过高或过低，或者情况变化使目标不再适用等；③实际成本核算有问题，包括数据的记录、加工和汇总有误，故意造假等。

纠正偏差很重要。如果一个成本控制系统不能揭示成本差异及其产生的原因，不能揭示应由谁对差异负责从而保证采取某种纠正措施，那么，这种控制系统仅仅是一种数字游戏。

纠正偏差既是成本控制系统的目的，也是各责任中心主管人员的主要职责。如果成本控制的标准是健全的并且是适当的，评价和考核也是按这些标准进行的，那么产生偏差的操作环节和责任人已经指明，具有责任心和管理才能的主管人员就能够通过调查研究找出具体原因，并有针对性地采取纠正措施。

纠正偏差的措施包括：①重新制订计划或修改目标；②采取组织手段重新委派任务或明确职责；③采取人事管理手段增加人员，选拔和培训主管人员或者撤换主管人员；④改进指导和领导工作，给下属以更具体的指导和实施更有效的领导。

成本指标具有很强的综合性，无论哪一项生产作业或管理作业出了问题，都会引起成本失控。因此，纠正偏差的措施必须与其他管理职能结合在一起才能发挥作用，包括计划、组织、指导与领导。

纠正偏差最重要的原则是采取行动，不采取行动就不可能纠正偏差。由于管理过程的复杂性和人们认识上的局限性，纠正行动不一定会产生预期的效果，从而会出现新的偏差。这种现象不是拒绝采取行动的理由，反而表明需要不断地采取行动。这就如同在高速公路上驾车，要不断调整方向，才能确保汽车顺利前进，把定方向盘不动的后果是不堪设想的。

10.5.3 成本费用考核制度

企业应当建立成本费用考核制度，对相应的成本费用责任主体进行考核和奖惩。通过成本费用考核，促进各责任中心合理控制生产成本及各种耗费。

成本费用考核工作主要包括修订成本费用预算,确定成本考核指标,分析、评价业绩等。

企业在进行成本费用考核时,可以通过目标成本节约额、目标成本节约率等指标和方法,综合考核责任中心成本费用预算或开支标准的执行情况,保证业绩评价公正、合理。

企业应当通过宣传、培训和奖惩措施,增强员工自觉节约成本费用的意识。

10.6 成本费用控制的监督检查

10.6.1 成本费用监督检查的主要内容

企业应当加强对成本费用的监督检查,制定制度,明确监督检查人员的职责权限,定期和不定期地开展检查工作。监督检查的主要内容包括:①成本费用业务相关岗位及人员的设置情况;②成本费用授权批准制度的执行情况;③成本费用预算制度的执行情况;④成本费用核算制度的执行情况;等等。

10.6.2 成本费用预算管理的监督检查

企业应对产品进行市场预测,然后根据市场预测的结果以及企业的经济资源、生产能力,确立生产任务,编制生产预算,以此指导企业的生产经营活动。企业的每一种产品投产,均应编制成本预算,并经批准后将成本指标分解到各个部门予以实施和考核。

10.6.3 生产进度的监督检查

生产进度控制是指对原材料投入生产到产品入库为止的全部生产过程所进行的控制。生产进度控制包括的主要内容有投入进度控制、产出进度控制、工序进度控制和在制品管理控制。投入进度控制是指控制产品投入生产的日期和数量;产出进度控制是指控制产品产出的日期和数量;工序进度控制是指控制产品每个加工工序的进度;在制品管理控制是指对企业正在加工的在制品或半成品进行管理和控制,保证各生产环节之间衔接、协调,使生产能够有节奏地、均衡地和成套地进行,尽量减少在制品占用量,避免在制品积压,加速资金周转。

10.6.4 产品质量的监督检查

产品质量就是产品的使用价值,是产品适合一定用途,满足消费者需要所具备的特性。它既包括产品结构、性能、可靠性、化学成分等内在质量特性,又包括形状、色彩等外观质量特性。产品质量是企业各个方面工作质量的集中反映，企业设计部门、生产部门以及服务部门等的工作质量均会影响企业产品质量。设计与技术部门的质量管理控制是以保证产品设计质量为目标的质量管理控制；而生产部门的质量管理控制则是以保证达到设计的产品质量标准为目标。生产过程的质量管理控制主要是对操作人员、机器设备、材料和工艺方法等影响质量的因素进行控制。产品质量的控制指标是合格品率或等级率。

10.6.5 成本费用的监督检查

第一，依据成本计算方法设置成本计算单，明确成本计算的责任主体，建立起一个成本会计系统，以成本中心或产品为对象归集成本。

第二，根据需要制定生产进度控制、产品质量控制和成本控制措施，也可选择用制定成本项目定额的方法实施控制。

第三，企业应将原材料入库、领料、加工、成本核算、产成品入库、产品发出等各环节的相关责任具体落实到个人。应由专人定期对领料单据、成品入库凭证、制造费用发生及分摊情况、人工费用记录等进行稽核，并对成本核算的方法和结果进行复核与审查。

第四，企业应事先对入库通知凭证、生产指令、领发料凭证、产量和工时记录、发货通知单据等自制原始凭证顺序编号，并对编号后的凭证顺序领用，对未编号的凭证不得使用。

第五，在成本核算时，应获取经相关部门确认的原始资料，如材料耗用、制造费用汇总、工费统计、完工产量等。计算成本常用的资料有：供货商发票及相应的应付账款账户资料，应收账款销售记录，原材料、存货记录；工程人工日常记录和产品盘点资料等。以上资料应及时审批和处理。

第六，定期检查存货成本、制造费用、工资和福利费分配率，保证生产成本资料的准确性。

第七，审核企业的各项工资支出是否符合国家关于工资总额组成的规定，正确核算工资费用、计提和使用职工福利费，以降低产品成本和经营管理费用。

第八，在产品应根据有关转移证明，定期到相应部门盘点，计算其成本。

第九，企业应严格限制成本构成资料、工艺流程资料、机密配方、技术诀窍资料、核心软件编程等内部文件的有意或无意泄露，与知情人员签订保密协议，避免不相关人员对有关资料的接触。

对监督检查过程中发现的成本费用内部控制中的薄弱环节，企业应当采取措施，及时纠正和完善。

经典案例评析

科大创新股份有限公司(简称科大创新)是以发起设立方式于 1999 年 12 月在安徽成立的股份有限公司,是经安徽省科委认定的高新技术企业。2002 年,科大创新在上海证券交易所挂牌上市。该公司自成立以来,获得多项荣誉……

科大创新会计操纵的主要手段分析如下:

一是虚构合同,虚增经营利润。公司管理层隐瞒了部分会计信息,通过虚构合同增加收入等方式,使 2001 年和 2002 年财务报告中的净利润虚增,两年虚增的净利润分别达 831.56 万元和 592.07 万元,是 2001 年和 2002 年调整后的净利润的 4～5倍 ,可见其造假严重程度之深。如果扣除虚增的利润,科大创新上市前的 2001 年净利润将从 1 005 万元减至 173 万元,每股收益从 0.20 元减至 0.03 元,净资产收益率则从 11.99%降至 2.24%,根本就不符合上市的条件。

二是虚减管理费用,虚增销售收入。虚减管理费用也是科大创新造假的主要方式。对照调整前和调整后的财务报表,科大创新 2001 年的管理费用从 1 130 万元增至 1 330 万元,2002 年的管理费用从 1 483 万元增至 1 977 万元,即这两年中有 670 万元管理费用被拿到账外冲销,从而虚增了 670 万元利润。财务报表调整后,其 2001 年和 2002 年的三项费用分别高达 2 387 万元和 3 226 万元,各占当年主营业务收入的 43%和 50%。

三是违规担保并隐瞒重要披露事项。2003 年 6 月,科大创新投入 3 000 万元,与深圳市德诚安投资公司签订理财合同,但公安机关 2004 年 3 月 22 日出具的证明显示该项委托理财金已被挪用。2002 年 10 月,公司原总裁陆某和原财务总监张某将公司 2 500 万元私自存在广州中信银行,并将其中的 2 000 万元用于对广东中粤的担保,但由于广东中粤未能如期偿债,中信银行广州分行扣划了科大创新在该银行的存款 2 000 万元。鉴于以上两项资金预计难以收回,科大创新对此全部计提坏账准备 5 000 万元,直接导致科大创新 2003 年出现亏损。2004 年 5 月,上海证券交易所对科大创新及其管理层予以了公开谴责。

科大创新的财务舞弊行为给我们带来的启示是,监管机构和主管部门应该更关注公司在上市前的财务数据及其实际经营业绩,尽量减少和避免像科大创新这样既让高层中饱私囊,同时又使公司走向衰亡的现象再度发生。

第 11 章　筹资控制

筹资控制的具体目标是:实行筹资职责分工、预算和审批等流程控制,正确核算筹资业务,定期清理筹资款项,确保筹资合法、有效,以及在财务报告上的正确披露。

11.1　筹资控制概述

11.1.1　筹资控制的重要性

不论是在设立之初,还是在持续经营期间,企业都会产生对资金的需求。筹资是指根据生产经营活动的资金需要,通过一定的渠道,采取适当的方式,获取所需资金的行为。企业可以采取发行股票(包括普通股和优先股)、发行债券、取得借款、吸收直接投资、商业信用、融资租赁等方式筹集所需资金。

筹资业务循环一般包括筹资计划、筹资业务、获取款项、还本付息和筹资记录等环节。

企业筹措资金的基本原则应当是规模适当,足量而不过量;筹措及时,适时而不闲置或滞后;来源合理,注意收益与成本配比,研究资金来源的渠道、资金市场的供给情况;筹资方式经济、合理,并注意确定合理的资金结构,努力降低成本、减少筹资风险。

11.1.2　筹资管理风险

筹资业务管理失控的常见情形主要有:事先不预算,盲目筹资;资金使用不合理,资金成本高于资金收益率;财务主管陷入“拆东墙,补西墙”的筹资困境;负债经营,资产负债率居高不下,财务风险逐渐加大;息税前资产利润率低于负债利率,财务状况不断恶化;企业内部集资未经批准,筹资与担保不符合法定手续;集团内部随意借贷资金、隐匿资金、转移资金等;利息计算不正确,利用利息调节利润;等等。

实证分析 11.1 | 负债无度将导致灭顶之灾

韩国大宇集团曾是世界级的跨国大企业。总裁金宇中于 1967 年靠借款 1 万美元创业,历经艰辛,30 年成为韩国第二大产业集团。1997 年列世界 100 强第 18 位,但债务 500 亿美元,是资本的 5 倍。企业规模越大,越能立于不败之地吗?!

被成功冲昏头脑的金宇中通过疯狂扩张创造"鼎盛"。他不顾专家的警告,靠"借贷式经营",大肆举债兼并其他企业,却疏于结构调整。这种赌博式的冒险加上亚洲金融风暴的影响,使之陷入资金周转危机。为了挽救大宇集团,韩国政府为之注资,结果好几亿美元都打了水漂……

1999 年 11 月,大宇集团由于经营不善、控制乏力、资不抵债,宣告破产。金宇中出逃海外。成败相依,祸福共生,成功切忌忘乎所以。

财务风险是指企业财务结构不合理、融资不当使企业丧失偿债能力而导致投资者预期收益下降的风险。虽然负债经营不可避免,但并不意味着负债越多越好。过高的负债对于企业来说是负担,严重的话会导致资不抵债,甚至破产。"适度是药,过度是毒。"如何合理安排负债筹资的比重,在利用其正面作用的同时最大限度地避免其负面作用是非常重要的。

导致筹资管理失控与风险事故发生的原因至少包括以下几个方面:①筹资活动违反国家法律法规,可能遭受外部处罚、经济损失和信誉损失;②筹资活动未经适当审批或超越授权审批,可能因重大差错、舞弊、欺诈而导致损失;③筹资决策失误,可能造成企业资金不足、冗余或债务结构不合理;④债务过高和资金调度不当,可能导致企业不能按期偿付债务;⑤筹资记录错误或会计处理不正确,可能造成债务和筹资成本信息不真实。

11.1.3 筹资控制关键点

第一,职责分工、权限范围和审批程序应当明确、规范,机构设置和人员配备应当科学、合理。

第二,筹资决策、执行与偿付等环节的控制流程应当清晰、合理,筹资方案的拟订与审批、筹资合同的审核与签订、筹集资金的收取与使用、还本付息的审批与办理等应当有明确规定。

第三,筹资活动的确认、计量和报告应当符合国家统一会计准则或制度的规定。

11.2 职责分工与授权批准

11.2.1 筹资业务的岗位责任制

由于筹资风险很大，因此，对筹资活动实行职务分离控制尤为重要。企业应当建立筹资业务岗位责任制，明确有关部门和岗位的职责、权限，确保办理筹资业务的不相容岗位相互分离、制约和监督。同一部门或个人不得办理筹资业务的全过程。

筹资业务的不相容岗位至少包括：①筹资方案的拟订与决策；②筹资合同或协议的审批与订立；③与筹资有关的各种款项偿付的审批与执行；④筹资业务的执行与相关会计记录。

企业应当配备合格的人员办理筹资业务。办理筹资业务的人员应具备必要的筹资业务专业知识和良好的职业道德，熟悉国家的有关法律法规、相关国际惯例及金融业务。

专题讨论 11.1 | 如何有效实施筹资业务职务分离控制？

有效的职务分离控制应当视具体情况具体分析，但以下几个方面的控制应当予以关注：①筹资计划编制人与审批人适当分离，重大筹资必须由独立于审批人之外的人员审核并提出意见，必要时可聘请外部财务顾问，以利于审批人从独立的立场评判计划的优劣。②经办人员不能接触会计记录，股票和债券应由独立的机构代理发行。③会计记录人员与负责收付款的人员相分离，有条件的应聘请独立的机构负责支付业务。④证券保管人员与会计记录人员相分离；等等。

11.2.2 授权批准制度

企业应当对筹资业务建立严格的授权批准制度，明确授权批准方式、程序和相关控制措施，规定审批人的权限、责任以及经办人的职责范围和工作要求。

有些公司的董事会事先授权财务部经理编制筹资计划，由董事会审批。适当授权及审批可明显地提高筹资活动的效率，降低筹资风险，防止由于缺乏授权、审批而出现一系列舞弊现象。

审批人应当根据对外筹资授权批准制度的规定，在授权范围内进行审批，不得超越审批权限。

经办人应当在职责范围内，按照审批人的意见办理对外筹资业务。对于审批人超越授权范围审批的对外投资业务，经办人有权拒绝办理，并及时向上级部门报告。严禁未经授权的部门或人员办理对外筹资业务。

企业应当制定筹资业务流程，明确筹资决策、执行、偿付等环节的内部控制要求，并设置相应的记录或凭证，如实记载各环节业务的开展情况，确保筹资全过程得到有效控制。

企业应当加强对筹资活动的会计控制，合理确定筹资规模和筹资结构，选择筹资方式，降低资金成本，防范和控制财务风险，确保筹措资金的合理、有效使用。

11.3 筹资决策控制要点

11.3.1 筹资预算控制

企业拟订的筹资方案应当符合国家有关法律法规、政策和企业筹资预算的要求，明确筹资规模、筹资用途、筹资结构、筹资方式和筹资对象，并对筹资时机选择、预计筹资成本、潜在筹资风险、具体应对措施以及偿债计划等做出安排和说明。

企业拟订筹资方案，应当考虑企业经营范围、投资项目的未来效益、目标债务结构、可接受的资金成本水平和偿付能力。

在境外筹集资金的，还应当考虑筹资所在地的政治、法律、汇率、利率、环保、信息安全等风险以及财务风险等因素。

11.3.2 筹资风险评估

企业对重大筹资方案应当进行风险评估，形成评估报告，报董事会或股东大会审批。评估报告应当全面反映评估人员的意见，并由所有评估人员签章。未经风险评估的方案不能进行筹资。

企业应当拟订多于一个的筹资方案，综合考虑筹资成本和风险评估等因素，对方案进行比较分析，履行相应的审批程序后，确定最终的筹资方案。

11.3.3 筹资决策审批

企业对于重大筹资方案，应当实行集体决策审批或者联签制度。决策过程应有完整的书面记录。企业筹资方案须经国家有关管理部门或上级主管单位批准的，应及时报请批准。

11.3.4 筹资决策责任追究制度

企业应当建立筹资决策责任追究制度，明确相关部门及人员的责任，定期或不定期地进行检查。

实证分析 11.2 任何投融资活动都不可盲目轻信

某年 10 月，我国西部某省一家房地产公司迎来了一位来自香港 A 公司的业务代表。该代表称香港 A 公司是总部设在美国的世界信托集团（又称欧美集团）亚太地区代理，可为中国企业提供优惠贷款，但项目融资金额最少须在1 000万美元以上。停工已一年多，正为资金问题发愁的某房地产公司大喜过望，一向淳朴好客的西北人对来自香港的“财神爷”更是热情有加，视为贵宾。

接下来的谈判让房地产公司对 A 公司、世界信托集团及其贷款的条件有了更多了解。据介绍，世界信托集团的创办人和总裁是一名希腊籍犹太人、银行家、国际人权委员会委员、国际著名金融投机家索罗斯的同事，该集团在瑞士设有分部。香港 A 公司作为融资中介，收取一定比例的佣金，负责中外方之间的一切联络和办理有关手续，中方不得越过香港 A 公司与外方联系。

房地产公司此次欲贷款 1 500 万美元，香港 A 公司表示须预先收取 200 万元人民币风险保证金才能进行下一步的工作。200 万元人民币对房地产公司并不是一笔小钱，但想到诱人的 1 500 万美元的贷款，公司领导还是下决心支付。正在此时，《中国青年报》一篇讲述引资诈骗的题为《来咱中国的外商并不都是财神爷》的报道，引起了房地产公司的重视。他们重新研究这个引资方案后提出：如果香港 A 公司收到保证金后不能融资怎么办？会不会也是骗局呢？

经过一周调研以后，一份详细的有关香港 A 公司的资信报告呈现在房地产公司老总的面前。该香港 A 公司名为投资集团公司，注册资金只有 1 万元港币，实投资金只有 2 元港币，成立至今，只做过一些小额贸易，根本没有从事过金融中介方面的业务。该公司的注册地址是一家香港会计服务公司的办公地址，被调查公司是该服务公司的客户，服务公司为其提供账务和联络通信服务（这种服务公司专门为“皮包”公司服务）。除总经理本人外，该公司没有雇员。显然，香港 A 公司是一家典型的“皮包”公司。

来自美国的报告显示，在美国特拉华州有以该公司名称注册的公司存在，但没有登记地址、负责人和电话，只有注册代理的地址、电话。在其他公共部门也查不到该公司的任何资料。

得到这些报告后，基本可以断定引资一事属于骗局。房地产公司非常气愤地找到香港 A 公司的代表进行理论，香港 A 公司巧舌如簧，称资金实际是从瑞士提供的，香港 A 公司是其代理人，并不需要太多的注册资金，并提供了瑞士公司的名称、地址。

调查瑞士公司资信情况的报告使房地产公司彻底清醒过来。该公司在瑞士根本没有进行商业登记，只是在电话号码本上登记了电话、传真。该电话、传真同时被登记在同一地址的 9 家公司名下，而这 9 家公司中只有两家进行过合法登记。房地产公司欲再次找香港 A 公司交涉，但该公司的代表早已不辞而别。值得庆幸的是，通过调查机构的资信调查，避免了房地产公司 200 万元人民币的损失。

看来，不了解情况，不进行可行性研究，不加强内部控制就急于筹资，往往是非常危险的。只有知己知彼，才能防患于未然。盲目轻信，则后患无穷。

11.4 筹资执行控制要点

11.4.1 筹资合同控制

第一，企业应当根据经批准的筹资方案，按照规定程序和筹资对象，与中介机构订立筹资合同或协议。企业相关部门或人员应当对筹资合同或协议的合法性、合理性、完整性进行审核，审核情况和意见应有完整的书面记录。

筹资合同或协议的订立应当符合我国《合同法》及其他相关法律法规的规定，并经企业有关授权人员批准。重大筹资合同或协议的订立，应当征询法律顾问或专家的意见。

第二，企业筹资通过证券经营机构承销或包销企业债券或股票的，应当选择具备规定资质和资信良好的证券经营机构，并与该机构签订正式的承销或包销合同或协议。

第三，企业变更筹资合同或协议，应当按照原审批程序进行。

11.4.2 筹资取得相关资产的控制

第一，企业应当按照筹资合同或协议的约定及时、足额取得相关资产。

企业取得货币性资产，应当按实有数额及时入账。企业取得非货币性资产，应当根据合理确定的价值及时进行会计记录，并办理有关财产转移手续。对需要进行评估的资产，应当聘请有资质的中介机构及时进行评估。

股票和债券具有筹资风险，应委托独立的代理机构代为发行。因为代理机构本身所负有的法律责任，可从外部协助企业内部控制的有效执行，也从客观、公正的角度证实了公司会计记录的可信性，防止有人以筹资业务为名进行不正当活动或者以伪造会计记录来掩盖不正当活动的发生。

第二，企业应当加强对筹资费用的计算、核对工作，确保筹资费用符合筹资合同或协议的规定。

第三，企业应当结合偿债能力、资金结构等，保持合理的现金流量，确保及时、足额偿还到期本金、利息或已宣告发放的现金股利等。

11.4.3 筹资用途控制

企业应当按照筹资方案所规定的用途使用对外筹集的资金。由于市场环境变化等特殊情况导致确需改变资金用途的，应当履行审批手续，并对审批过程进行完整的书面记录。严禁擅自改变资金用途。

企业应建立持续符合筹资合同条款的控制制度，其中应包括预算不符合条款要求的预警制度和调整制度。

国家法律、行政法规或者监管协议规定应当披露的筹资业务，企业应及时予以公告和披露。

11.5 筹资偿付控制要点

11.5.1 筹资偿付的预算安排

企业应当建立筹资业务偿付环节的控制制度，对偿还本金，支付利息、租金、股利（利润）等步骤和偿付形式等做出计划和预算安排，并正确计算、核对，确保各款项的偿付符合筹资合同或协议的规定。

企业应当指定财会部门严格按照筹资合同或协议规定的本金、利率、期限及币种计算利息和租金，经有关人员审核确认后，与债权人进行核对。本金和应付利息必须与债权人定期对账；如有不符，应查明原因，按规定及时处理。

11.5.2 筹资偿付审批控制

企业支付筹资利息、股息、租金等，应当履行审批手续，经授权人员批准后方可支付。

企业通过向银行等金融机构举借债务筹资，其利息的支付方式也可按照双方在合同、协议中约定的方式办理。

企业委托代理机构对外支付债券利息，应清点、核对代理机构的利息支付清单，并及时取得有关凭据。

企业应当按照股利（利润）分配方案发放股利（利润）。股利（利润）分配方案应当按照企业章程或有关规定，按权限审批。

企业委托代理机构支付股利（利润），应清点、核对代理机构的股利（利润）支付清单，并及时取得有关凭据。

企业以非货币资产偿付本金、利息、租金或支付股利(利润)时,应当由相关机构或人员合理确定其价值,并报授权批准部门批准,必要时可委托具有相应资质的中介机构进行评估。

企业以抵押、质押方式筹资,应当对抵押物资进行登记。业务终结后,应当对抵押或质押资产进行清理、结算、收缴,及时注销有关担保内容。

11.5.3 筹资成本与债务风险控制

筹资成本与筹资风险决定着所筹资金最终的使用效益。较低的筹资成本、合理的资本结构和较低的筹资风险,能够使企业应对自如、进退有据,不至于背负沉重的压力,可以从容地追求长期目标,实现可持续发展;而较高的筹资成本、不合理的资本结构和较高的筹资风险,常常使企业经营压力倍增。所以,企业一方面需要保持一定的资金流动性以应付不合理资本结构带来的财务风险,另一方面要追求较高的投资收益以补偿高额的筹资成本。如果企业过度追求短期利益,饮鸩止渴或者铤而走险,经营活动的可持续性将得不到保证,随着财务风险的加大,正常发展将受到严重制约。

企业应当从事前评估、事中监督、事后追查入手,检查是否保持合理的资本结构,如资产负债率不应过高、息税前资产利润率应当大于负债利率、年末贷款余额不应超过净资产、担保应具备相应能力等。还应当分析或有负债的现状,谨防变为现实负债,及时提请管控当局予以关注。

11.5.4 筹资业务的财务控制

企业财会部门在办理筹资业务款项偿付的过程中,发现已审批拟偿付的各种款项的支付方式、金额或币种等与有关合同或协议不符的,应当拒绝支付并及时向有关部门报告,有关部门应当及时查明原因,做出处理。

由于筹资业务的会计处理比较复杂,会计记录控制就显得更为重要,必须保证及时地按准确的金额,采用合理的方法,在适当的账户和合理的会计期间予以正确记录。对债券的溢价、折价,应选用适当的摊销方法。对发行在外的股票,要设置股东明细账加以控制。利息、股利的支付必须计算准确后记入对应账户。对未领利息、股利,必须全面反映、单独列示。

实证分析 11.3 | 筹资失控的惨痛代价

某年 6 月,审计署驻南京特派员办事处审计组在对工商银行无锡市分行某办事处的审计中,发现其贷款大户——无锡市某计算机厂(信誉良好,贷款均为正常类及关注类)有一笔 150 万元的贷款列为损失类,并有 42.86 万元的表外欠息。银行信贷部门反映该计算机厂不承认此笔贷款，因而贷款本金和利息均无法收回。

审计人员发现，此笔贷款先汇至该厂设的临时账户，除支付银行首期利息13万元外，其余资金分别汇至海南某房地产公司及其业务员马某的户头上，此后，该临时性账户再无资金进出。审计人员通过反复调查，查明原无锡市电子工业局副局长潘某在担任该计算机厂厂长期间，利用职务之便假借计算机厂名义骗取、挪用工商银行贷款150万元，并先后挪用公款270万元给马某从事经营活动和使用，目前尚有150万元未归还。2000年5月25日，无锡市南长区人民法院以挪用公款罪判处潘某有期徒刑6年。

本案例中牵涉计算机厂的货币资金和筹资业务的内部控制问题。尽管最终查明该150万元贷款是潘某伙同原财务科科长共同骗取的，属于潘某的个人行为，但也暴露出计算机厂内部控制存在重大缺陷。

第一，资金管理失控。为了确保货币资金的安全、完整，正确反映货币资金的增减变动和结存情况，应建立健全包括职务分离制度、预算审核控制制度、收入支出控制制度以及银行存款控制制度等的货币资金业务内部控制制度。潘某通过计算机厂的临时账户进行资金的转入和转出，除了原财务科科长郑某知道以外，他人并不知道，会计账簿上也没有任何记录，说明该厂对货币资金的收入、支出以及银行存款的控制存在很大缺陷。

第二，银行存款管理失控。按照银行存款管理的要求，所有银行存款户的开设都需有正式的批准手续，有时需要董事会的批准；同样，银行存款户的终止也需要得到正式的批准，以防有人在开设银行账户的过程中为个人牟取私利。在管理银行存款的过程中，负责核对及调节银行对账单和银行存款账面余额的职员不能同时负责现金收入、现金支出或编制收付款凭证业务，以防舞弊被蓄意掩盖，为此，负责调节银行对账单的人员应该直接从银行取得银行对账单，并将银行存款账与银行对账单进行核对、调节。核对时，不仅应注意银行对账单的日期和金额，而且应检查支票的签署和背书情况。如果计算机厂能够建立健全正常的银行存款内部控制制度，潘某假借计算机厂挪用公款的行为是难以得逞的。

第三，筹资管理失控。企业对是否筹资、筹资多少、怎样筹资等应按照规定的程序策划和控制，其中包括审批授权、签订合同或协议、取得资金、计算利息或股利、偿还本息等环节。在上述案例中，该贷款是通过计算机厂的筹资业务进入临时账户的，其监管是无效的。首先，借款无须授权，完全由潘某“一根笔杆”来决定，而且该项贷款是私下进行的，没有签订合法的借款合同。其次，会计部门的职责并未与筹资部门分离，致使财务科科长被潘某买通，丧失了控制功能。最后，会计也没有发挥记录、监控的职能，更没有披露上述违法行为。

从上述案例看，该计算机厂并没有建立健全有效的筹资业务内部控制制度。有效的筹资控制至少应当关注下列流程与相应的控制要点：

(1)事前预算控制

任何筹资活动都应当实行预算管理，进行事前控制。

企业应根据生产经营发展计划，确定资金需要量及资金筹资方式，并编制年度筹资预算。企业应通过比较各种资金筹措方式的优劣和筹措成本的大小，决定本年度所需资金如何筹集。企业在编制筹资预算、做出筹资决算时，应考虑资产负债率和流动比率。

年度中间若资金需求量突破预算，应考虑增加资金的筹措量，调整年度预算。年度终了，企业应检查全年的筹资工作是否既满足了生产经营发展的需要，又使所筹资金有效地发挥作用、创造收益，并尽可能地降低了企业的总体资金成本。

(2)授权批准控制

筹资预算一般需经企业最高管理部门直接批准。发生预算外筹资的，先调整预算，然后由企业管理部门批准。

企业应授权财务部门具体负责筹资事宜。财务部门在其权限范围内办理筹资业务，未经企业最高管理部门授权，任何人不得擅自对外筹措资金。

筹资合同、协议或决议等法律文件必须经企业最高管理部门批准。企业可授权有关人员(外部专家)对上述文件进行审核，提出意见，作为批准决策时参考。

(3)借款审批控制

银行借款的申请由财务部门根据预算提出，并经企业最高管理部门或其授权人批准。抵押借款或附加条件借款，需经企业最高管理部门直接批准后方可实施。

企业应授权财务部门办理借款合同事宜。借款合同一般经企业最高管理部门批准方可对外订立；必要时，企业应就借款合同咨询法律顾问。

企业应按借款合同的约定使用借入资金。企业财务部门根据企业资金状况提出提前归还借款、按期还款和借款展期的申请，须经企业最高管理部门批准后予以还款或与银行洽谈展期事宜。

发生借款展期情况时，财务部门应向企业最高管理部门报告不能按期归还借款的原因，必要时提请企业最高管理部门关注资金状况。

若发生资金状况恶化，银行不予展期，企业应及时调整资产结构，变现部分资产，归还借款。

企业财务部门应根据借款合同按期支付借款利息。发生合同允许的利息调整，必须经企业最高管理部门批准后方可付息。

11.6　筹资控制的监督检查

11.6.1　筹资监督检查的主要内容

企业应当建立健全筹资内部控制的监督检查制度，明确监督检查部门和人员的职责权限，定期或不定期地进行检查。对外筹资内部控制监督检查的内容主要包括：①对外筹资业务相关岗位设置及人员配备情况，重点检查岗位设置是否科学、合理，是否存在不相容职务混岗现象，以及人员配备是否合理；②对外筹资业务授权审批制度的执行情况，重点检查分级授权是否合理，对外筹资的授权批准手续是否健全，是否存在越权审批等违反规定的行为；③对外筹资业务的决策情况，重点检查对外筹资决策过程是否符合规定的程序；④对外筹资的运作情况，重点检查对所筹资金的处置是否经过授权批准，资金是否完整、及时、合理；⑤对外筹资的会计处理情况，重点检查会计记录是否真实、完整；等等。

11.6.2　筹资风险控制点的监督检查

筹资活动流程的时间较长，情况可能比较复杂，能够找出其中的关键风险控制点进行控制并实施有效的监督检查是很重要的。

(1)检查筹资方案及其审批情况

提出筹资方案是筹资活动的第一个重要环节，也是筹资活动的起点。筹资方案的内容是否完整、考虑是否周密、测算是否准确等，直接决定着筹资决策的正确性，关系到整个筹资活动的效率和风险。

相关责任部门拟订投资方案并进行可行性论证以后，股东(大)会或者董事会、高管层应对筹资方案履行严格的审批责任。审批中应实行集体决策审议或者联签制度，避免一人说了算或者“拍脑袋”行为。

(2)监督筹资计划及其实施情况

根据批准的筹资方案，财务部门应制订严密、细致的筹资计划，通过筹资计划，对筹资活动进行周密安排和控制，使筹资活动在严密控制下高效、有序进行。

筹资计划经层层授权审批之后，就应付诸实施。在实施筹资计划的过程中，企业必须认真做好筹资合同的签订，资金的划拨、使用以及跟踪管理等工作，保证筹资活动按计划进行，妥善管理所筹集的资金，保证资金的安全。

(3)检查筹资后的管理情况

筹集资金到位以后，企业应该做好筹资费用的计提、支付以及会计核算等工作。对于债券类筹资，企业应按时计提并及时支付债务利息，保持良好的信用记录；对于股权类筹资，企业应制订科学、合理并能让股东满意的股利支付方案，严格按方案支付股利。对筹资费用的管理事关资金提供者的积极性，对培养企业良好的筹资环境极为重要。

在监督检查过程中，凡是发现筹资内部控制存在缺陷的，应当及时报告，并采取措施予以纠正；对存在违规现象的，严格追究其责任。

经典案例评析

原上海某实业总公司的法定代表人张某为了向银行申请贷款，找到了熟人蔡某，提出请蔡某的联合公司为他们担保。老实仗义的蔡某爽快地在张某带来的格式担保合同上签字、盖章。银行向实业公司发放贷款 700 万元。张某将这笔钱投进了期货市场，最后全部亏损，无法还钱。张某又向蔡某提出继续担保，蔡某又签下了担保书，银行以借新还旧的方法，重新发放了 750 万元贷款，将其中的 700 万元还旧贷。直到贷款期满，张某还是还不出 750 万元的借款，银行将实业公司和担保方联合公司告上了法庭，这时，实业公司已关门，张某也下落不明。因联合公司担保了贷款的归还，法院依法判联合公司对实业公司的 750 万元借款承担连带清偿责任。联合公司觉得冤枉，但法律是无情的。

实力雄厚的某联合公司的法定代表人蔡某至今仍在为自己的老实受骗而万分痛苦。“只是履行一下形式而已。”这就是张某给蔡某吃的“空心汤团”。

这是一个因担保而发生法律诉讼的案例，暗藏的“担保陷阱”让为数不少的“东郭先生”尝尽苦果。因为担保要承担还款的连带责任，也相当于企业对外借款筹资。筹资活动涉及企业的资金来源与未来的还款能力，影响企业的现金流量，处理不当会给企业带来财务风险，不容忽视。

(1)明确担保控制风险

担保是指企业依据我国《担保法》和担保合同或者协议，按照公平、自愿、互利的原则向被担保人提供一定方式的担保，并依法承担相应法律责任的行为，不包含担保公司的担保业务及按揭销售中涉及的担保等具有日常经营性质的担保行为。为了引导企业加强对担保业务的内部控制，企业应当执行《企业内部控制应用指引第 12 号——担保业务》的规定。

担保业务一般包括受理申请、调查评估、授权审批、签订担保合同、进行日常监控等流程。企业在建立与实施担保业务内部控制的过程中，至少应当强化对下列关键方面或关键环节的控制：①职责分工、权限范围和审批程序应当明确、规范，机构设置和人员配备应当科学、合理；②担保的对象、范围、条件、程序、限额和禁止担保的事项应当明确、规范；③担保评估应当科学、严密；④担保执行环节的控制措施应当充分、有效。

本案中，联合公司一错再错，在第一笔担保贷款无法偿还的情况下，居然再次为其提供担保，说明公司并未认识到担保意味着什么，高层领导的风险意识非常淡薄，认可了“只是履行一下形式而已”。作为担保方，首先应该了解被担保企业的基本情况，即对方企业的经营能力和偿债能力等。为降低风险，一般只能为那些财务状况好的企业进行担保。对于那些质量较好的企业，也不能盲目担保，要了解其资信情况，因为财务状况好的企业未必就会及时偿还贷款，信用情况未必就好。再者，还必须了解贷款的具体事项，贷款的大小、性质和用途等。例如，案例中的实业公司贷款是为了期货市场的高风险投资，对于这样的贷款，最好不要提供担保。

筹资担保是贷款方减少风险的一种措施，也造成了企业为求降低风险而常与对方寻求对等担保，即我担保你，你也要担保我。接受担保初期，要对担保方进行整体信用评价，包括对报表等资料的审查等。担保期内，要对对方企业跟踪评估，及时了解其信用变化情况。对于发现给对方企业担保的风险加大时，可要求对方企业另寻一方对本企业实行反担保，即我担保你，你再找一个人担保我所担保的这笔债务。对等担保和反担保有很大的不同：对等担保涉及两方，担保的是不同的债务；而反担保涉及三方，担保的是同一笔债务。降低企业担保风险的措施还有：要求担保对方的同时以对方的股权作抵押，该股权可以是企业对外投资的股权等。

(2)担保业务不相容岗位应当严格分离

担保业务不相容岗位应当包括：①担保业务的评估与审批；②担保业务的审批与执行；③担保业务的执行与核对；④担保业务相关财产保管与担保业务记录。

上述联合公司缺乏相关的职务分离制度，法定代表人可以在担保合同上签字、盖章而无须经过任何他人的权力制衡，简直就是一个人说了算，根本没有经过必要的调查和审批，尤其是没有分析担保交易对公司财务状况和未来收益的影响。对于重大担保事项，须经董事会的批准，而不是法人代表一人决定，董事会没有发挥应有的监督审批作用。联合公司的筹资担保已完全失控，导致公司遭受巨大损失。

(3)筹资授权审批控制

对于债务筹资，总有一定的协议、合同、凭证或有关文件，只有经过有关决策批准后，才能据以执行。对于权益性筹资，无论是最初的资本投入或者是以后的增资、减资、转让等业务，都必须经过企业最高权力机构的审批后方可办理，以防范筹资风险。

第 12 章　投资控制

投资控制的具体目标是:实行投资职责分工、预算和审批等流程控制,正确核算投资业务,积极控制投资风险,确保投资合法、有效,以及在财务报告上的正确披露。

12.1　投资控制概述

12.1.1　投资控制的重要性

投资就是将企业的资金或资产投放于企业外部以期取得风险收益的行为。作为追逐盈利的投资活动,对于筹资成本补偿和利润创造具有举足轻重的意义。

对外投资循环涉及的经济业务有:确定未来正常生产经营所需营运资本和当前持有多余的现金,分析证券市场上各种证券的情况和其他投资对象的盈利能力以及未来潜在被投资公司的经营政策和财务状况,编制和审批投资计划,委托证券交易商或经纪人购入证券,保管各种有价证券,定期盘点有价证券,委托交易商或经纪人出售有价证券,进行会计记录和报表揭示等。

企业应根据不同投资类型的业务流程,以及流程中各个环节体现出来的风险,采用不同的具体措施进行投资活动的内部控制。明确各类投资相应的业务流程,规范投资业务环节的责任人员、风险点和控制措施相当重要。尤其应当建立规范的对外投资决策机制和程序,通过实行重大投资决策集体审议联签等责任制度,加强投资项目立项、评估、决策、实施、投资处置等环节的控制,谨慎关注相关的投资风险——风险究竟是降低了还是增加了? 究竟是在控制风险? 还是在放纵风险? 如何不倒在防线上? 等等。

如果投资涉及的资金规模较大,对企业未来的发展有举足轻重的影响,一旦投资失利,将大伤元气。

实证分析 12.1 | 盲目扩张的风险代价

20 世纪 80 年代末，一条“会跳舞的火腿肠”的电视广告使洛阳肉联厂的“春都”火腿肠声名大振，年销售额飙升到 10 亿元以上。奇迹出现以后，洛阳肉联厂开始大肆扩张，盲目投资，一口气兼并收购了 17 家企业，参股与控股 24 家企业，在医药、饮料、木材、制革、酒店、房地产等领域全面出击，不久就造成资金周转困难。此时，文化程度不高、投资经验不足的“春都”领导班子，本应从科学管理、控制风险上下功夫，但他们却走了“邪路”：一方面，以降低质量来求得降低成本；另一方面，将“算命大师”当作智囊，结果使洛阳肉联厂彻底垮掉。“成败相依，祸福共生”，成功的企业家和发展中的公司切忌忘乎所以、盲目扩张，忽视风险和管理失控必将导致投资失败。

12.1.2 投资业务管理风险

企业投资业务循环体系中常见的管理失控表现主要有：盲目投资，投资效益差；隐匿投资，形成账外资产；将投资收益移作他用，逃避税收；证券投资“暗箱”操作，亏损由企业负担，盈利被截留或私分；投资证券保管不妥，账实不符；投资会计处理错误，随意调节投资收益，有的将部分或全部投资收益挂账在“其他应付款”账户，隐瞒收入，或干脆转移到账外账，形成小金库，造成收入不实、私分收益等漏洞，应严加防范。

投资内部控制制度要保证一切对外投资交易活动必须经过适当的审批程序和职务分离制度才能进行。尤其是投资资产中的有价证券，其流动性仅次于现金，如果没有严格的审批授权控制制度，很容易被贪污、冒领、挪用或转移等。

实证分析 12.2 | 投资失控，损失严重

原南京市某集团财务公司证券营业部总经理刘某，伙同原江苏雅博商贸投资公司总经理王某，在 1996 年 6 月到 11 月间，动用集团财务公司证券营业部资金 11.67 亿元申购“山东黑豹”等股票，上市抛售后盈利 639.6 万余元。其后一年间，刘某又擅自划出公款 18 亿元用于申购新股，抛售后盈利达 753.4 万余元。

1997 年 7 月，刘某辞去证券营业部总经理的职务，用挪用公款炒股所得的巨额资金投资开办了江苏民盛投资发展公司。随后，王某也用挪用公款炒股所得的资金成立了房地产公司。2000 年 5 月，执法部门获悉此事，迅速对此展开了调查，两人落入法网。

刘某的行为还牵涉利用公款进行炒股，截留投资收益形成账外资金等违法行为。对于这些舞弊行为，企业可以通过内部控制与内部审计加以防止和发现，如询问管理人员，核对投资收益明细账和货币资金明细账等。从本案看，刘某能先后动用 30 亿元资金炒股，并将近 1 400 万元的投资收益据为己有，说明企业在投资资产取得和保管以及会计记录控制制度等方面存在很大的漏洞。

本案例告诉人们，资金的投向与投资业务的内部控制是多么重要。营业部未能及时发现刘某挪用公款炒股的事实，属于公司的货币资金内部控制制度存在重大缺陷；而刘某炒股是公司认可的，其间发生的问题归因于投资的内部控制存在较大漏洞。显然，动用 30 亿元巨资炒股，不管是从资金的数量还是事件的性质上，都表明集团财务公司证券营业部的内部控制存在重大缺陷。对于规模较大的证券营业部，每天的资金进出金额巨大，如果公司建立了有效的内部控制制度，如出纳员将每天的收支现金数登记现金出纳备查簿，现金日记账与现金总账由其他人员登记，核对银行对账单和银行存款余额的人员与负责银行存款章、现金账、应收款、应付款的人员分离，公司建立严格的货币资金预算审核控制制度和款项收支控制，则可以有效地防止和发现刘某动用如此巨额的资金。

导致投资管理失控与风险事故发生的原因至少包括以下几个方面：①投资行为违反国家法律法规，可能遭受外部处罚、经济损失和信誉损失；②投资业务未经适当审批或超越授权审批，可能因重大差错、舞弊、欺诈而导致损失；③投资项目未经科学、严密的评估和论证，可能因决策失误而导致重大损失；④投资项目的执行缺乏有效的管理，可能因不能保障投资安全和投资收益而导致损失；⑤投资项目处置的决策与执行不当，可能导致权益受损。

12.1.3 投资业务控制关键点

第一，职责分工、权限范围和审批程序应当明确、规范，机构设置和人员配备应当科学、合理。

第二，投资项目建议书和可行性研究报告的内容应当真实、可靠，支持投资建议和可行性的依据与理由应当充分、恰当，投资合同或协议的签订应当征求法律顾问的意见。

第三，投资实施方案应当科学、完整，对投资项目的跟踪管理应当全面、及时，投资收益的确认应当符合规定，投资权益证书的管理应当严格、有效，计提投资减值准备的依据应当充分、恰当。

第四，投资处置的方式和程序应当明确、规范，与投资处置有关的文件资料和凭证记录应当真实、完整。

企业在建立与实施对子公司的内部控制的过程中，至少应当强化对下列关键方面或者关键环节的控制：子公司的组织设置应当规范、高效，人员配备应当科学、合理；子公司的业务权限应当合理授权，重大业务应当经母公司严格审批；合并财务报表应当真实、可靠，编制与报送流程应当明确、规范。

12.2 职责分工与授权批准

12.2.1 投资业务的岗位责任制

企业应当建立投资业务的岗位责任制，明确相关部门和岗位的职责权限，确保办理投资业务的不相容岗位相互分离、制约和监督。

投资业务不相容岗位至少应当包括：①投资项目的可行性研究与评估；②投资的决策与执行；③投资处置的审批与执行；④投资绩效评估与执行。

合法的投资业务应在业务的授权、执行、会计记录以及资产的保管等方面都有明确的分工，不得由一人同时负责上述任何两项工作。例如，证券投资业务在履行投资者决策程序以后，可由高层负责人员授权签批，由财务经理办理具体的股票或债券的买卖业务，由会计部门负责进行会计记录和账务处理，并由专人负责保管股票或债券。这种合理的职责分工即形成的相互牵制有利于避免或减少投资业务中发生的错误或舞弊。涉及证券业务的，其执行人与记录人、保管人应当互相分离；证券的保管与接触至少由两名以上人员共同控制，证券的存取必须及时、详细记录于登记簿。

企业应当配备合格的人员办理对外投资业务。办理对外投资业务的人员应当具备良好的职业道德，掌握金融、投资、财会、法律等方面的专业知识。

企业可以根据具体情况，对办理对外投资业务的人员定期进行岗位轮换。

12.2.2 授权制度和审核批准制度

企业应当建立投资授权制度和审核批准制度，明确审批人的授权批准方式、权限、程序、责任和相关控制措施，规定经办人的职责范围和工作要求，并按照规定的权限和程序办理投资业务。

投资授权与批准至少应关注以下要点：①投资预算应由企业最高管理当局直接批准，发生预算外的投资事项应当按照规定的审批程序调整预算；②企业投资的申请人与审批人应当分离，重大投资项目须经专门部门专人审核论证后，再由批准人批准；③企业应授权具体部门及人员办理短期证券投资业务，每一笔投资都必须在企业最高管理当局或其授权人员的授权范围内操作；④接触证券的人员必须经过适当授权，严禁未经授权的部门或人员办理投资业务；⑤企业应授权具体部门或人员办理投资业务，包括取得与处置，这些业务的执行都必须按照企业最高管理当局已批准的预算和下达的指令进行，未经授权，任何人不能擅自做出投资决定；⑥企业最高管理当局应授权财务部门对每个长期投资项目预期的经济效益进行测算，对投资预算提出审核意见，未经效益测算，不得进行投资；⑦投资合同、投资处置合同应经企业最高管理部门批准，决定转让长期股权投资，转让价格低于评估价格的，必须经最高管理部门专门批准后，方可实施转让。

审批人应当根据投资业务授权批准制度的规定，在授权范围内进行审批，不得超越审批权限。

经办人应当在职责范围内，按照审批人的意见办理投资业务。对于审批人超越授权范围审批的投资业务，经办人有权拒绝办理，并及时向上级部门报告。

12.3 投资决策程序控制要点

12.3.1 投资计划(预算)控制

投资必须编制投资计划（预算），详细说明准备投资的对象、投资目的、影响投资收益的因素等。投资计划在执行前必须严格审核，审核的内容主要有：对证券市场的估计是否合理；投资收益的估算是否正确；投资理由是否恰当；计划购入的证券能否达到投资目的；等等。所有投资计划及其审批应当用书面文件予以记录。

如果投资活动并不重要，对企业收益总额影响不大，如仅用少量的闲置现金进行临时性的短期投资，则投资计划的复核审查可由董事会授权一名高级管理人员（通常是财务总监）负责。该授权人员复核审查后，如认为投资可行，必须在形成一项投资决定的文件上签字认可。

如果投资活动对企业收益总额影响较大，如一项长期投资，或占用大量现金的短期投资，则投资计划的复核审查应由企业最高领导负责。投资计划的最后批准须经董事会讨论并表决通过。在审批过程中，企业管理当局通常应聘请与投资交易活动无直接利益关系的投资专家对投资计划提出意见。但就经济责任来说，投资计划的批准最终仍应由管理当局负责。

12.3.2 投资项目立项控制

企业投资部门在投资立项前，首先应考虑企业自身业务发展的规模与范围，对外投资的品种、行业、时间、预计的投资收益，然后对要投资的项目进行调查并收集相关信息，对已收集到的信息进行分析、讨论并提出投资建议，报企业审批部门立项备案。

企业无论是对外短期投资还是长期投资，其成功与失败的结果对于企业未来的发展都会产生重大影响，为此，必须保证一切对外投资交易活动都经过适当的审批程序才进行，并根据这一要求设置职务分离制度、批准对外投资活动的负责人级别及各种具体的呈报和审批手续。另外，应建立规范的投资项目立项控制制度，如企业投资立项授权制度、投资部门投资意向申请书、投资部门投资项目报审制度等，保证对外投资活动在初期就得到严格的控制。

12.3.3 投资项目分析与评估控制

企业应当加强对投资可行性研究、评估与决策环节的控制，对投资项目建议书的提出、可行性研究、评估、决策等做出明确规定，确保投资决策合法、科学、合理。企业因发展战略的需要，在原投资基础上追加投资的，仍应严格履行控制程序。

企业应当编制投资项目建议书，由相关部门或人员对投资项目进行分析与论证，对被投资企业的资信情况进行尽职调查或实地考察，并关注被投资企业管理层或实际控制人的能力、资信等情况。投资项目如有其他投资者，应当根据情况对其他投资者的资信情况进行调查。

企业应当由相关部门或人员或委托具有相应资质的专业机构对投资项目进行可行性研究，编制可行性研究报告，重点对投资项目的目标、规模、投资方式、投资的风险与收益等做出评价。

企业应当由相关部门或人员或委托具有相应资质的专业机构对可行性研究报告进行独立评估，形成评估报告。对重大投资项目，必须委托具有相应资质的专业机构对可行性研究报告进行独立评估。

专题讨论 12.1 | 评估投资项目至少应当关注哪些重点?

第一，评估小组是否有能力承办该项评估业务，防止走过场、搞形式；如果委托了中介机构，还应当重视对中介人选择的控制，以避免日后产生不必要的法律纠纷。

第二，评估投资项目是否符合国家有关投资法规和企业内部规章制度，以加强对投资项目合法性的控制。因此，在设置对外投资内部控制制度时，应充分注意国家有关部门关于投资方面的各种规定并符合企业内部规章制度，使一切对外投资活动在合法的程序下进行。

第三，评估投资项目的有效性不能局限于某一时点或某几个时点，而是要评价投资项目有效性在一定时期内能否持续发挥作用。

第四，加强投资项目风险评估。企业必须围绕目标的实现，分析、评估该投资项目内、外的相关风险，强化风险管理，使对外投资风险降低到最低限度。

12.3.4 投资决策程序控制

企业应当根据经股东大会(或者企业章程规定的类似权力机构)批准的年度投资计划,按照职责分工和审批权限,对投资项目进行决策审批。重大的投资项目,应当根据公司章程及相应权限报经股东(大)会或董事会(或者企业章程规定的类似决策机构)批准。

企业可以设立投资审查委员会或者类似机构对达到一定标准的投资项目进行初审。在初审过程中,应当审查下列内容:①拟投资项目是否符合国家的有关法律法规和相关调控政策,是否符合企业的发展方向和投资的总体要求,是否有利于企业的长远发展;②拟订的投资方案是否可行,主要的风险是否可控,是否采取了相应的防范措施;③企业是否具有相应的资金能力和项目监管能力;④拟投资项目的预计经营目标、收益目标等是否能够实现,企业的投资利益能否确保,所投入的资金能否按时收回。

只有初审通过的投资项目,才能提交上一级管理机构和人员进行审批。

企业集团根据企业章程和有关规定对所属企业的投资项目进行审批时,应当采取总额控制等措施,防止所属企业分拆投资项目、逃避更为严格的授权审批。

所有投资决策都应当有书面文件予以记录。这些书面文件应进行编号控制,以便日后追查经济责任。在一些规模较大的企业,应由董事会成员组成的投资委员会对上述文件进行复查。

12.4 投资执行控制要点

12.4.1 投资实施方案

第一,企业应当制订投资实施方案,明确出资时间、金额、出资方式及责任人员等内容。投资实施方案及方案的变更,应当重新履行审批程序。

第二,企业应当指定专门的部门或人员对投资项目进行跟踪管理,掌握被投资企业的财务状况、经营情况和现金流量,定期组织投资质量分析,发现异常情况,应当及时向有关部门和人员报告,并采取相应措施。

企业可以根据管理需要和有关规定向被投资企业派出董事、监事、财务负责人或其他管理人员。

第三,企业应当对派驻被投资单位的有关人员建立适时报告、业绩考评与轮岗制度。

12.4.2 投资收益控制

第一,企业应当加强对投资收益的控制,按照国家统一的会计准则或制度对投资收益进行核算。

第二,企业应当加强与投资有关权益证书的管理,指定专门部门或人员保管权益证书,建立详细的记录。未经授权的人员不得接触权益证书。财务部门应当定期和不定期地与投资管理部门和人员清点、核对有关权益证书。

被投资企业的股权结构等发生变化的,企业应当取得被投资企业的相关文件,及时办理相关产权变更手续,反映股权变更对本企业的影响。

第三,企业应设置投资备查登记簿,记载被投资单位的基本情况、动态信息、取得投资时被投资单位各项资产负债的公允价值信息、历年与被投资单位发生的关联交易情况以及发放股票股利的情况等。

第四,企业应当定期和不定期地与被投资单位核对有关投资账目,保证投资的安全、完整。

第五,企业应当加强对投资项目减值情况的定期检查和归口管理,减值准备的计提标准和审批程序按照企业资产减值内部控制的有关规定执行。

12.4.3 投资风险控制

风险对投资者而言永远是存在的。时间是影响风险最主要的因素之一,因为未来具有不确定性;风险还来源于投资者掌握信息的不够充分和缺乏足够的市场影响力;等等。所以,市场经济需要有风险评估。

违约风险是指证券发行人无法按期支付利息或偿还本金的风险。通常,政府发行的证券违约风险小,金融机构发行的证券次之,工商企业发行的证券违约风险较大。

利息率风险是指由于利息率的变动而引起证券价格波动,从而使投资人遭受损失的风险。证券的价格通常会随利息率的变动而变动。

购买力风险是指由于通货膨胀而使证券到期或出售时所获得的货币资金的购买力降低的风险。

流动性风险是指在投资人想出售有价证券以获取现金时,证券不能立即出售的风险。

期限性风险是指由于证券期限长而给投资人带来的风险。一项投资,到期日越长,投资人遭受的不确定性因素越多,承担的风险就越大。

实证分析 12.3 | 信用评估与违约风险

企业信用评估起源于20世纪初，当时的美国正处在工业化带来的经济迅速增长时期，铁路运输系统为满足工业不断增长的货运需要而增加新路线，需要筹集大量资金。同时，许多公司通过发行债券在资本市场筹资，而公司之间的信用质量差异较大。有的实力雄厚，经营成功；有的财务状况欠佳，偿债能力较差；有的进行欺骗，名义上是为了兴建铁路和工厂而发行债券，事实上并没有这样做。金融市场上的投资者对这些情况了解很少，大部分投资者缺乏可靠的金融信息，难以评价其将要投资的债券的信用风险，更不能比较不同债券之间的信用风险。穆迪评价公司和标准普尔公司等一些世界著名的评价公司可以说就是适应了当时市场经济的发展和巨大的投资者需求而产生和发展的。通过信用评估并发布信息，有利于投资者了解企业的信用现状与违约风险，同时也为企业申请发行债券、股票以及商业往来提供资信证明，有助于企业顺利进入借贷市场、降低筹资成本、提高知名度、创造良好的社会形象。从历史上看，信用评估的产生在很大程度上根源于对信用风险的衡量。

12.5 投资处置控制要点

12.5.1 投资的收回、转让与核销的决策程序

企业应当加强对投资处置环节的控制，对投资收回、转让、核销等的决策和授权批准程序做出明确规定。对投资的收回、转让与核销，应当按规定权限和程序进行审批，并履行相关审批手续。

第一，对应收回的投资资产，要及时、足额收取。

第二，转让投资应当由相关机构或人员合理确定转让价格，并报授权批准部门批准；必要时，可委托具有相应资质的专门机构进行评估。

第三，核销投资应当取得因被投资企业破产等原因而不能收回投资的法律文书和证明文件。

企业应当认真审核与投资处置有关的审批文件、会议记录、资产回收清单等相关资料，确保资产处置真实、合法。

12.5.2 投资项目后续跟踪评价管理制度

企业应当建立投资项目后续跟踪评价管理制度，对企业的重要投资项目和所属企业超过一定标准的投资项目，有重点地开展后续跟踪评价工作，并作为进行投资奖励和责任追究的基本依据。

12.6 投资控制的监督检查

12.6.1 投资监督检查的主要内容

企业应当建立健全投资内部控制的监督检查制度，明确监督检查部门和人员的职责权限，定期或不定期地进行检查。投资内部控制监督检查的内容主要包括：①投资业务相关岗位设置及人员配备情况，重点检查岗位设置是否科学、合理，是否存在不相容职务混岗现象，以及人员配备是否合理；②投资业务授权审批制度的执行情况，重点检查分级授权是否合理，投资的授权批准手续是否健全，是否存在越权审批等违反规定的行为；③投资业务的决策情况，重点检查对外投资决策过程是否符合规定的程序；④投资资产的投出情况，重点检查各项资产是否按照投资计划投出，以非货币性资产投出的，重点检查资产的作价是否合理；⑤投资持有的管理情况，重点检查有关投资权益证书等凭证的保管和记录情况，投资期间获得的投资收益是否及时、足额收回；⑥投资的处置情况，重点检查投资资产的处置是否经过授权批准，资产的回收是否完整、及时，资产的作价是否合理；⑦投资的会计处理情况，重点检查会计记录是否真实、完整；等等。

12.6.2 投资决策情况的监督检查

投资管理的流程至少应包括投资项目立项、评估、决策、实施、检查等内容，其关键控制点在项目的决策程序方面。

检查投资项目决策控制情况至少应当注意以下几个方面：

(1)企业决策层人员的组成

就投资者来说，由于其经营业务性质的限制，企业负责人不可能完全具备投资交易中所要求的各种专业知识和技巧，通常需要得到银行、投资咨询公司、证券经纪人、证券交易商等的帮助。鉴于此特点，该决策层的人员组成不能仅局限于企业负责人个人或仅是企业负责人能左右的几个人，而应由来自相互牵制的企业不同部门和社会相关部门的投资专家组成。

(2)决策过程及其结果

决策结果不是企业负责人个人的投资偏好，而是要广泛听取投资部门和有关评估小组专家的意见或建议，注重对外投资决策的几个关键指标，如现金流量、货币的时间价值、投资报酬、投资风险等，在充分考虑投资风险的基础上预计投资收益，并在权衡各方面利弊的基础上，选择最优投资方案。

(3)决策控制的相关记录

对所有的投资决策都应当以书面文件的形式予以记录，包括投资决策层人员的背景材料、投资项目预计风险、收益的计算过程等，并对这些书面文件进行编号控制，以备日后查考。

12.6.3 对投资风险控制点的监督检查

(1)投资活动是否符合企业发展战略

投资活动应以企业发展战略为导向，正确选择投资项目，合理确定投资规模，恰当权衡收益与风险。投资活动应突出主业，要避免盲目投资，或贪大贪快，乱铺摊子，以及投资无所不及、无所不能的现象。

(2)投资与筹资在资金数量、期限、成本与收益上是否匹配

投资活动的资金需求需要通过筹资予以满足。不同的筹资方式，可筹集资金的数量、偿还期限、筹资成本不一样，所以，投资应量力而为，不可超过企业资金实力和筹资能力进行投资。投资的现金流量在数量和时间上要与筹资现金流量保持一致，以避免财务危机的发生；投资收益要与筹资成本相匹配，以保证筹资成本能足额补偿。

(3)投资活动是否忽略资产结构与流动性风险

投资活动会形成特定资产，并由此影响企业的资产结构与资产流动性。由于资产流动性与盈利性成反比，这就要求企业投资中要恰当处理资产流动性与盈利性的关系，通过投资保持合理的资产结构，在保证企业资产适度流动性的前提下追求最大盈利性，这也就是投资风险与收益的均衡问题。

(4)是否实施授权审批制度和不相容职务分离制度

没有严格的授权审批制度和不相容职务分离制度，企业投资会呈现随意、无序、无效的状况，导致投资失误和生产经营失败；同时，与投资责任制度相适应，还应建立严密的责任追究制度，使责、权、利得到统一。

(5)是否存在投资资产保管与会计记录的风险

投资是直接使用资金的行为，也是形成企业资产的过程，容易发生各种舞弊行为。企业应建立并实施严密的资产保管制度与盘点制度，明确保管责任，建立健全账簿体系，严格账簿记录，通过账簿记录对投资资产进行详细、动态的反映和控制。

在监督检查过程中，凡是发现投资内部控制存在缺陷的，应当及时报告，并采取措施予以纠正，对存在违规现象的，严格追究责任。

经典案例评析

原宁波某信托投资公司总经理(副厅级)沈某因涉嫌玩忽职守,违法向多家企业发放贷款,造成公司3 184万多元损失。

1995年下半年,宁波镇海某塑料厂法定代表人胡某(已判刑)伪造了与台商合资经营的事实,虚假出资注册成立了宁波五洲有限公司,为套取国外银行贷款以购买进口设备,胡某通过原宁波市常务副市长谢某(已判刑)等人向沈某推荐,要求该信托投资公司为其提供对外融资担保,胡某多次前往沈某家中游说,许诺事成之后将五洲公司的部分业务交给沈某的儿子去做。此后,沈某在对胡某的经营业绩及公司资信状况不了解的情况下,以转贷协议和支持市重点工程为由,决定向五洲公司放贷808万余美元。由于沈某的违规行为,公司受到有关部门处罚。因此,直到1997年1月30日,公司才与五洲公司签订了一份808.33万美元的借款合同,担保方为胡某的另一"皮包"公司。1998年,因宁波五洲公司行贿、信用证诈骗等罪案发,公司严重资不抵债,进入停业清算阶段。根据五洲公司清算小组测算,该信托公司在此笔贷款中损失2 886万元。此外,沈某因循私情,于1996年8月违法向奉化大海冷冻厂发放贷款80万元。1997年3月,沈某在未对宁波环宇大酒店的资信状况作深入了解的情况下,违法决定向该企业发放贷款200万元。因上述两家企业亏损严重,无力偿贷,后虽经宁波市中级人民法院强制执行,仍造成298万元国有资产无法追回。

从本案例中可以看出,该公司在投资的内部控制制度中存在以下缺陷:

一是职务分离缺陷。投资循环的职务分离制度要求合法的投资业务应在业务的授权、执行、会计记录以及资产的保管等方面都有明确的分工,不能由一人同时负责投资计划的编制和审批。案例中沈某基本上是"一支笔"说了算,一手包办投资业务,没有具体的投资计划,也没有专门的投资审核人员,显然在职务分离制度上存在缺陷。

二是投资选择与审批制度欠缺。投资业务应要求建立投资计划的内部控制制度,投资计划的编制应以财务分析结果为依据,详细说明准备投资的对象及投资理由、投资性质和目的、影响投资收益的潜在因素等。投资计划在正式执行前必须得到严格的复核、审查,如投资的理由是否恰当、投资活动是否安全等。本案例中,沈某在对胡某的经营业绩及公司资信状况不了解的情况下,就决定向五洲公司放贷808万余美元,根本就没有详细的投资计划和财务分析,更没有投资顾问的参与和严格的复核审查制度,表明该投资公司在投资的选择和审批制度上存在很大的漏洞。

三是风险评估和控制活动不力。投资业务是投资公司的主营业务，管理层应该充分识别和分析对公司经营、财务报告、符合性目标有影响的内部风险或外部风险，特别是对投资项目的追踪、投资收益的取得、投资资产的安全和完整中可能的风险进行评价分析，并采取适当的手段进行风险管理，对所确认的风险应该采取必要的措施，通过业绩评价、信息处理、实物控制、职责分离等形式进行控制。本案例中的投资公司于 1995 年就进行了贷款，但直到 1997 年才签订担保合同，显然风险评估和控制活动存在很大的漏洞，特别是担保方还是借款人的另一"皮包"公司，担保合同的签订仅仅是履行一下形式而已，根本没有起到实际控制风险的作用，最终遭受损失也在意料之中。

四是投资决策失控。企业应当完善投资决策环节的控制制度，对于对外投资预算的编制和审批，投资建议的提出、分析与论证，项目立项，可行性研究，评估，决策等做出明确规定，确保对外投资决策科学、合理。必要时，企业应当建立对外投资的集体决策制度。一般投资项目可由授权的相关部门或人员在权限范围内批准，重大投资项目决策应当实行集体审议联签。企业还应当建立投资决策及实施的责任制度，明确相关部门及人员的责任，定期或不定期地进行检查。

第13章　财务报告控制

财务报告控制的具体目标是：准确提供合法、真实、完整的会计信息，全面反映经营者的受托责任，有效维护投资者、债权人和社会公众的知情权。

13.1　财务报告控制概述

13.1.1　财务报告控制的重要性

财务报告是指企业对外提供的反映企业某一特定日期财务状况和某一会计期间经营成果、现金流量等会计信息的文件，是企业向外界传递自身经营活动情况的载体，包括数据化信息和非数据化信息。数据化信息主要来源于会计报表中的有关数据，非数据化信息主要来源于报表附注和财务情况说明书等。

内部控制实施的结果最终将通过财务报告的形式体现出来，以财务报告为中心设计内部控制制度体系有利于从企业价值链流程的终端起步，逐步追溯到业务、流程和战略目标，从根本上遏制会计信息失真和资本市场失灵现象，有利于发挥会计在企业管理中的监督职能。尤其是随着会计信息共享化、财务资源金融化、互联网和大数据的广泛化，全面落实财务报告内部控制体系，既是促进企业会计准则体系有效执行的配套制度安排，也是推动各项规章制度令行禁止的重要机制保障，有助于进一步强化对财务报告信息和其他管理信息的约束，提高企业资源管理与利用的安全性和有效性。

13.1.2　财务报告控制的总体要求

企业应当按照国家统一的会计准则或制度的规定，根据登记完整、核对无误的会计账簿记录和其他有关资料编制报告，做到内容完整、数据真实、计算准确，不得漏报或者随意取舍。

一是合法性。企业编制和对外提供财务报告应该符合《会计法》《企业财务会计报告条例》和会计准则的规定。

二是真实性。企业的财务报告应该如实反映企业的生产经营情况及其成果，揭示经济事实，而不应弄虚作假、勾抹粉饰。企业负责人和财务会计人员应当保证财务报告真实、完整地反映企业的财务状况、经营成果和现金流量。

三是完整性。企业的财务报告必须完整地反映企业的生产经营情况及其成果，不能残缺不全，不能设账外账，更不能故意隐瞒、遗漏。财务报告应当由企业负责人和主管会计工作的负责人、会计机构负责人（会计主管人员）签名并盖章；设置总会计师的企业，还须由总会计师签名并盖章。企业负责人是会计责任的主体。在财务报告上签章是明确责任的重要程序。

企业应当按照国家法律法规和有关监管的规定，将经过审计的财务报告装订成册，加盖公章，并由企业经理、总会计师、会计机构负责人签名。履行报备义务的企业，应及时将经审计的财务报告报送监管部门及有关部门备案。

13.1.3 财务报告编制的具体要求

第一，资产负债表列示的各项资产计价方法不得随意变更，如有减值，应当合理计提减值准备，严禁虚增或虚减资产。各项负债应当反映企业的现时义务，不得提前、推迟或不确认负债，严禁虚增或虚减负债。所有者权益应当反映企业资产扣除负债后由所有者享有的剩余权益，由实收资本、资本公积、留存收益等构成，严禁虚假出资、抽逃出资、资本不实。

第二，利润表列示的各项收入的确认应当遵循规定的标准，不得虚列或者隐瞒收入，推迟或提前确认收入。各项费用、成本的确认应当符合规定，不得随意改变费用、成本的确认标准或计量方法，虚列、多列、不列或者少列费用、成本。不得随意调整利润的计算、分配方法，编造虚假利润。

第三，现金流量表应当按照规定划清各类交易和事项的现金流量界限。

第四，附注是财务报告的重要组成部分，应对财务状况、经营成果、现金流量做出真实、完整、清晰的说明。

第五，企业集团应当编制合并报表，明确合并报表的合并范围和合并方法，如实反映企业集团的财务状况、经营成果和现金流量。

13.1.4 财务报告管理风险

虚假财务报告是指不符合会计准则以及现行法律法规的规定，不能如实对外提供反映企业某一特定日期财务状况和某一会计期间经营成果、现金流量的会计文件。美国的安然事件让全世界震惊，我国“琼民源”“PT 红光”“银广厦”等上市公司绩优股“神话”的破灭也让国人忧心忡忡。实证研究表明，内部控制缺陷与会计信息质量呈负相关关系，即内部控制越完善，盈余管理程度越低，财务报告风险越小。

实证分析 13.1　虚假会计信息屡禁不止

根据财政部会计信息监督检查结果分析(如表 13.1 所示)，2010 年抽查企业 114 户，失真企业 24 户，占比 21%；2011 年抽查企业 85 户，失真企业 9 户，占比 10.59%；2012 年抽查企业 106 户，失真企业 11 户，占比 10.4%；2013 年抽查企业 95 户，失真企业 20 户，占比 21.05%。抽查的大多是上市公司、国有企业等，尚且存在 10%以上会计失真行为，未被抽查到的企业的情况更不容乐观。

表 13.1　2010～2013 年财政部会计信息检查情况汇总表[①]　金额单位：亿元

年份	样本数	会计核算不实		收入成本不实		私设小金库	
		户数	金额	户数	金额	户数	金额
2010	114	8	18.91	10	240.66	6	4.33
2011	85	2	0.53	4	35.04	3	23.12
2012	106	4	10.12	7	27.6	—	—
2013	95	8	82.08	8	34.72	4	0.42

证监会统计了沪深两市 2 537 家上市公司 2013 年报表披露情况，有 2 534 家依法进行披露，有 84 家被出具了非标准意见的审计报告，占比 3.31%。在已披露的会计年报中仍存在错漏、业绩预告违规，未按规定披露重大诉讼、担保事项、关联关系及关联交易，重大会计差错更正涉嫌虚假陈述，存在违规使用募集资金等行为。

进入 21 世纪以来，世界范围内层出不穷的会计舞弊案件引起世人警觉，已经成为全球性的重大问题，严重威胁到会计信息的可信度。据不完全统计，2008～2011 年间，每年被证监会处罚的公司就超过 50 家。[②]

可见，企业会计信息失真现象已成为普遍存在的社会问题，以多样化表现形式在不同行业、不同类型的企业中广泛存在。

导致财务报告管理失控与风险事故发生的原因至少包括以下几个方面：①财务报告的编制与披露违反国家法律法规，可能遭受外部处罚、经济损失和信誉损失；②财务报告的编制与披露未经适当审核或超越授权审批，可能因重大差错、舞弊、欺诈而导致损失；③财务报告编制的前期准备工作不充分，可能导致结账前未

① 赵晶．基于经济学视角的企业会计信息失真分析与研究[J]．新会计，2015(3)．

② 岳殿民，韩传模，沈建国，范海英．内部控制与上市公司会计舞弊治理研究[J]．财会通讯，2015(24)．

能及时发现会计差错;④纳入合并报表的范围不准确、调整事项或合并调整事项不完整,可能导致财务报告信息不真实、不完整;⑤财务报告披露程序不当,可能因虚假记载、误导性陈述、重大遗漏和未按规定及时披露而导致损失。

13.1.5 财务报告控制关键点

第一,职责分工、权限范围和审批程序应当明确、规范,机构设置和人员配备应当科学、合理。

第二,有关对账、调账、差错更正、结账等流程应当明确、规范。

第三,起草财务报告、校验、编制财务情况说明书、审核批准等流程应当科学、严密。

第四,财务报告的报送与披露流程应当符合有关规定。

13.2 职责分工与授权批准

13.2.1 财务报告职责分工安排

企业应当制定明确的财务报告编制、报送及分析利用等相关流程,职责分工、权限范围和审批程序应当明确、规范,机构设置和人员配备应当科学、合理,并确保全过程中财务报告的编制、披露和审核等不相容岗位相互分离。

一是企业总会计师或分管会计工作的负责人负责组织、领导财务报告的编制和分析利用工作。

二是企业负责人对财务报告的真实性和完整性承担责任。

三是企业财会部门负责财务报告编制和分析报告编写工作。

四是企业内部参与财务报告编制的各部门应当及时向财会部门提供编制财务报告所需的信息,参与财务分析会议的部门应当积极提出意见和建议以促进财务报告的有效利用,企业法律事务部门或外聘律师应当对财务报告对外提供的合法合规性进行审核。

12.2.2 财务报告授权批准制度

企业应当健全财务报告编制、对外提供和分析利用各环节的授权批准制度,具体包括编制方案的审批、会计政策与会计估计的审批、重大交易和事项会计处理的审批,对财务报告内容的审核与审批等,具体要求如下:①根据经济业务性质、组织机构设置和管理层级安排,建立分级管理制度。②规范审核、审批的手续和流程,确保报送和进行审批的级别符合所授的管理权限,申报材料翔实、完整,签字、盖章齐全,用印、用章符合要求,切实履行检查、审核义务而非流于形式等。③建立相关政策,限制对现有财务报告流程进行越权操作;任何越权操作行为,必须另行授权审批后方能进行,且授权审批文件应妥善归档。

13.3 控制流程与控制要点

13.3.1 财务报告控制流程

财务报告控制流程由财务报告编制流程、财务报告对外提供流程、财务报告分析利用流程三个阶段组成(如图 13.1 所示)。

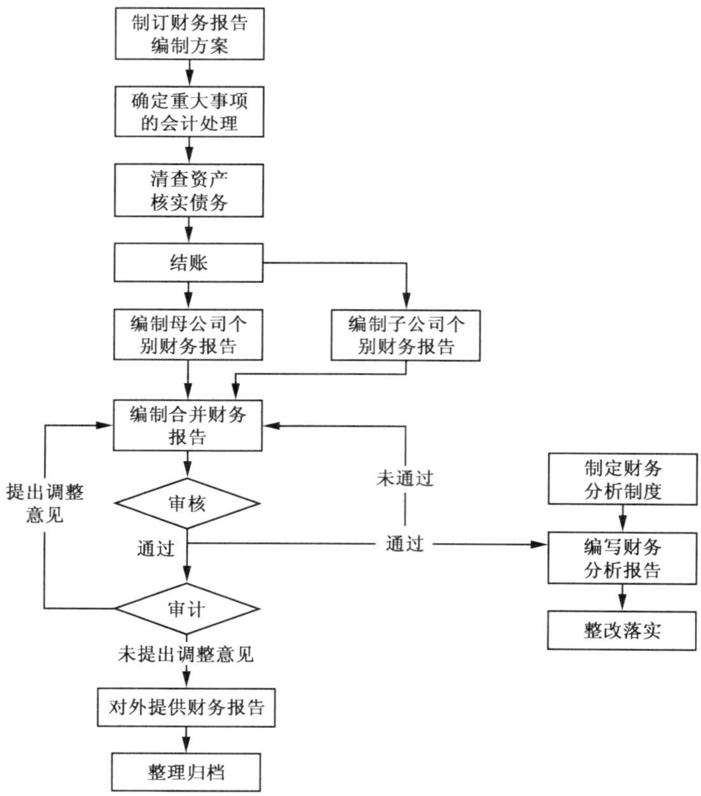

图 13.1 财务报告控制流程

在实际操作中，企业应当充分结合自身业务特点和管理要求，不断构建和优化上述财务报告内部控制流程，加强会计信息管控。

专题讨论 13.1　如何提高会计信息技术控制流程的安全性和可靠性?

为了防范会计信息技术失控，企业应当做好以下几项工作：①定期更新和维护会计信息系统，确保取数、计算公式以及数据勾稽关系准确无误。②建立访问安全制度，操作权限、信息使用、信息管理应当有明确规定，确保财务报告数据安全、保密，防止对数据的非法修改和删除。③对正在使用的会计核算软件进行修改、对通用会计软件进行升级和对计算机硬件设备进行更换时，企业应有规范的审批流程，并采取替代性措施确保财务报告数据的连续性。④做好数据源的管理，保证原始数据从录入环节即真实、准确、完整，满足财务分析的需要。⑤制定业务操作规范，保证系统各项技术、业务配置和维护符合会计准则及内部管理的规定，月结和年结流程规范、及时等。⑥指定专人负责信息化会计档案的管理，定期备份，做好防消磁、防火、防潮和防尘等工作；对于存储介质保存的会计档案，应当定期检查，防止由于介质损坏而使会计档案丢失。

13.3.2　财务报告编制阶段的控制要点

第一，制订财务报告编制方案，明确财务报告编制方法(包括会计政策和会计估计、合并方法、范围与原则等)、编制程序、职责分工(包括牵头部门与相关配合部门的分工与责任等)、编报时间安排等相关内容。

第二，确认对当期有重大影响的主要事项，并确定重大事项的会计处理。其中，重大事项如债务重组、非货币性交易、公允价值的计量、收购兼并、资产减值等。

第三，组织财务和相关部门进行资产清查、减值测试和债权债务核实工作，防止资产、负债账实不符，虚增或虚减资产、负债，资产计价方法随意变更，提前、推迟甚至不确认资产、负债等。

第四，企业在编制年度财务报告前，应在日常定期核对信息的基础上完成对账、调账、差错更正等业务，然后实施结账、关账操作。

企业在日常会计处理中应及时进行对账，将会计账簿记录与实物资产、会计凭证、往来单位或者个人等相互核对，发现差异及时查明原因予以解决，并记录在适当的会计期间，以保证账证相符、账账相符、账实相符，确保会计记录的数据真实、内容完整、计算准确、依据充分、期间适当。

第五，编制个别财务报告和合并财务报告，如实反映企业集团的财务状况、经营成果和现金流量。该环节的主要风险是合并范围不完整、合并内部交易和事项不完整、合并抵消分录不准确等。

第六，按照规定编制附注。附注是财务报告的重要组成部分。

第七，财会部门负责人审核报表内容和种类的真实性和完整性，做好财务报告校验等工作后予以上报。

在市场经济和利益驱动下，信息提供者的利己动机是普遍存在且难以从根本上消除的，但动机不一定会转化为现实的行为。如果能对虚假信息提供者进行有力的监管，使造假行为不仅不现实、不经济，而且会受到严惩和重赔，那么，造假者在理智的权衡中可能会放弃造假，也可以减少调节盈亏的行为。

应当看到，财务报告的粉饰动机决定了财务报告的粉饰类型。例如，以业绩考核、获取信贷资金、发行股票和仕途晋升等为目标，其财务报告粉饰一般以利润最大化以及高估资产和低估负债的形式出现；以减少纳税、推卸责任等为目标，其财务报告粉饰一般以利润最小化、低估资产和高估负债的形式出现；等等。

专题讨论 13.2 ｜ 有哪些调节盈亏的常用手法值得关注？

盈亏不实是会计信息失真最严重的问题之一。人为地调节盈亏大多是一种有意的舞弊行为。会计舞弊行为一般会直接或间接地反映在财务报告或有关会计信息资料上。常见的人为调节盈亏的手法主要有以下几种：

一是虚盈实亏或做大利润。操纵者通过提前确认收入、推迟结转成本、费用少摊、成本少计、损失不转、亏损挂账、资产重组、关联方交易等方法夸大企业经营业绩，获取本不能获取的经济利益。

二是虚亏实盈或做小利润。利润最小化除了可减少纳税之外，还可以将以后年度的亏损前置于本年度，回避企业连续多年亏损的事实，其操纵方法有推迟确认收入、提前结转成本、使用加速折旧法、将应予资本化的费用列入当期损益等。

三是随意调节成本、费用和利润。利用应收应付账户、跨期摊提账户和待摊递延账户来调节成本、费用与利润，精心设计出企业利润稳步增长的趋势，以获取较高的资信等级，为对外筹措资金打下基础。当企业更换主要经营者时，新任经营者为了自身的经营目标得以顺利实现，将坏账、积压的存货、长期投资损失、闲置的固定资产、待处理资产盈亏等一系列不良或虚拟资产一次性处理为损失等。

四是高估资产或虚构资产。通过虚构资产交易业务等方法高估资产，除了可获得改善企业财务状况、有利于对外筹资的利益之外，还可获得股权方面的潜在利益。例如，当企业对外投资和进行股份制改造时，往往倾向于高估资产价值，以便获得较大比例的股权。

五是低估负债或隐匿负债。通过将负债隐藏在关联企业，对或有负债不加以披露等方法低估负债，可从形式上降低企业财务风险，有利于对外筹措资金。例如，企业在争取银行贷款时，为了提高企业的信用等级，采取低估负债甚至隐匿负债的手段来降低资产负债率等。

13.3.3 财务报告对外提供阶段的控制要点

第一，财务报告对外提供前需按规定程序进行审核，主要包括财会部门负责人审核财务报告的准确性并签名、盖章；总会计师或分管会计工作的负责人审核财务报告的真实性、完整性、合法合规性，并签名、盖章；企业负责人审核财务报告整体的合法合规性，并签名、盖章。

第二，《公司法》等法律法规规定了公司应编制的年度财务报告需依法经会计师事务所审计，审计报告应随同财务报告一并对外提供。

第三，财务报告经完整审核并签名、盖章后即可对外提供，上市公司还需经董事会和监事会审批通过后方能对外提供。财务报告应与审计报告一同向投资者、债权人和政府监管部门等报送。

第四，做好财务报告归档整理等工作。

13.3.4 财务报告分析利用阶段的控制要点

第一，企业财会部门应在对企业基本情况进行分析研究的基础上，提出财务报告分析制度草案，并经财会部门负责人、总会计师或分管会计工作的负责人、企业负责人检查、修改和审批。

第二，财会部门应按照财务分析制度定期编写财务分析报告，并通过定期召开财务分析会议等形式对分析报告的内容予以完善，以充分利用财务报告反映的综合信息，全面分析企业的经营管理状况和存在的问题，不断提高经营管理水平。

第三，财会部门应将经过企业负责人审批的报告及时报送各部门负责人，各部门负责人根据分析结果进行决策和整改落实。

13.4 财务报告的监督检查

第一，审验企业是否按照会计准则的规定程序编制和对外提供合法、真实、完整的财务报告。例如，可以采用下列方法对财务报告进行校验性审核：①运用审阅法检查财务报表报送的时效性和合规性，如报送时间是否及时（报送日期在规定期限内），有无缺表、缺页的问题，签章是否完备等，尤其应当注意编报的范围与编报的会计期间。从编报的范围来看，应当注意合并会计报表或汇总会计报表的编报范围是否有任意变动的情况，是否遵循有关会计主体假设方面的规定、符合一贯性原则。在编报时期方面，不应当提前结账或延迟结账，任意变动会计期间。②复核表内有关项目，如小计、合计、总计及其他通过表内项目计算得出的数据，检查计算是否正确。③对表内有疑点的有关项目运用抽查的方法，验证其数据是否与有关总账、明细账、会计凭证、计算表上的数据相一致。④审查会计报表之间的勾稽关系是否衔接一致等，如本期会计报表与前期会计报表之间的勾稽关系、同一会计报表项目之间的勾稽关系、会计报表主表与附表之间的勾稽关系、会计报表与会计报表附注之间的关系等。

第二，检查财务报告控制流程及其各岗位职责和各环节授权批准制度的执行情况。例如，企业对财务报告可能产生重大影响的交易或事项是如何确认判断标准，对财务报告可能产生重大影响的交易或事项是否及时提交董事会及其审计委员会审议等。

第三，检查日常信息核对制度，从会计记录的源头保证财务报告的真实、完整，防范编造虚假交易，虚构收入、虚列费用等风险，以及由于会计人员业务能力不足导致的会计记录与实际业务的金额、内容不符的风险。

第四，监督检查会计信息技术的安全性和可靠性，减少或避免编制差错和人为调整因素，并防范信息技术所带来的特有风险。

第五，检查企业是否根据国家法律法规和有关监管规定，聘请会计师事务所对财务报告进行审计。由注册会计师对财务报告进行审计是保证财务报告质量的重要措施，也是便于财务报告使用者有效利用财务报告的重要手段。

经典案例评析

衡阳市金荔科技农业股份有限公司（简称金荔科技）的主营业务为从事农业高科技产品的开发、培育和销售，以及水泥的生产和销售。金荔科技原名飞龙实业，是一家典型的民企借壳上市公司。

2000 年 11 月，该公司与广州金荔庄发展有限公司进行了重大资产置换，转变为一家三高农业开发、休闲度假经营业务并举发展的现代高科技农业企业。2004 年年底，湖南证监会在接到内部举报后对该公司进行专项调查。2005 年 1 月，证监会初步查明其 2003 年和 2004 年 1～10 月共虚做收入约 24 217 万元，虚增利润约 14 534 万元，并涉嫌提供虚假银行单证、提供违规担保、拖欠员工工资及欠缴“三金”。已有证据证明自金荔入主飞龙实业那天起就开始疯狂舞弊（2000～2002 年）。2005 年 3 月，由于追溯调整后连续 3 年亏损，自 2005 年 3 月 30 日起，上交所对公司股票实施特别处理，简称变更为“ST 金荔”。2005 年 4 月，公司生产经营基本停顿，“ST 金荔”再次发布预亏公告，股价终于彻底引发雪崩式下跌。2006 年 5

月25日，上交所公开谴责该公司。2007年11月，上海证券交易所宣布对该公司股票终止上市。

金荔科技舞弊手段分析如下：

第一，虚做销售收入，虚增经营利润。公告显示，公司在2002年到2004年10月间共虚增收入约36 963万元、利润约21 646万元，而该公司2002年到2004年10月间总收入只有约42 223万元，净利润约−16 111万元，可见其造假程度相当疯狂。财务舞弊掩护下的公司侵占行为导致公司业绩急剧下滑，公司已经明显不堪重负，处在崩溃的边缘。

第二，伪造与公司业绩相关的资金流。为了使公司虚构业绩看起来更真实，金荔科技配合虚构的业务，伪造相应的资金流使得公司的购销业务都有资金流转轨迹和银行单据。根据公司2004年第三季度季报显示，公司当时总资产接近9亿元，其中货币资产达1.2亿元；而在湖南证监会调查之后，公司发布公告称银行单证不实，所以这些巨额数字都是虚构的，存货0.23亿元及应收账款0.26亿元也是虚假的。公司2004年年报审计报告中注明，金荔科技的银行借款和对外担保大部分已经逾期，持续经营能力存在重大不确定性。

第三，通过业务伪造与会计行为虚增资产。早在2000年年末，在与广州金荔庄发展有限公司进行重大置换时，金荔科技以公司除货币资金以外的其他全部资产与金荔庄全部农业资产进行置换，换入资产约4.7亿元，其中无形资产竟高达约2亿元。直到2005年年初公司才承认这个数字是虚假的。

2002年半年报披露"在建工程"余额7 941万元，主要是金荔科技园的投资7 589万元，但无法证明这笔资金是否到位及如何入账；而2002年第三季度季报称湖南金荔科技园首期投入资金3 000万元。那么，金荔科技园的投资额到底是3 000万元，还是7 589万元？

除此之外，根据2004年年报的追溯调整显示，该公司2002年资产总计约6.7亿元，而实际上约为6.3亿元；2003年资产总计约8.9亿元，而实际上约为6.5亿元；2004年10月季报显示资产尚有近9亿元，但年末年报却调整为约6.2亿元。可见该公司通过财务舞弊虚增的资产比重之大。

第四，违法担保与大股东资金占用使金荔科技丧失持续经营能力。在证监会湖南监管局的专项调查中发现：2005年1月，金荔科技发布对外担保补充公告，称公司于2003年12月和2004年3月两次为武汉巨力投资有限公司共4 000万元银行借款提供担保；2003年6月为广东劲业科技开发公司3 792万元银行借款提供担保；2004年5月为广州博澳医疗电子发展有限公司2 990万元银行借款提供担保。上述担保均为违规担保。

截至2004年年末，金荔科技担保余额为18 482万元，占公司2003年年末净资产的67%，其中，为关联公司担保3 792万元，逾期担保11 792万元。截至2005年中报，该公司对外违规担保金额已达25 792万元。

2005年2月，金荔科技公告称，大股东广东金荔投资有限责任公司及其关联方通过往来占用公司资金3 898万元；大股东以公司名义为其他单位提供担保，并直接占用4 750万元资金，使公司形成了4 750万元账外负债；公司资金大量用于工程项目支出，工程款支出及预付账款总额16 030万元，涉嫌被公司大股东及关联方占用；大股东关联方涉嫌侵占公司两个农场（金荔苑、金荔庄）的经营收益……

第 14 章　企业内部控制评价

企业应结合内部监督情况，定期进行自我评价，出具内部控制评价报告，有效评价内部控制设计和运行的有效性。

14.1　企业内部控制评价概述

14.1.1　内部控制评价的重要性

内部控制评价是指企业董事会或类似决策机构对内部控制的有效性进行全面评价、形成评价结论、出具评价报告的过程。内部控制可以通过评价、反馈、再评价，报告企业在内部控制建立与实施过程中存在的问题，并持续地进行自我完善。通过内部控制评价查找、分析内部控制缺陷并有针对性地督促和落实整改，可以及时堵塞管理漏洞，防范偏离目标的各种风险，并举一反三，从设计和执行等全方位健全、优化管控制度，从而促进企业内部控制体系的不断完善。

为了规范企业内部控制评价工作，及时发现企业内部控制缺陷，提出和实施改进方案，确保内部控制的有效运行，企业应当按照《企业内部控制评价指引》的具体规定有效地开展内部控制自我评价。《企业内部控制评价指引》共 5 章 27 条，为企业开展内部控制自我评价提供了一个共同遵循的标准和自律性要求。

14.1.2　内部控制评价的基本流程

内部控制自我评价的方式、范围、程序和频率由企业根据经营业务调整、经营环境变化、业务发展状况、实际风险水平等自行确定，但其评价的基本流程一般包括制订评价工作方案、组成评价工作组、实施现场测试、认定控制缺陷、汇总评价结果、编报评价报告等环节。

某公司设计的内部控制评价基本流程如图 14.1 所示。

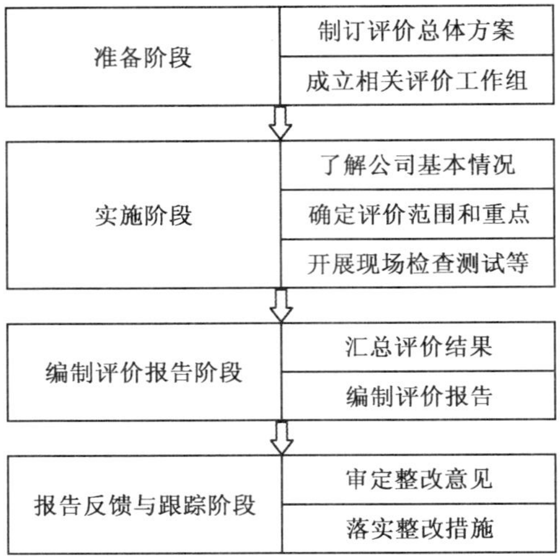

图 14.1　内部控制评价基本流程

14.1.3　内部控制评价的职责分工

内部控制评价工作能否有效实施，很大程度上取决于企业是否具备强有力的组织领导体制。

(1)董事会的责任

董事会可以通过审计委员会来承担对内部控制评价的组织、领导和监督职责。董事会或审计委员会应听取内部控制评价报告，审定内部控制重大缺陷、重要缺陷整改意见，积极协调内部控制部门在督促整改过程中遇到的困难，并排除障碍。企业董事会应当对内部控制评价报告的真实性负责。监事会应审议内部控制评价报告，对董事会建立与实施内部控制进行监督。

(2)经理层的责任

经理层负责组织实施内部控制评价工作，也可以授权内部控制评价机构组织实施，并积极支持和配合内部控制评价工作的开展，创造良好的环境和条件。经理层应结合日常掌握的业务情况，为内部控制评价方案提出应重点关注的业务或事项，审定内部控制评价方案和听取内部控制评价报告；对于内部控制评价中发现的问题或报告的缺陷，要按照董事会或审计委员会的整改意见积极采取有效措施予以整改。

(3)评价机构的责任

内部控制评价机构根据授权承担内部控制评价的具体组织实施任务，通过复核、汇总、分析内部监督资料，结合经理层的要求，拟订合理的评价工作方案并认真组织实施；对于评价过程中发现的重大问题，应及时与董事会、审计委员会或经理层沟通，并认定内部控制缺陷，拟订整改方案，编写内部控制评价报告，及时向董事会、审计委员会或经理层报告；沟通外部审计师，督促各部门、所属企业针对内、外部内部控制评价进行整改；根据评价和整改情况拟订内部控制考核方案。

为了确保内部控制评价机构职能的有效发挥，基本规范及评价指引要求内部控制评价机构必须具备一定的设置条件：一是能够独立行使对内部控制系统建立与运行过程及结果进行监督的权力；二是具备与监督和评价内部控制系统相适应的专业胜任能力和职业道德素养；三是与企业其他职能机构就监督与评价内部控制系统方面应当保持协调一致，在工作中相互配合、相互制约，在效率上满足企业对内部控制系统进行监督与评价所提出的有关要求；四是能够得到企业董事会和经理层的支持，通常直接接受董事会及其审计委员会的领导和监事会的监督，有足够的权威性来保证内部控制评价工作的顺利开展。

评价指引要求内部控制评价机构根据经批准的评价方案，挑选具备独立性、业务胜任能力和职业道德素养的评价人员，组成评价工作组，具体实施内部控制评价工作。评价工作组成员应当吸收企业内部相关机构熟悉情况的业务骨干参加。实施评价工作前，评价人员需要接受相关培训，培训内容一般包括内部控制专业知识及相关规章制度、评价工作流程、检查评价方法、工作底稿填写要求、缺陷认定标准、评价人员的权利与义务及评价中需重点关注的问题等。通过内部控制职能机构和评价工作组这种矩阵式的组织设置，可以有效促进内部控制评价工作的开展。

(4)专业部门的责任

各专业部门应负责组织本部门的内部控制自查、测试和评价工作，对发现的设计和运行缺陷提出整改方案及具体整改计划，积极整改，并报送内部控制机构复核，配合内部控制机构(部门)及外部审计师开展企业层面的内部控制评价工作。

(5)所属单位的责任

企业所属单位应逐级落实内部控制评价责任，建立日常监控机制，开展内部控制自查、测试和定期检查、评价。发现问题并认定内部控制有缺陷的，需拟订整改方案和计划，报本级管理层审定后，督促整改；编制内部控制评价报告，对内部控制的执行和整改情况进行考核。

14.2 评价原则与评价方法

14.2.1 内部控制评价的基本原则

一是全面性原则，要求内部控制评价应当包括内部控制的设计与运行，涵盖企业及其所属单位的各种业务和事项。

二是重要性原则，要求在全面的基础上，着眼于风险，突出重点，包括要坚持风险导向的思路，着重关注那些影响内部控制目标实现的高风险领域和风险点；要坚持重点突出的思路，着重关注那些重要的业务事项和关键的控制环节以及重要业务单位。

三是客观性原则，强调内部控制评价工作应当准确地揭示经营管理的风险状况，如实反映内部控制设计和运行的有效性。只有在内部控制评价工作方案制订、实施的全过程中始终坚持客观性，才能保证评价结果的客观性。

14.2.2 内部控制评价的基本方法

(1)个别访谈法

个别访谈法是指企业根据检查、评价的需要，对被查企业员工进行单独访谈，以获取有关信息，适用于了解企业内部控制的现状。

访谈前应根据内部控制自我评价需求形成访谈提纲，撰写访谈纪要，记录访谈的内容。评价人员可以向企业的相关工作人员询问，并对答复进行评价，以获取与内部控制建立和执行情况相关的信息。

为了保证访谈结果的真实性，应尽量访谈不同的人员以获取更可靠的证据。通常需要通过检查有关文件、凭据来印证相关工作人员的答复，对于同一问题应注意不同人员的答复是否相同。

(2)实地观察法

实地观察法是指评价人员查看相关工作人员正在从事的活动或实施的程序，适合于检查不留下书面记录的控制措施执行的有效性。

实地观察提供的证据仅限于观察发生的时点，检查人员应当考虑其所观察到的控制在检查人员不在场时可能未被执行的情况。所以，检查人员在使用这一方法时，应当尽可能不通知相关工作人员，采用突击检查的方式，确保检查的效果。

(3)证据检查法

证据检查法是指评价人员对企业内部或外部生成的，以纸质、电子或其他介质形式存在的记录和文件进行审查。对内部控制执行情况留有书面记录的检查，通常可以采用证据检查法。

评价人员根据需要抽取并检查一定数量的书面证据，从而证明企业的内部控制是否在实际工作中得到有效执行。

（4）重新执行法

重新执行法是指评价人员通过独立执行原本作为企业内部控制组成部分的控制措施来判断内部控制建立和执行的有效性，如全面审核与支出相关的各类单据是支出报销业务的控制措施。要检查支出报销审核人员有没有认真执行审核，仅检查审核人员是否在相关文件或凭据上签字是不够的，还应当抽取一部分支出凭证，重新执行审核控制，审核单据来源是否合法，内容是否真实、完整，使用是否准确，是否符合预算，审批手续是否齐全，反映明细内容的原始单据是否按规定签字或盖章等。

（5）穿行测试法

穿行测试法是指在内部控制流程中任意选取一笔具体业务事项作为样本，追踪该业务事项从起源直到最终在财务报告或内部管理报告中反映出来的过程，即该流程从起点到终点的全过程，以此了解内部控制建立和执行的有效性。在执行穿行测试时，也需要获取部分控制运行有效性的证据。

14.3 评价内容与评价指标

全面的内部控制评价应当从内部控制五大要素入手，并对内部控制评价过程、内部控制缺陷认定及整改情况、内部控制有效性的结论等相关内容做出披露。或者说，认识一个单位内部控制是否有效，是在对五大要素是否存在和有效运行进行评估基础之上所做出的判断。

又由于实施评价是优化企业内部控制自我监督机制的一项重要制度安排，与内部控制的建立、实施共同构成有机循环，因此，其评价内容与相应的参考标准应当与《企业内部控制应用指引》相呼应，从而体现出评价是整个内部控制体系中不可或缺的重要组成部分。

14.3.1 内部环境评价

内部环境评价的重点包括企业经营活动的整体情况、环境复杂程度、对权限的设计管理、管理动作与程序、管理层态度、企业文化、企业成员对风险管理与内部控制的理解和认同、法人治理结构、组织人员的知识与技能、组织结构和权限指引、重要岗位人员的权责及胜任能力、员工入职程序及培养、绩效考核与激励机制（如表14.1 所示）。

表 14.1　　内部环境评价的核心指标与参考标准

核心指标	评价参考标准
(1)组织架构	
董事会、监事会、经理层的相互制衡	董事会及各专门委员会、监事会和经理层的职责权限、任职资格和议事规则是否明确并严格履行
董事会、监事会、经理层致力于内部控制建设	①是否科学界定了董事会、监事会、经理层在建立与实施内部控制中的职责分工 ②董事会是否采取必要的措施促进和推动企业内部控制工作，按照职责分工提出内部控制评价意见，定期听取内部控制报告，督促内部控制整改，修订内部控制要求
组织机构设置科学、精简、高效、透明、权责匹配、相互制衡	①组织机构设置是否与企业业务特点相一致，能够控制各项业务关键环节，各司其职、各尽其责，不存在冗余的部门或多余的控制 ②是否明确了权责分配、制定了权限指引并保持权责行使的透明
组织架构适应性	是否定期梳理、评估企业治理结构和内部机构设置，发现问题及时采取措施加以优化调整，是否定期听取董事、监事、高级管理人员和其他员工的意见，按照规定的权限和程序进行决策审批
组织架构对子公司的控制力	是否通过合法有效的形式履行出资人职责、维护出资人权益，特别关注异地、境外子公司的发展战略、年度财务预决算、重大投融资、重大担保、大额资金使用、主要资产处理、重要人事任免、内部控制体系建设等重要事项
(2)发展战略	
发展战略科学、合理，既不缺乏也不激进，且实施到位	①企业是否综合考虑宏观经济政策、国内外市场需求变化、技术发展趋势、行业及竞争对手状况、可利用资源水平和自身优势与劣势等影响因素制定科学、合理的发展战略 ②是否根据发展目标制定战略规划，确定不同发展阶段的具体目标、工作任务和实施路径 ③是否设立战略委员会或指定相关机构负责发展战略管理工作，是否明确战略委员会的职责和议事规划并按规定履行职责 ④是否对发展战略进行可行性研究和科学论证，并报董事会和股东(大)会审议批准
发展战略有效实施	①是否制订年度工作计划，编制全面预算，确保发展战略的有效实施 ②是否采取有效方式将发展战略及其分解落实情况传递到内部各管理层级和全体员工
发展战略科学调整	是否及时监控发展战略的实施情况，并根据环境变化及风险评估等情况及时对发展战略做出调整

续表

核心指标	评价参考标准
(3)人力资源政策	
人力资源结构合理,能够满足企业需要	①人力资源政策是否有利于企业可持续发展和内部控制的有效执行 ②是否明确各岗位职责权限、任职条件和工作要求,选拔是否公开、公平、公正,是否因事设岗、以岗选人
人力资源开发机制健全、有效	①是否制定并实施关于员工聘用、培训、辞退与辞职、薪酬、考核、健康与安全、晋升与奖惩等方面的管理制度 ②是否建立员工培训长效机制,培训是否能满足职工和业务岗位的需要,是否存在员工知识老化
人力资源激励约束机制健全、有效	①是否设置科学的业绩考核指标体系,并严格考核评价,以此作为确定员工薪酬、职级调整和解除劳动合同等的重要依据 ②是否存在人才流失现象 ③是否对关键岗位员工有强制休假制度或定期轮岗制度等方面的安排 ④是否对掌握国家秘密或重要商业秘密的员工离岗有限制性的规定 ⑤是否将有效执行内部控制纳入企业绩效考评体系
(4)社会责任	
安全生产体系、机制健全、有效	①是否建立严格的安全生产管理体系、操作规范和应急预案,切实做到安全生产 ②是否落实安全生产责任,对安全生产的投入,包括人力、物力等,是否能保证及时发现、排除生产安全隐患 ③发生生产安全事故,是否妥善处理,排除故障,减轻损失,追究责任;是否有迟报、谎报、瞒报重大生产安全事故现象
产品质量体系健全、有效	是否制定严格的产品质量控制和检验制度并严格执行,是否有良好的售后服务,能够妥善处理消费者提出的投诉和建议
切实履行环境保护和资源节约责任	①是否制定环境保护与资源节约制度,采取措施促进环境保护、生态建设和资源节约并实现节能减排目标 ②是否实施清洁生产,合理开发利用不可再生资源
促进就业和保护员工权益	①是否依法保护员工的合法权益,保持工作岗位相对稳定,积极促进充分就业 ②是否实现按劳分配、同工同酬、建立科学的员工薪酬制度和激励机制,是否建立高级管理人员与员工薪酬的正常增长机制 ③是否及时办理员工社会保险,足额缴纳社会保险费 ④是否维护员工健康,落实休息、休假制度 ⑤是否积极开展员工职业教育培训,创造平等发展机会

续表

核心指标	评价参考标准
(5)企业文化	
企业文化具有凝聚力和竞争力，促进企业可持续发展	①是否采取切实有效的措施，积极培育具有自身特色的企业文化，打造以主业为核心的企业品牌，促进企业长远发展 ②企业董事、监事、经理及其他高级管理人员是否在文化建设和履行社会责任中起到表率作用，是否促进文化建设在内部各层级的有效沟通 ③是否做到文化建设与发展战略的有机结合，使员工自身价值在企业发展中得到充分体现 ④是否重视并购重组后的企业文化建设，平等对待被并购方的员工，促进并购双方的文化融合
企业文化评估具有客观性、实效性	①是否建立企业文化评估制度，重点对董事、监事、经理和其他高级管理人员在企业文化建设中的责任履行情况，全体员工对企业核心价值观的认同感，企业经营管理行为与企业文化的一致性，企业品牌的社会影响力，参与企业并购重组各方文化的融合度，以及员工对企业未来发展的信心做出评估 ②针对评估结果是否巩固和发扬文化建设成果，进而研究影响企业文化建设的不利因素，分析深层次的原因，及时采取措施加以改进

14.3.2 风险评估评价

重点评价风险评估整体目标的制定、操作层级目标的明确、风险分析评估应对的管理措施等。评价的重点是被评价企业应对风险的具体措施、办法、效果等（如表 14.2 所示）。

表 14.2　风险评估评价的核心指标与参考标准

核心指标	评价参考标准
目标设定	①企业层面是否有明确的目标，目标是否具有广泛的认识基础，企业战略是否与企业目标相匹配 ②各业务层面的目标是否与企业目标一致，各业务层面的目标是否衔接一致，各业务层面的目标是否具有操作指导性 ③是否结合企业的风险偏好，确定相应的风险承受度
风险识别	①目标是否层层分解并确立关键业务或事项 ②是否持续性地收集相关信息，内外部风险识别机制是否健全，是否识别影响公司目标实现的风险 ③是否根据关键业务或事项分析关键成功因素 ④是否识别影响企业目标实现的风险

续表

核心指标	评价参考标准
风险分析	①风险分析技术方法的适用性 ②结合风险发生的可能性和影响程度标准划分风险等级的准确性 ③风险发生后对负面影响判断的准确性
风险应对	①风险应对策略与公司战略、企业文化的一致性 ②风险承受度与风险应对策略的匹配程度

14.3.3 控制活动评价

重点评价对企业的每个业务循环是否都定有适用的政策和程序，关键的控制活动是否得到有效设计与执行等(如表 14.3 所示)。

表 14.3　　控制活动评价的核心指标与参考标准

核心指标	评价参考标准
(1)控制活动的设计	
控制措施足以覆盖企业重要风险，不存在控制缺失或控制过度	①是否针对企业内部环境设置了相应的控制措施 ②各项控制措施的设计是否与风险应对策略相适应 ③各项主要业务控制措施是否完善、恰当 ④是否针对非常规性、非系统性业务事项制定相应的控制措施，并定期对其执行情况进行检查与分析 ⑤是否建立重大风险预警机制和突发事件应急处理机制，相关应急预案的处置程序和处理结果是否有效
(2)控制活动的运行	
控制活动的运行符合控制措施的规定	针对各类业务事项的主要风险和关键环节所制定的各类控制方法和控制措施是否得以有效实施

14.3.4 信息与沟通评价

重点评价企业获取财务报告相关信息和非财务类信息的方法、信息处理方法和程序、信息传递渠道是否畅通、信息系统是否安全等(如表 14.4 所示)。

表 14.4　　信息与沟通评价的核心指标与参考标准

核心指标	评价参考标准
信息收集、处理和传递及时、准确、适用	是否有透明、高效的信息收集、处理、传递程序，合理筛选、核对、整合与经营管理和内部控制相关的信息

续表

核心指标	评价参考标准
反舞弊机制健全	①是否建立健全并有效实施反舞弊机制 ②举报投诉制度和举报人保护制度是否及时、准确传达至企业全体员工 ③对舞弊事件和举报所涉及的问题是否及时、妥善地做出处理
沟通顺畅	①信息在企业内部各层级之间、企业与外部有关方面之间的沟通是否有效 ②董事会、监事会和经理是否能够及时掌握经营管理和内部控制的重要信息并进行应对 ③员工诉求是否有顺畅的反映渠道
利用信息化程度	①企业是否建立与经营管理相适应的信息系统，利用信息技术提高对业务事项的自动控制水平 ②在信息系统的开发过程中，是否对信息技术风险进行识别、评估和防范 ③信息系统的一般控制是否涵盖信息系统开发与维护、访问与变更、数据输入与输出、文件储存与保管、网络安全、硬件设备、操作人员等方面，确保信息系统安全、稳定运行 ④信息系统的应用控制是否紧密结合业务事项进行，利用信息技术固化流程，提高效率、减少或消除人为操纵因素 ⑤信息系统是否建立并保持相关信息交流与沟通的记录

14.3.5　内部监督评价

重点评价内容包括年度监督评价、专项监督评价和缺陷报告自我评价（如表14.5所示）。

表 14.5　　内部监督评价的核心指标与参考标准

核心指标	评价参考标准
内部监督能够覆盖并监控企业日常业务活动	①管理层是否定期与内部控制机构沟通评价结果，并积极整改 ②是否落实职能部门和所属单位在日常监督中的责任，及时识别环境和业务变化 ③日常监督的内容是否为经过分析确认的关键控制并有效控制，是否按重要程度将发现的问题如实反馈给内部控制机构，是否积极采取整改措施 ④日常监督用以证明内部控制有效性的信息是否适当和充分，监督人员是否具有胜任能力和客观性 ⑤内部审计的独立性是否得以保障，审计委员会和内部审计机构是否独立、充分地履行监督职责，审计监督与内部控制沟通是否顺畅 ⑥是否开展了必要的专项监督 ⑦内部控制机构是否追踪重大风险和重要业务，是否制定内部控制自我评价办法和考核奖惩办法，明确评价主体、职责权限、工作程序和有关要求，定期组织开展内部控制自我评价，报送自我评价报告，合理认定内部控制缺陷并分析原因，提出整改方案建议

续表

核心指标	评价参考标准
内部控制缺陷认定科学、客观、合理，且报送机制健全	①内部控制机构是否制定科学的内部控制缺陷认定标准并予以一贯执行 ②是否对控制缺陷进行全面、深入的研究分析，提出并实施整改方案，采取适当的形式及时向董事会、监事会或经理层报告，督促业务部门整改，重大缺陷按规定予以披露 ③对发现的内部控制重大缺陷，是否追究相关责任单位和责任人的责任 ④是否建立内部控制缺陷信息数据库，并对历年发现的内部控制缺陷及其整改情况进行跟踪检查
内部控制建设与评价文档妥善保管	①是否采取书面或其他适当方式对内部控制的建立与实施情况进行记录 ②是否妥善保存内部控制相关记录和资料，确保内部控制建立与实施过程的可验证性 ③对暂未建立健全的有关内部控制文档或记录，是否有证据表明确已实施了有效控制或者替代控制措施

14.4　企业内部控制评价报告

14.4.1　内部控制评价报告的基本内容

(1)董事会声明

声明董事会及全体董事对报告内容的真实性、准确性、完整性承担个别及连带责任，保证报告内容不存在任何虚假记载、误导性陈述或重大遗漏。

(2)内部控制评价工作的总体情况

明确企业内部控制评价工作的组织、领导体制和进度安排，以及是否聘请会计师事务所对内部控制的有效性进行独立审计等。

(3)内部控制评价的依据

说明企业开展内部控制评价工作所依据的法律法规和规章制度。

(4)内部控制评价的范围

描述内部控制评价所涵盖的被评价单位、纳入评价范围的业务事项及重点关注的高风险领域。内部控制评价的范围如有遗漏，应说明原因及其对内部控制评价报告的真实性和完整性产生的重大影响等。

(5)内部控制评价的程序和方法

描述内部控制评价工作遵循的基本流程以及评价过程中采用的主要方法。

(6)内部控制缺陷及其认定

描述适合本企业的内部控制缺陷具体认定标准，并声明与以前年度保持一致或做出的调整及相应原因；根据内部控制缺陷认定标准，确定、评价期末存在的重大缺陷、重要缺陷和一般缺陷。

(7)内部控制缺陷的整改情况

对于评价期间发现、期末已完成整改的重大缺陷，说明企业有足够的测试样本显示与该重大缺陷相关的内部控制设计运行有效；针对评价期末存在的内部控制缺陷，拟采取的整改措施及预期效果。

(8)内部控制有效性的结论

对不存在重大缺陷的情形，出具评价期末内部控制有效的结论；对存在重大缺陷的情形，不得做出内部控制有效的结论，并需描述该重大缺陷的性质、其对实现相关控制目标的影响程度以及可能给企业未来生产经营带来的相关风险。自内部控制评价报告基准日至内部控制评价报告发出日之间发生重大缺陷的，企业须责成内部控制评价机构予以核实，并根据核查结果对评价结论进行调整，说明董事会拟采取的措施等。

企业可以使用内部控制评价表作为对内部控制评价报告的补充。内部控制评价表是对评价过程中所形成的评价工作底稿的全面整理和汇总，是企业对内部控制各构成要素的结论性评估，一般由评价内容、业务描述、有效性/缺陷、评价记录等栏目组成。通过使用内部控制评价表，可以使不同企业的内部控制评价报告更具可比性，同时也有利于报告使用者阅读和理解。

14.4.2 内部控制有效性认定

评价的结果是判断内部控制的有效性，即企业建立与实施的内部控制是否能够为控制目标的实现提供合理保证，包括对内部控制设计有效性和运行有效性的评价。

内部控制设计有效性是指为实现控制目标所必需的内部控制要素都存在并且设计恰当，如是否齐全、新颖、有针对性等；反之，设计缺陷是指缺少为实现控制目标所必需的控制，或者现有控制设计不适当，即使正常运行也难以实现控制目标，即设计时没想到、设想好而产生了盲点、真空点等。

内部控制运行的有效性是指现有内部控制按照规定程序得到了正确执行，如真实、有效、具有可操作性等；反之，运行缺陷是指设计适当的控制没有按设计意图运行，或者执行人员缺乏必要授权或专业胜任能力，无法有效实施控制，即执行时没做到、没做好而产生了失控点、拥堵点等。

企业对内部控制缺陷的认定应当以日常监督和专项监督为基础，结合年度内部控制评价，由内部控制评价部门进行综合分析后提出认定意见，按照规定的权限和程序进行审核后予以最终认定。不论是设计缺陷还是运行缺陷，按照缺陷的严重程度可以分为重大缺陷、重要缺陷和一般缺陷。

重大缺陷，是指一个或多个控制缺陷的组合，可能导致企业严重偏离控制目标，如内部控制中存在的、可能导致不能及时防止或发现并纠正财务报表重大错报的一个或多个控制缺陷的组合。

重要缺陷，是指一个或多个控制缺陷的组合，其严重程度和经济后果低于重大缺陷，但仍有可能导致企业偏离控制目标，具体是指内部控制中存在的、严重程度不如重大缺陷，但足以引起企业财务报告监督人员关注的一个或多个控制缺陷的组合。

一般缺陷，是指除重大缺陷、重要缺陷之外的其他缺陷。

由于不同企业的职责、规模、风险偏好等存在差异，内部控制缺陷的重要性标准也应该有所差异。某公司制定的缺陷认定定量参考标准如表 14.6 所示。

表 14.6　　控制缺陷认定定量参考标准

项　目	重大缺陷影响	重要缺陷影响	一般缺陷影响
利润总额潜在错报	错报≥利润总额 5%	利润总额 3%或 0.6 亿元≤错报＜利润总额 5%	错报＜利润总额 3%
资产总额潜在错报	错报≥资产总额 1%	资产总额 0.5%或 2.5 亿元≤错报＜资产总额 1%	错报＜资产总额 0.5%
经营收入潜在错报	错报≥经营收入总额 1%	经营收入总额 0.5%或 0.75 亿元≤错报＜经营收入总额 1%	错报＜经营收入总额 0.5%
所有者权益潜在错报	错报≥所有者权益总额 1%	所有者权益总额 0.5%或 1 亿元≤错报＜所有者权益总额 1%	错报＜所有者权益总额 0.5%
直接财产损失	1 000 万元及以上	500 万元（含 500 万元）～1 000 万元	500 万元以下

14.4.3　内部控制缺陷认定程序

（1）缺陷识别

内部控制评价人员可以采用个别访谈法、调查问卷法、穿行测试法、抽样法、实地查验法、文档（凭证、记录）查看法、比较分析法、专题讨论法、重新执行法等手段进行测试，识别内部控制的设计缺陷和运行缺陷。

（2）严重程度评估

内部控制评价人员在评估缺陷对控制目标偏离的影响程度时，需要考虑以下因素：①与财务的关联性。内部控制缺陷与财务报告/主要会计科目/附注的关联性，如果缺陷不直接影响财务报告，除非极可能导致企业严重偏离控制目标，否则不应当认定为重大缺陷。②重要性。内部控制缺陷与财务报告直接相关时，应考虑风险发生的可能性以及对偏离目标的影响程度（如收入、成本、资产等重要性水平），若超过重要性水平则为重大缺陷，否则不应被认定为重大缺陷。③缺陷的组合效果。评价人员应当评价其识别的各项内部控制缺陷的严重程度，以确定这些缺陷组合起来的影响是否构成重大或重要缺陷。④补偿性措施的考虑。评价各种缺陷时，应当考虑评价补偿性措施的影响。对已经确认的可能导致财务报告重大错报的内部控制缺陷（或缺陷汇总），企业应当评估是否存在补偿性控制，以及该补偿性控制是否按照一定的精确度有效执行，从而降低了该内部控制缺陷或缺陷汇总导致财务报表错报的可能性和/或重要性。为了得出补偿性控制有效执行的结论，企业应当首先分析该补偿性控制是否存在一定程度的精确性；其次应对补偿性控制开展必要的测试与验证工作，获取并记录补偿性控制执行有效的证据。

（3）初步沟通

内部控制评价机构编制内部控制缺陷认定汇总表，结合日常监督和专项监督发现的内部控制缺陷及其持续改进情况，对内部控制缺陷及其成因、表现形式和影响程度进行综合分析和全面复核，提出认定意见（针对财务报告内部控制的缺陷，一般还应当反映缺陷对财务报告的具体影响），并以适当的形式与企业相关管理层进行初步沟通。

（4）最终认定后出具内部控制评价报告

内部控制评价机构根据初步沟通结果以及企业缺陷评价标准判断缺陷的严重程度，并根据缺陷的严重程度采取适当的形式与企业董事会及各级管理层沟通。

企业内部控制评价机构应当编制内部控制缺陷认定汇总表，结合日常监督和专项监督发现的内部控制缺陷及其持续改进情况，对内部控制缺陷及其成因、表现形式和影响程度进行综合分析和全面复核，提出认定意见，并以适当的形式向董事会及各级管理层报告。

14.4.4 报送内部控制评价报告

（1）对内报送

内部控制缺陷认定以后应当报告，并采取书面形式，可以单独报告，也可以作为内部控制评价报告的一个重要组成部分。一般而言，内部控制的一般缺陷、重要缺陷应定期（至少每年）报告，重大缺陷应立即报告。对于重大缺陷、重要缺陷及整改方案，应向董事会（审计委员会）或经理层报告并审定。如果出现不适合向经理层报告的情形，如存在与管理层舞弊相关的内部控制缺陷，或存在管理层凌驾于内部控制之上的情形，应当直接向董事会（审计委员会）报告。对于一般缺陷，可以向企业经理层报告，并视情况考虑是否需要向董事会（审计委员会）报告。

（2）对外报送

内部控制评价报告应当报经董事会或类似权力机构批准后对外披露或报送相关部门。企业应当以 12 月 31 日作为年度内部控制评价报告的基准日，并于基准日后 4 个月内报出内部控制评价报告。对于基准日至内部控制评价报告发出日之间发生的影响内部控制有效性的因素，企业应当根据其性质和影响程度对评价结论进行相应调整。

财政部会计司、证监会会计部、证监会上市部和山东财经大学合作发布的《我国上市公司 2014 年实施企业内部控制规范体系情况分析报告》，已披露内部控制评价报告的上市公司数量从 2008 年的 1 076 家增加到 2014 年的 2 571 家，占比从 2008 年的 67.17%增加到 2014 年的 98.39%。2014 年已披露的 2 571 家上市公司内部控制评价报告的具体情况如表 14.7 所示。

表 14.7　内部控制有效性结论披露情况

内部控制有效性	整体有效	财务报告内部控制有效、非财务报告内部控制无效	财务报告内部控制无效、非财务报告内部控制有效	财务报告内部控制和非财务报告内部控制均无效	内部控制存在重大缺陷但未区分财务报告和非财务报告	总计
公司数量	2 538	9	16	6	2	2 571
占比	98.72%	0.35%	0.62%	0.23%	0.08%	100%

在上述 2 571 家上市公司中，524 家披露内部控制存在缺陷，占比 20.38%。其中，39 家披露内部控制存在重大缺陷；53 家披露内部控制存在重要缺陷；455 家披露内部控制存在一般缺陷；2 047 家披露内部控制未存在缺陷，占比 79.62%。

在内部控制缺陷认定标准方面，大部分上市公司不仅区分财务报告和非财务报告披露内部控制缺陷认定标准，还区分定量标准和定性标准、重大缺陷标准和重要缺陷标准，并进行具体解释。

内部控制活动应当持续改进与优化，包括分析与评价控制缺陷并予以报告、落实整改方案、完善控制体系、优化控制标准等。

经典案例评析

某集团公司是一家药品生产企业。创业之初，公司董事长陈某推荐其姐夫李某出任公司总经理并得以任命。

某年年末，公司召开董事会会议，总经理李某建议拓展公司业务，涉足IT行业和房地产行业。公司独立董事王某对此提出异议，认为这三个行业之间关联度太小，公司也没有从事IT行业和房地产行业的经验与优势，因此，主张在医药行业进一步扩张，向高科技生物制药领域发展。但在董事会表决时，由于董事长陈某的坚定支持，总经理李某的提议仍以绝大多数票赞成通过。

第二年年初，作为进入房地产行业后的第一笔业务，该集团公司决定建设一幢40层高的商务大楼，其中少数楼层用于公司办公，多数楼层用于对外招商和租赁。在该项目开工前，项目施工方临时建议将商务大楼增高至70层，以显示公司实力和气派，总经理李某随即拍板同意。独立董事王某提醒说，原建设方案是经财务部等统筹考虑公司的可承受能力后设计的，如临时改变建筑高度，应重新制订项目概预算方案等。但王某的建议没有引起李某的重视，商务大楼就此按70层高设计并投入建设。

第三年2月，由于公司经营业绩下滑，而商务大楼追加楼层的建设款又占用了过多的现金，最终导致该集团公司的资金链断裂，陷入破产清算的境地。

对照《企业内部控制基本规范》提出的内部控制五要素及其规范要求，可以清楚地看出，该集团公司内部控制要素不健全，存在着较为严重的控制缺陷：

(1)控制环境缺陷

内部环境是影响、制约企业内部控制建立与执行的各种内部因素的总称。企业应当根据国家有关法律法规和企业章程，建立规范的公司治理结构和议事规则，明确决策、执行、监督等方面的职责权限，形成科学、有效的职责分工和制衡机制。

该集团公司关注行业扩张，却缺少整体的风险意识和风险管理理念。由于董事长与总经理之间存在近亲属关系，导致对总经理的监督难以实施。由于权利和职责没有适当地进行分配，总经理权限过大，独立董事被边缘化，导致公司对重大决策缺乏有效制约与监控。

(2)风险评估缺陷

第一，目标设定不科学。目标设定是管理当局在识别和评估实现目标的风险并采取行动来管理风险之前，采取恰当的程序设定目标，确保所选定的目标支持和切合企业的发展使命，并且与企业的风险承受能力相一致。目标设定是事项识别、风险评估和风险应对的前提，既有战略目标，又有具体的经营目标。

该集团公司在设定战略目标时，盲目选择扩张战略，没有充分估计可能承受的风险水平；在确定追加商务大楼建设高度等经营目标时，缺乏与财务部门等的协调与沟通，忽视可能产生的财务风险，一味追求规模效应。

第二，事项识别不合理。事项识别是管理当局从影响目标实现的内部或外部原因中识别潜在的事项，包括代表风险的事项和代表机会的事项。

由于该集团公司在进行事项识别时，放弃将资金投入原本熟悉的医药市场，无视可能在生物制药行业做强、做大的潜在机会，而盲目进入经验不足、与原先产业无关的IT和房地产行业，承担了较高的行业风险。

上述案例也反映出该集团公司风险评估机制不健全。风险评估是企业及时识别、系统分析经营活动中与实现内部控制目标相关的风险，合理确定风险应对策略。企业开展风险评估，应当准确识别与实现控制目标相关的内部风险和外部风险，确定相应的风险承受度。风险承受度是企业能够承担的风险限度，包括整体风险承受能力和业务层面的可接受风险水平。企业应当采用定性与定量相结合的方法，按照风险发生的可能性及其影响程度等，对识别的风险进行分析和排序，确定关注重点和优先控制的风险。

由于该集团公司没有建立起健全的风险评估机制，对行业风险缺少充分的考虑，决定建设投资时也没有充分评价可能产生的财务问题与风险，风险评估机制不健全造成了公司在应对风险时处于被动地位，甚至束手无策，最终走向破产清算。

(3)控制活动缺陷

企业应当结合风险评估结果，通过手工控制与自动控制、预防性控制与发现性控制相结合的方法，运用相应的控制措施，将风险控制在可承受的范围之内。

由于不相容职务分离控制、授权审批控制、会计系统控制、财产保护控制、预算控制、运营分析控制和绩效考评控制等基本控制措施在该集团公司中均未得到切实有效的贯彻落实，失控就在所难免了。

(4)信息沟通缺陷

由于该集团公司的控制环境基础薄弱，决策权过分集中，导致集团内部缺少信息由下向上沟通的渠道，外部独立董事提供的信息也无法得到公司内部各部门的重视，信息沟通渠道不畅通致使公司的内部控制无法产生真实、及时、有用的信息。

(5)内部监督缺陷

内部控制缺陷是指内部控制制度的设计存在漏洞，不能有效防范错误与舞弊，或者内部控制制度的运行存在弱点和偏差，不能及时发现并纠正错误与舞弊的情形。而内部监督的作用就在于评价内部控制的有效性，发现内部控制缺陷并及时加以改进。

由于该集团公司没有及时发现其内部控制缺陷，从而没有采取适当的形式及时进行报告并加以有效监控，失控最终导致失败！

第15章 企业内部控制审计

实施内部控制的注册会计师审计，既是促进企业扎实贯彻《基本规范》和《配套指引》的重要制度安排，也是监管体系的一个重要组成部分。

15.1 企业内部控制审计概述

15.1.1 内部控制审计的重要性

公司财务报表舞弊事件不断曝光后，人们认识到健全、有效的内部控制对预防此类事件是至关重要的。各国政府监管机构、企业界和会计职业界对内部控制的重视程度也进一步提升，从注重财务报告本身的可靠性转向注重对保证财务报告可靠性机制的建设，试图通过过程的有效保证结果的有效，如美国和日本，都强制要求进行内部控制审计。其中，美国要求由同一家会计师事务所将内部控制审计与财务报表审计整合进行；日本要求同一个审计师从计划审计工作、实施审计程序、获取审计证据、评价审计证据的充分性和适当性，直到发表审计意见的整个过程中，将两种审计作为一个整体进行。

人们在使用由公司董事会出具的内部控制评价报告时，应注意与注册会计师审计报告、内部控制监管信息、财务报告信息等相关信息结合使用，以起到全面分析、综合判断、相互验证的效果（如图15.1所示）。在信息披露和企业内部控制等过程中，实施内部控制的注册会计师审计是促进企业扎实贯彻《基本规范》和《配套指引》的重要制度安排。

内部控制审计是指会计师事务所接受委托，对特定基准日内部控制设计与运行的有效性进行审计。它是企业内部控制规范体系实施中引入的强制性要求，既有利于促进企业健全内部控制体系，又能增强企业财务报告的可靠性。

内部控制审计与财务报表审计并不矛盾，因为两者之间存在多方面的共同点。例如：两者虽然各有侧重，但终极目的都是提高财务报表预期使用者对财务报表的

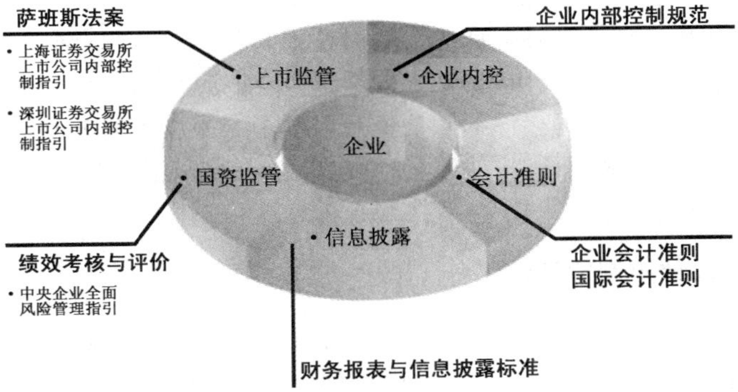

图 15.1　我国目前对公司的监管体系

信赖程度;两者都需要采用风险导向审计方法,都要运用重要性水平;等等。所以,注册会计师可以单独进行内部控制审计,也可以将内部控制审计与财务报表审计整合进行。整合审计可以提升效率,也是国际上普遍采用的方法。

需要特别指出的是,"整合"不包括注册会计师对同一家企业既做咨询又做审计的情形。《基本规范》对此已有明确规定,即"为企业内部控制提供咨询的会计师事务所,不得同时为同一企业提供内部控制审计服务"。

专题讨论 15.1　内部控制审计与财务报表审计有什么区别?

内部控制审计是对内部控制的有效性发表审计意见,并对内部控制审计过程中注意到的非财务报告内部控制重大缺陷进行披露;财务报表审计是对财务报表是否在所有重大方面按照适用的财务报告编制基础编制发表审计意见。虽然内部控制审计和财务报表审计存在多方面的共同点,但财务报表审计是对财务报表进行审计,重在审计"结果",而内部控制审计是对保证财务报表质量的内部控制的有效性进行审计,重在审计"过程"。由于发表审计意见的对象不同,使得两者在对内部控制测试目的、测试范围、测试期间的要求等方面存在区别,报告的形式、内容及意见类型存在差异。

例如,同样是运用重要性水平,在财务报表审计中,旨在计划和执行审计工作,评价识别出的错报对审计的影响以及未更正错报对财务报表和审计意见的影响,以对财务报表整体是否不存在重大错报获取合理保证;而在内部控制审计中运用重要性水平,旨在计划和执行内部控制审计工作,评价识别出的内部控制缺陷单独或组合起来是否构成内部控制重大缺陷,以对被审计企业是否在所有重大方面保持了有效的内部控制获取合理保证。

为了规范注册会计师内部控制审计业务、明确工作要求、保证执业质量，根据《基本规范》《中国注册会计师鉴证业务基本准则》及相关执业准则，财政部等五部委制定了《企业内部控制审计指引》(以下简称《审计指引》)，共7章35条。《基本规范》和《应用指引》是注册会计师衡量企业内部控制是否有效的基础标准。注册会计师在执行内部控制审计时，除遵守《审计指引》外，还应当遵守中国注册会计师的相关执业准则。

15.1.2 内部控制审计的责任

建立健全和有效实施内部控制、评价内部控制的有效性是企业董事会的责任；对内部控制的有效性发表审计意见，则是注册会计师的责任。

如果说内部控制评价是进行“自我体检”的话，那么，内部控制审计是进行“外部体检”。如果说内部控制的自我评价已经很不容易，那么，实施内部控制的外部审计具有鉴证作用，其难度更大。为了使“外部体检”更具有专业性和公正性，严格执行《审计指引》就显得尤为重要。

专题讨论15.2 | 内部控制评价与内部控制审计之间有些什么关系?

内部控制的自我评价和外部审计是我国企业内部控制规范体系建设的两大制度层面。企业应当对内部控制的有效性进行自我评价，出具自我评价报告，并聘请会计师事务所对内部控制的有效性进行审计。

内部控制审计与内部控制自我评价之间的关系可以概括为“各自独立、单方面利用”。内部控制审计可以根据“利用他人的工作”部分的具体要求，考虑利用内部控制自我评价的工作；同时，注册会计师完成审计工作后，应当取得经企业签署的书面声明，声明企业没有利用注册会计师执行的审计程序及其结果作为自我评价的基础。

内部控制审计与内部控制自我评价是相互独立的，两者测试工作的具体内容可能不同。企业应当根据《评价指引》的规定对自身的内部控制进行测试、评价并编制自我评价报告。在执行内部控制审计时，注册会计师所选取测试的组成部分、控制活动和测试方法，可能与企业在进行自我评价时选取纳入测试范围的组成部分、控制活动和测试方法不同。

注册会计师需要考虑企业内部控制评价报告对注册会计师内部控制审计报告的可能影响，包括企业内部控制评价报告对相关法律法规规定要素的列报是否完整和恰当；如果内部控制存在重大缺陷，企业是否已经在内部控制评价报告中对其进行了公允反映；等等。

15.1.3 内部控制审计范围的确定

注册会计师基于基准日(如 12 月 31 日)内部控制的有效性发表意见,而不是对财务报表涵盖的整个期间(如 1 年)内部控制的有效性发表意见。但这并不意味着注册会计师只关注企业基准日当天的内部控制,而是要考察企业一个时期内(足够长的一段时间)内部控制的设计和运行情况。注册会计师所采用的内部控制审计程序和方法,应当体现这种延续性。

在企业内部控制自我评价基准日并不存在,但在该基准日之后至审计报告日之前(以下简称期后期间)内部控制可能发生的变化,或出现其他可能对内部控制产生重要影响的因素,注册会计师应当询问是否存在这类变化或影响因素,并获取企业关于这些情况的书面声明。

注册会计师知悉对企业内部控制自我评价基准日内部控制的有效性有重大负面影响的期后事项的,应当对财务报告内部控制发表否定意见。

注册会计师不能确定期后事项对内部控制有效性的影响程度的,应当出具无法表示意见的内部控制审计报告。

15.2 企业内部控制审计方法

15.2.1 计划内部控制审计工作

注册会计师应当恰当地计划内部控制审计工作,配备具有专业胜任能力的项目组,并对助理人员进行适当督导。

风险评估的理念及思路应当贯穿于整个审计过程的始终。实施风险评估时,可以考虑固有风险及控制风险。在计划审计工作阶段,对内部控制的固有风险进行评估,作为编制审计计划的依据之一;根据对控制风险评估的结果,调整计划阶段对固有风险的判断,这是个持续的过程。

15.2.2 采用自上而下的审计方法

自上而下实施审计工作的基本思路是:①从财务报表层次初步了解内部控制的整体风险;②识别企业层面控制;③识别重要账户、列报及其相关认定;④了解错报的可能来源;⑤选择拟测试的控制;等等。

注册会计师在进行风险评估以及确定审计程序时,企业的组织结构、业务流程或业务单元的复杂程度可能产生的重要影响均是注册会计师需要考虑的因素。尤其应当更多地关注高风险领域,而没有必要测试那些即使有缺陷,也不可能导致财务报表重大错报的控制。

15.2.3 测试内部控制设计与运行的有效性

注册会计师在了解内部控制时，应当评价控制的设计，并确定其是否得到执行。在评价时，应考虑该控制单独或连同其他控制是否能够有效防止或发现并纠正重大错报。而控制得到执行，是指某项控制存在且被审计企业正在使用（如图15.2所示）。

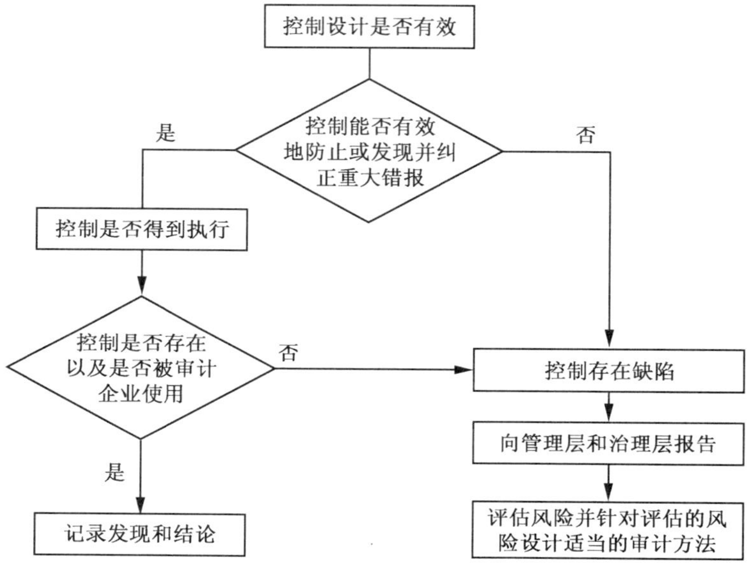

图 15.2 评价内部控制设计与运行的有效性

如果某项控制由拥有必要授权和专业胜任能力的人员按照规定的程序与要求执行，能够实现控制目标，表明该项控制的设计是有效的。

如果某项控制正在按照设计运行，执行人员拥有必要授权和专业胜任能力，能够实现控制目标，表明该项控制的运行是有效的。

设计不当的控制可能表明控制存在缺陷甚至重大缺陷，所以，首先要考虑控制的设计。注册会计师在测试控制设计与运行的有效性时，应当综合运用询问适当人员、观察经营活动、检查相关文件、穿行测试和重新执行等方法。注册会计师测试控制有效性实施的程序，按提供证据的效力，由弱到强排序为：询问、观察、检查和重新执行。其中，询问本身并不能为得出控制是否有效的结论而提供充分、适当的证据。执行穿行测试通常足以评价控制设计的有效性。

对于控制运行偏离设计的情况(即控制偏差),注册会计师需要考虑该偏差对相关风险评估、需要获取的证据以及控制运行有效性结论的影响。

测试控制有效性实施的程序的性质在很大程度上取决于拟测试控制的性质。某些控制可能存在文件记录,反映其运行的有效性,而另外一些控制,如管理理念和经营风格,可能没有书面的运行证据。对缺乏正式运行证据的企业或企业的某个业务单元,注册会计师可以通过询问并结合运用观察活动、检查非正式的书面记录和重新执行某些控制等程序,获取有关控制有效性的充分、适当的证据。

对控制有效性的测试涵盖的期间越长,提供的控制有效性的证据就越多。对控制有效性的测试实施的时间安排越接近企业内部控制自我评价基准日,提供的控制有效性的证据就越有力。内部控制的特定领域存在重大缺陷的风险越高,给予该领域的审计关注就越多。与某项控制相关的风险越高,可利用程度就越低,注册会计师应当更多地对该项控制亲自进行测试。

15.2.4 内部控制审计证据与审计工作底稿

注册会计师执行内部控制审计工作,应当获取充分、适当的证据,为发表内部控制审计意见提供合理保证。获取有关控制设计和执行的审计证据包括:①询问被审计企业人员;②观察特定控制的运用;③检查文件和报告;④追踪交易在财务报告信息系统中的处理过程(穿行测试);等等。

注册会计师应当编制内部控制审计工作底稿,完整记录审计的工作情况,包括:①内部控制审计计划及重大修改情况;②相关风险评估和选择拟测试内部控制的主要过程及结果;③测试内部控制设计与运行有效性的程序及结果;④对识别的控制缺陷的评价;⑤形成的审计结论和意见;⑥其他重要事项。

15.3 企业内部控制审计报告

15.3.1 选择审计报告类型

《审计指引》提供了四种内部控制审计报告的参考格式,分别是:标准内部控制审计报告、带强调意见段的无保留意见内部控制审计报告、否定意见内部控制审计报告和无法表示意见内部控制审计报告。

在 2014 年纳入实施范围的 1 475 家上市公司中,有 1 424 家上市公司聘请注册会计师开展了内部控制审计或鉴证业务,占纳入实施范围上市公司的 96.54%。其中,被出具标准无保留意见的有 1 347 家,占比 94.59%;被出具非标准意见的有

77家，占比5.41%。在被出具非标准意见的上市公司中，被出具否定意见的有20家，被出具带强调事项段的无保留意见的有53家，被出具无法表示意见的有4家。

实施注册会计师审计对于公司内部控制具有再评价的作用。在上述上市公司中，公司内部控制自评有效而被注册会计师出具否定意见的有2家，被出具无法表示意见的有3家，被出具带强调事项段无保留意见的有53家。

按规范要求，一份标准的无保留意见的审计报告应当包括以下五个部分：

第一部分是企业对内部控制的责任。按照《企业内部控制基本规范》《企业内部控制应用指引》和《企业内部控制评价指引》的规定，建立健全和有效实施内部控制并评价其有效性是企业董事会的责任。

第二部分是注册会计师的责任。注册会计师的责任是在实施审计工作的基础上，对财务报告内部控制的有效性发表审计意见，并对注意到的非财务报告内部控制的重大缺陷进行披露。

第三部分是内部控制的固有局限性。内部控制具有固有局限性，存在不能防止和发现错报的可能性。此外，由于情况的变化可能导致内部控制变得不恰当，或对控制政策和程序遵循的程度降低，根据内部控制审计结果推测未来内部控制的有效性具有一定风险。

第四部分是财务报告内部控制审计意见。××公司按照《企业内部控制基本规范》和相关规定在所有重大方面保持了有效的财务报告内部控制。

第五部分是非财务报告内部控制的重大缺陷。在内部控制审计过程中，××公司的非财务报告内部控制存在重大缺陷（描述该缺陷的性质及其对实现相关控制目标的影响程度）。由于存在上述重大缺陷，提醒本报告使用者注意相关风险。需要指出的是，注册会计师并不对××公司的非财务报告内部控制发表意见或提供保证。本段内容不影响对财务报告内部控制有效性发表的审计意见。

15.3.2 确认内部控制缺陷

确认内部控制缺陷是审计报告的基础与前提。

如果某项控制的设计、实施或运行不能（或缺少）及时防止或发现并纠正财务报表错报，则表明内部控制存在缺陷，包括设计缺陷和运行缺陷，并应当区分这些缺陷的严重程度。

例如，某公司每月处理大量公司间的常规交易，单项交易并不重大。公司制度要求逐月进行公司间对账，并函证余额。注册会计师了解到该公司没有按时开展对账工作，但公司管理层每月执行相应的程序对挑选出的大额公司间账目进行调查，并编制详细的营业费用差异分析表来评估其合理性。针对上述情况，注册会计师确认此为重要控制缺陷。因为公司间单项交易并不重大，而且每月执行的补偿性控制能够发现重大错报。

但如果上述公司每月处理的大量公司间交易涉及公司间利润或存货的转移，研究开发成本向业务单元的分摊，且单项交易常常是重大的，注册会计师认为公司没有按时开展对账工作，导致账目经常出现重大差异，且公司管理层没有执行任何补偿性控制来调查重大的公司间账目差异。针对上述情况，注册会计师可以确定此控制缺陷为重大缺陷。因为，一方面该控制缺陷引起的财务报表错报被合理地预计为是重大的，另一方面公司间单项交易常常也是重大的，且公司间账目上尚未对账的差异是重要的，由于这种错报常常发生，财务报表错报可能出现，而且补偿性控制无效。

确认内部控制缺陷的流程如图 15.3 所示。

注册会计师应当将审计过程中发现的所有控制缺陷与企业进行沟通，对其中的重大缺陷和重要缺陷应以书面形式与董事会和经理层沟通。注册会计师认为审计委员会和内部审计机构对内部控制的监督无效的，还应当就此以书面形式直接与董事会和经理层沟通。所有这些书面沟通应当在注册会计师出具内部控制审计报告之前进行。

15.3.3 确切表达审计意见

注册会计师应当对财务报告内部控制的有效性发表审计意见，并对内部控制审计过程中注意到的非财务报告内部控制的重大缺陷，在内部控制审计报告中增加“非财务报告内部控制重大缺陷描述段”予以披露。也就是说，注册会计师出具的审计报告涉及财务报告内部控制和非财务报告内部控制两大方面。

财务报告内部控制是指企业为了合理保证财务报告及相关信息真实、完整而设计和运行的内部控制，以及用于保护资产安全的内部控制中与财务报告可靠性目标相关的控制，主要包括下列四个方面的政策和程序：①保存充分、适当的记录，准确、公允地反映企业的交易和事项；②合理保证按照企业会计准则的规定编制财务报表；③合理保证收入和支出的发生以及资产的取得、使用或处置经过适当授权；④合理保证及时防止或发现并纠正未经授权的、对财务报表有重大影响的交易和事项。例如，指定专人通过函证等方式建立的定期对账及差异处理控制属于财务报告内部控制。

非财务报告内部控制是指除财务报告内部控制之外的其他控制，通常是指为了合理保证经营的效率效果、遵守法律法规、实现发展战略而设计和运行的控制，以及用于保护资产安全的内部控制中与财务报告可靠性目标无关的控制。例如，企业为达到最佳库存目标而建立的对存货采购间隔时间进行监控的相关措施与经营效率、效果相关，而不直接与财务报表的认定相关，属于非财务报告内部控制。

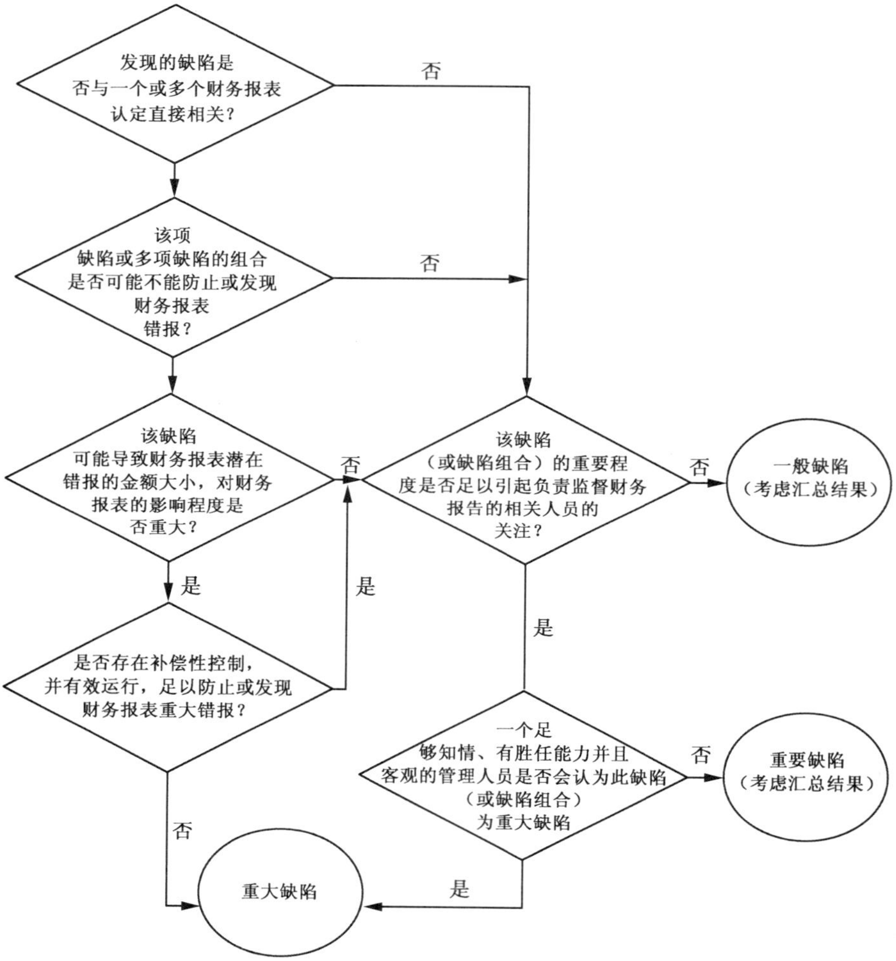

图 15.3　确认内部控制缺陷流程

然而，相当一部分内部控制能够实现多种目标，与企业财务报告可靠性目标、经营目标、合规性目标相关。因此，不能仅仅因为某一控制与经营目标或合规性目标相关而认定其属于非财务报告内部控制，注册会计师需要考虑特定控制在特定企业环境中的目标、性质及作用，根据职业判断考虑该控制在具体情况下是否属于财务报告内部控制。也就是说，针对同一项控制，由于被审计企业具体情况的不同及其注册会计师经验的不同，按图索骥将无计可施，从而对职业判断能力提出了更高的要求。职业标准的原则导向和注册会计师的职业判断将相互依赖。

经典案例评析

A股份有限公司(以下简称A公司)系B大型国有企业集团公司(以下简称B集团)的境外控股公司,成立于1993年,注册地和经营地均在C国,并在C国证券交易所主板上市。2004年11月30日,A公司突然向C国证券交易所申请停牌,并于次日发布公告称,A公司在某能源品种的期权交易中遭受重创,累计损失5亿多美元。消息公布后震惊了国内外。B集团迅速派出调查组对A公司的内部控制与风险管理等情况进行全面调查。经过调查,发现以下情况:

总经理陈某1997年被派往A公司。该公司于2001年在C国交易所主板挂牌上市,2003年其净资产已超过1.28亿美元,较1997年的16.8万美元猛增761倍。

2002年8月,A公司在陈某的策划和推动下,擅自从事能源品种期权交易。由于A公司自成立以来一直从事能源采购业务,包括陈某及期权交易员在内的多数员工对期权交易业务缺乏基本常识。A公司董事会事后通过其他渠道得知A公司在从事期权交易,但从未采取任何有效措施予以制止。

2002年10月,为加强对A公司的财务监督,B集团尝试向A公司委派财务部经理,A公司董事长(由B集团总经理兼任,由于一直在国内工作,于是将A公司的经营管理业务授权A公司陈某全权负责)对此表示同意。但A公司陈某坚持从当地聘用财务部经理,并先后将B集团委派的两任财务部经理调任他职。此后,B集团放弃了委派财务部经理的努力。

2003年7月,面对能源价格持续攀升的走势,在未对能源市场做出全面、冷静分析的情况下,陈某主观认定能源价格将发生逆转,并授意交易员进行了看跌期权交易,导致A公司发生较大损失。在随后的近一年中,能源价格继续大幅上涨。为扭转颓势,陈某抱着侥幸心理坚持进行看跌期权交易,并进一步加大了交易量。为了满足不断增加的交易量对交易保证金的需求,陈某授意公司财务部将董事会明确规定有其他用途的3亿多美元贷款用以支付交易保证金。陈某对上述期权交易行为和改变贷款用途的行为未向董事会报告;同时,对期权交易发生的损失也未在公司财务报告中予以披露。

2004年8月,尽管已在期权交易中遭受巨大损失,但陈某仍在公开场合表示A公司收入稳定,经营状况和财务状况良好。

2004年1～3月,油价攀升导致A公司潜亏580万美元,公司决定延期交割合同,交易量增加,最后导致巨亏。为了补加交易商追加的保证金,公司耗尽近2 600

万美元的营运资本、1.2 亿美元银团贷款和 6 800 万美元应收账款资金，账面亏损高达 1.8 亿美元。10 月 26 日和 28 日，公司因无法补加一些合同的保证金而遭逼仓，蒙受 1.32 亿美元实际亏损。11 月 8 日到 25 日，公司的衍生商品合同继续遭逼仓，截至 25 日，其实际亏损达 3.81 亿美元。12 月 1 日，在亏损 5.5 亿美元后，A 公司申请破产保护。

A 公司一直未向 B 集团报告亏损情况，B 集团也没有及时发现。A 公司的账面资产不仅“良好”，甚至还被评为 2004 年度 C 国透明度最高的公司。直到保证金支付问题难以解决、经营难以为继，A 公司才发出紧急报告，但为时已晚。

A 公司曾经请安永会计师事务所制定了相当完善的《风险管理手册》，公司内部也设有风险管理委员会，可谓人岗俱全。根据该《风险管理手册》的规定，A 公司的期权交易业务实行交易员—风险管理委员会—审计部—总经理—董事会层层上报、交叉控制制度；同时规定，每名交易员亏损 20 万美元时，交易员要向风险管理委员会汇报；亏损达 37.5 万美元时，向总裁汇报；亏损至 50 万美元时，则必须斩仓。但交易员没有遵守交易限额规定和平仓规定，风险管理委员会也没有进行任何必要的风险评估，审计部因直接受命于总经理而选择了附和，总经理为挽回损失一错再错，而董事会对期权交易盈亏情况始终不知情。

正是因为总经理陈某可以在公司内部翻手为云、覆手为雨，因而企业的安危完全系于陈某个人之上。风险管理最终彻底失效的关键在于管理失控与监管缺位。风险管理体系必须由具备高度风险意识的总裁来执行。而总经理陈某显然属于那种“将在外，军令有所不受”的角色，加上以往的成功使他敢于藐视风险管理规定，A 公司也因总经理陈某的个人兴亡而“其兴也勃焉，其亡也忽焉”。

2005 年，普华永道会计师事务所提交了 A 公司 2004 年巨亏 5.5 亿美元的第一期调查报告。其结论认为：管理层没有做好执行期权交易风险的管理规则和控制的准备，公司缺乏适当的风险管理机制，管理层对已有的风险管理规则置若罔闻。对于总经理陈某的责任，普华永道将其归纳为四大主要问题：①陈某在不了解期权交易、没有对交易风险做出正确评估的情况下开始期权交易；②陈某通过挪盘使公司承担了不可接受的巨大风险，而挪盘又引发更多交易，导致进一步的损失，最终导致财务灾难；③陈某未在财务业绩中披露公司损失；④陈某在公司内部培养了一种保密文化，以业务保密为幌子，故意对董事会和审计委员会隐瞒期权交易。

2006 年 3 月 21 日，因从事内部交易、伪造公司业绩、没有向 C 国交易所披露重要信息和欺骗银行等罪名，陈某被 C 国法院判处四年零三个月监禁及 33.5 万新元罚款。2007 年，国资委根据有关规定给予陈某行政开除处分和开除党籍处分。

1. 如何评价企业内部控制存在的缺陷？

(1)从内部环境分析

①陈某在位期间，股东会、董事会、监事会、经理层四种身份竟然由他“一肩挑”，缺乏制衡与监管，其个人意志可以“一统天下”。分析结果证实，正是由于公司法人治理结构方面严重缺失、内部控制环境恶劣，致使内部控制制度实施无效。

②董事会软弱无力，没有履行好对经理层的监管职责，没能及时掌握经营管理中的重大信息。公司总部未能及时发现和规避经营风险，最终导致该企业出现巨额亏损，造成国有资产大量流失。

③陈某经营风格过于冒进，风险意识十分淡薄，在并不熟悉期权业务的情况下，贸然从事这一高风险业务。

④陈某在诚信和道德价值观方面存在严重问题，为回避B集团进行的财务监督而随意调换B集团委派的财务部经理，并向社会发布失实信息，欺骗投资者。

⑤执行期权业务的交易员不具备应有的专业胜任能力。

⑥公司风险管理、财务、审计等部门的员工在职业道德、业务能力等方面存在不足，在履职中未能勤勉尽责。

⑦公司组织结构设计存在薄弱环节，董事长长期在国内工作隔断了重大经营管理信息的顺畅流动，导致对公司重大决策的失察。

(2)从风险评估分析

①公司管理层未对从事期权业务的风险进行正确评估，在能源市场价格持续攀升的情况下，未对能源市场发展态势进行科学、全面的分析，且没有认识到主观坚持看跌行情并进行看跌交易的巨大风险和严重后果。

②公司风险管理部门和人员对期权交易既未履行风险评估职责，也未履行风险提示、预警和报告职责。

③风险应对措施乏力，在期权业务开始出现较大损失的情况下，没有采取平仓等果断、有力的措施将损失控制在可承受的范围内，而是通过错误的交易进一步加大了风险和损失。

④公司财务部门未能及时评估、预警和报告填补期权交易保证金窟窿可能引发的巨大财务风险，导致公司财务状况不断恶化。

(3)从控制活动分析

①授权批准严重不当，远在国内的董事长授权总经理全权负责经营管理事务，导致对总经理监管的失控。

②对期权交易员交易行为的复核、评估和审计缺位，导致交易员超越授权范围连续进行错误交易。

③对重大货币资金支付的控制薄弱，导致董事会明确规定有其他用途的贷款被挪作期权交易保证金。

④会计控制失效，期权交易损失未被真实、完整地确认、计量、报告和披露。

⑤内部审计控制失效，没有及时揭露期权交易中的错误行为和重大损失。

⑥人员素质控制失败，交易员、风险管理人员、内部审计人员的道德素养和专业素质存在缺陷。

(4)从信息与沟通分析

①公司内部没有建立、形成畅通的信息收集、报告和反馈机制。

②董事会与风险管理委员会、经理层、审计部之间没有良好的沟通。

③董事会、董事长获取信息的能力较弱，长期受经理层蒙蔽，没能及时掌握经营管理中的重大信息，并对突发事件反映迟缓。

(5)从内部监督分析

公司缺乏对内部控制制度执行情况的个别评价和持续监控，导致内部控制制度形同虚设，在实践中没有得到有效执行。

2. 如何加强对控股子公司的有效控制？

第一，健全子公司组织结构，明确高层管理人员的职责权限，落实不相容职务分离控制和授权批准控制等方面的监督检查。尤其应完善董事会与经理层、董事长与总经理之间的权力制衡机制，并充分发挥董事会各专业委员会的作用。

第二，建立对控股子公司高层管理人员的科学选拔任用机制和严格的监督检查机制、定期述职机制与业绩考核机制，严明纪律，严格奖惩。

第三，建立对控股子公司定期或不定期的直接审计制度，加强审计监督。

第四，加强对控股子公司所有员工的法制教育、职业道德建设和专业胜任能力建设，不断提高员工的法律意识、道德水平和执业技能。

第五，建立与控股子公司快捷、通畅的联系机制和信息沟通渠道，通过调动各层级人员的积极性，及时掌握控股公司经营管理中的重大信息和异常情况。

综上所述，只有建立与健全能够“防患于未然”的内部控制体系，才能确保公司健康、安全、可持续、稳定地发展。